사회복지
실천기술론

김혜래 김경희 공저

신정

머리말

사회복지실천은 개인, 소집단, 가족, 또는 지역사회의 문제해결 및 욕구충족이나 권리보장을 실현하기 위하여 전문적 원조관계를 바탕으로 사회복지 지식과 기술을 활용하여 개입하는 종합적 전문활동이다. 즉 사회복지실천이란 가치, 지식, 기술의 체계적이고 조직적인 배합이라고 볼 수 있다. 이 중에서 사회복지실천의 기술은 사회복지실천 가치와 지식을 행동으로 전환하는 행동으로서 사회복지실천의 목적을 효과적으로 달성하기 위해 사회복지사가 사용하는 전문적 방법이다.

'사회복지실천기술론(Essential Skills of Social Work Practice)'은 예비 사회복지사들이 실습 현장에 나가기 전에, 그 이전에 배운 사회복지의 가치, 관점, 지식을 종합 · 정리하고 실천 현장에 적용하기 위한 사정 및 개입방법을 숙달하도록 하는 사회복지교육의 핵심적 교과목이다. 한국사회복지교육협의회 사회복지학 교과목 지침서(2020)에도 개인-집단-가족을 대상으로 한 사회복지실천과정에 필요한 구체적인 기술 익히기, 사회복지실천 모델의 주요 기법을 익히며 이를 실천 현장에 적용하고 운용하는 능력 향상시키기 등을 '사회복지실천기술론' 교과목의 목표로 제시하고 있다. 이렇듯 '사회복지실천기술론' 교과목은 실천 현장에 나가기 위한 핵심적이며 필수적인 준비과정이다.

이 책은 기본적으로 사회복지학 교과목 지침서(한국사회복지교육협의회, 2020)에서 제시한 교과목 목표와 내용을 최대한 반영하여 구성하였다. 이 책의 저자들은 모두 오랜 기간 학교와 병원 및 정신건강 분야에서 풍부한 사회복지실천 현장 경험을 갖고 있기에, 다음과 같은 점을 이 책의 특징으로 부각시켰다.

첫째, 사회복지실천 기술은 사회복지적 가치체계를 바탕으로 하는 전문직임을 강조하였다. 따라서 실천모델을 소개하기 전에 예비 사회복지사로서 자신의 기본적 자질과 전문적 자질을 검토하고 자기 인식을 할 수 있는 부분을 강조하였다. 둘째, 각 장 마무리마다 이론을 실제 사례에 적용해볼 수 있도록 연습문제를 풍부히 제시하여 학생들이 실제로 모의활동이나 역할 연습을 통해 사례를 다루고 개입기술을 충분히 익힐 수 있도록 내용을 강화하였다.

이 책은 총 5부 15장으로 구성되어 있다. 제1부는 사회복지실천기술에 대한 전반적인 이해를 돕기 위한 내용으로, 예비사회복지사인 학습자들이 자기 인식과 가치를 명확히 점검하고, 가치 · 지식 · 기술의 관계 속에서 사회복지실천기술에 대한 개념을 확립하는 데 초점을 맞추었다. 제2부는 사회복지실천 개입모델에 대한 소개와 실제 적용 및 활용을 위해 기술하였다. 개입모델로 심리사회모델, 인지행동모델, 해결중심모델, 동기강화모델, 현실치료, 과제중심모델 및 위기개입모델을 소개하였다. 제3부는 개인사회복지실천으로 복합적인 욕구를 가진 클라이언트, 어려운 문제를 가진 클라이언트와 일하기에 대해 기술하였다. 제4부는 집단사회복지실천으로 집단사회복지실천의 개념과 모델, 집단의 발달단계에 대해 설명하고 집단사회복지실천의 구체적인 실제를 제시함으로써 실천현장에서 보다 활용이 용이하도록 상세히 소개하였다. 그리고 제5부는 가족사회복지실천으로 가족에 대한 이해와 가족사회복지실천 기법에 대해 설명하고 다문화가정 및 조손가족과의 실천 기술을 소개하였다.

저자들은 근 이십년간 대학에서 '사회복지실천기술론'과 '사회복지현장실습'을 강의해 오면서 강단에서의 이론과 실천과의 연결을 늘 아쉬워했다. 그래서 사회복지학을 공부하는 분들이 좀 더 실천적 역량을 갖추고 현장에 나가시기를 바라면서 수업시간에 실제로 활용했던 내용들을 이 책을 통하여 체계화하려고 노력하였다. 이 책이 예비 사회복지사 여러분들께 이론과 실천을 연결해

주는 다리 역할을 하여 실천 응용력을 높이는 데 조금이라도 기여하기를 바라마지 않는다. 이런 바람으로 집필에 힘썼으나, 출간에 앞서 보니 처음에 계획했던 것만큼 충분히 정리되지 못한 부분들이 눈에 띄어 아쉬운 마음이다. 부족하고 아쉬운 부분은 앞으로도 계속적으로 수정 · 보완할 것을 약속드린다. 독자 여러분들의 애정어린 격려와 비판, 그리고 지속적인 조언이 있다면 이를 반영하여 이 책의 발전을 위해 꾸준히 노력할 것을 다짐한다.

그동안 이 책이 출간될 수 있도록 수고를 아끼지 않고 큰 도움을 주신 도서출판 신정의 최용구 대표님, 장만동 전무님, 그리고 편집부 선생님들께 감사드린다. 마지막으로 책을 집필하는 동안 기다려주고 격려해 준 가족들에게 고마움과 사랑을 전한다.

2022년 11월

김혜래, 김경희

차례

PART 04 집단사회복지실천 / 279

PART 01

ESSENTIAL SKILLS OF SOCIAL WORK PRACTICE

사회복지실천기술에 대한 이해

Essential Skills of Social Work Practice

CHAPTER 01

사회복지실천기술의 개념 및 구성요소

chapter **01**

사회복지실천기술의 개념 및 구성요소

사회복지실천은 인간의 삶의 질 향상을 위해 개인, 소집단, 가족 또는 지역사회의 문제해결과 욕구충족에 개입하는 전문적 활동으로서, 사회복지현장에서 사회복지전문직이 사회복지서비스를 제공하는 과정에서 이루어지는 모든 조력 활동을 의미한다. 사회복지실천은 클라이언트[1]와 전문가의 면담으로부터 시작되며 클라이언트의 문제해결 및 욕구충족 또는 권리보장을 실현하기 위한 목적을 가지고 전문적 원조관계를 바탕으로 시간제한적으로 진행된다.

1. 사회복지실천 주요소로서의 실천기술

미국의 사회복지사협회(NASW: National Association of Social Workers)는 일찍

1) 최근 우리나라 사회복지실천현장에서는 클라이언트라는 용어를 이용자로 사용하고 있다.

이 사회복지실천을 '가치, 목적, 인가, 지식과 방법의 조직적인 배합(a constellation of values, purpose, sanction, knowledge and method)'으로 정의하였다(NASW, 1958). 사회복지실천은 전문가가 합법적인 사회적 인가를 얻어 어떤 특정한 사회적 욕구에 대한 대응적 활동을 실행하는 것이며, 목적에 대한 이해와 감각을 바탕으로 기능을 수행하고, 이 활동은 지식에 근거하고 그 지식을 적절한 방법으로 적용하는 기술을 사용해야 한다. 이 전체는 가치체계로 단단히 묶여 있어야 한다(Hancock, 1997). 사회복지실천은 위의 여러 요소 중 어느 하나라도 소홀해서는 제대로 수행될 수 없다. 그러나 그 중에서도 사회복지사가 전문직 사회복지실천을 하기 위한 필수적 요소를 꼽으면 가치, 지식, 기술이 될 것이며, 이를 사회복지실천의 주요 3요소로 칭하기도 한다.

사회복지실천의 전반적인 가치기반은 휴머니즘과 민주주의, 그리고 다양한 사회정치철학에서 나왔으며, 사회복지실천의 지식기반은 현상에 대한 관찰과 양적 측정 등의 여러 과학적 방법론에서 도출된 것이다(Weick, 1987; Hancock, 1997). Weick(1987)는 가치보다 지식에 지나친 비중을 두는 사회복지실천현장의 추세에 우려를 표명하기도 한다. 가치와 지식/기술은 개념적으로 분리될 수 있지만, 사회복지실천에서 가치기반은 지식과 방법론에 늘 영향을 미치고, 가치 역시 인간과 사회에 대한 이해를 위한 지식의 변화에 따라 영향을 받을 수밖에 없다.

1) 사회복지실천의 가치

가치란 좋고(good) 바람직한(desirable) 행동을 선택하는 지침 또는 기준을 의미한다. 사회복지실천현장에서 가장 중요시되는 기본 가치는 인간의 존엄성, 인간의 자율성, 클라이언트의 자기결정권, 비밀보장, 동등한 기회보장, 다양성,

비차별성 등이다(양옥경 외, 2010). 무엇보다도 '인간의 가치와 존엄에 대한 존중(respect for the worth dignity of the individual)'은 사회복지실천의 가장 주요한 가치이다. 사회복지실천의 관계론으로 유명한 Biestek은 이 존엄은 개인 자체에 있는 것이며, 그 사람의 행동이나 업적 또는 질에 따라 가감될 수 없다고 하였다. 사회복지실천의 철학은 궁극적으로 인간의 존엄과 가치에 있다. 또한 Levy는 사회복지전문직이 중시해야 하는 가치를 다음과 같이 사람우선가치, 결과우선가치, 수단우선가치로 분류하여 설명하였다(양옥경 외, 2010).

① 사람우선가치는 전문직이 수행 대상인 사람 자체에 갖추어야 할 기본적 가치관으로서, 개인의 가치와 존엄성, 인간의 공통적 욕구, 개개인의 독특성에 대한 가치 등이 포함되며 사회복지실천의 궁극적인 목적이 되는 기본 철학과 동일하다.

② 결과우선가치는 사회복지서비스를 제공한 결과에 대한 가치로서, 빈곤, 질병, 불평등한 교육기회 등의 문제를 해결하거나 예방하고 이를 위해 자원을 제공해야 하는 사회적 책임과 관련된 가치이다.

③ 수단우선가치는 전문직이 서비스를 수행하는 과정에서 사용하는 방법 및 수단과 도구에 대한 가치이다. 클라이언트의 자기결정권(self-determination) 보장 등 사회복지실천과정에서 사람을 존중으로 대해야 한다는 믿음이 수단우선가치에 해당된다.

2) 사회복지실천의 지식

사회복지실천은 가치체계와 지식기반이 동시에 요구되는 철학이면서 과학이다. 사회복지실천의 지식적 기반은 과학성을 요구한다. 사회복지실천의 과학성이란 사회현상에 대해 관찰 · 기술하며 실험과 조사를 통하여 사회현상의 인과관계 등을 체계적으로 설명하는 것이다. 효과적인 사정과 개입을 위하여 사회현상이나 사회문제, 사회환경 내 인간행동, 사회서비스 프로그램 및 사회정책, 실천이론과 관련된 지식이 과학적 기반에 해당된다.

사회복지실천에 필요한 지식은 순수과학지식이 아니라 응용과학과 실천과학이다. 사회복지실천 지식은 크게 두 가지로 나눌 수 있다.

① 사회복지실천에 관한 지식(knowledge about social work practice): 사회복지실천의 역사나 사회복지전문직 발달 등과 관련된 지식
② 사회복지실천을 위한 지식(knowledge for social work practice): 클라이언트의 문제해결이나 욕구충족을 위해, 또 인간행동이나 사회현상의 변화를 도모하기 위해 동원되는 지식

앞으로 이 책에서 다룰 사회복지실천 지식은 주로 '사회복지실천을 위한 지식'을 중심으로 전개할 것이다.

사회복지실천 지식은 기준에 따라 다양하게 분류된다. 학문적 배경에 따라 인접 분야로부터 가져온 지식과 사회복지실천 분야에서 사회복지사의 실제 경험과 연구에서 비롯된 지식으로 나눈다. 또 사회복지실천 지식을 기능적으로 분류하는 경우 사정(assessment)에 필요한 지식과 개입(intervention)에 필요한 지식으로 나누기도 하는데, 사정을 위한 지식이란 클라이언트의 문제나 욕구를 그가 처한 상황 속에서 이해하기 위한 지식을 의미하며, 클라이언트 체계(개인이나 가족, 집단, 지역사회 등)의 변화를 돕는 과정에서 활용하는 실천이론이 개입에 필요한 지식에 해당된다(김혜란 외, 2011).

또 다른 실천지식의 분류는 기초적 지식과 전문적 실천지식으로 나누는 것이다. 기초적 지식은 사회복지실천에 관한 관점을 정립하고 개인과 사회에 대한 이해를 돕는 지식이다. 예를 들면, 기초적 지식에는 심리학, 사회학, 정치학, 경제학, 인류학 등 대부분의 사회과학 분야의 지식, 과학적 사고와 인간의 육체적 측면에 대한 이해를 돕는 자연과학 분야의 지식을 포함한 광범위한 인문학 지식이 포함된다. 전문적 실천지식은 사회복지서비스 클라이언트에 관한 이해, 실천과정, 사회정책 등과 관련된 지식으로 인간행동과 발달에 관한 지식, 인간관계와 상호작용에 관한 지식, 특정 분야나 클라이언트 집단에 관한 지식, 사회정책과 서비스에 관한 지식, 사회복지사 자신에 관한 지식 등이 포함된다.

3) 사회복지실천의 기술

기술(skill)은 인간을 돕는 원조 전문직에서 흔히 쓰이는 용어이다. 기술은 능력, 솜씨라는 의미로, 지식 또는 어떤 것에 관한 이해와 결합된 실천지식이다. 숙련된 기술을 활용하는 태도에 따라 유능한 실천이 수행되는 것이다. 사회복지실천 분야에서 기술은 '행동하는 지식'으로, 또 '관심과 욕구에 맞추어 지식과 가치를 행동으로 전환시키는 사회복지실천의 구성요소'로 정의되고 있으며, '사회복지사가 특정 프로그램이나 서비스의 목적을 달성하기 위한 과정을 진척시키기 위해 이에 필요한 방법을 사용할 수 있는 능력'을 의미한다. Cournoyer는 사회복지실천의 기술을 '사회복지사가 수행하는 일련의 인위적이고 행동적인 행위로서, 사회복지실천의 지식, 가치, 윤리, 의무로부터 나와야 하고 사회복지실천의 목적과 일치하는 것이어야 한다'고 정의하였다(김인숙 · 김용석, 2002). Morales와 Sheafor는 사회복지실천의 기술을 특수한 기법의 선택과 기법의 효과적인 활용으로 보았다(전재일 외, 2010).

종합하면 사회복지실천 기술이란 사회복지실천 가치와 지식을 행동으로 전환하는 것으로써 사회복지실천의 목적을 효과적으로 달성하기 위해 사회복지사가 사용하는 전문적 방법이라고 정의할 수 있다(김혜래, 2013).

사회복지사가 사용할 수 있는 실천기술은 의사소통상의 기술, 문제사정과 관련된 기술, 클라이언트의 욕구충족과 문제해결능력을 향상시키는 기술, 욕구와 자원을 연결할 수 있는 기술, 자원을 개발하는 기술, 사회구조를 변화시키는 기술 등이 포함된다.

미국 전국사회복지사협회(NASW)는 사회복지사가 사용할 수 있는 기술로 다음의 12가지를 제시하고 있다(NASW, 1981; 김인숙 · 김용석, 2002).

① 이해와 목적을 가지고 다른 사람의 말을 경청하기
② 사회력과 사정 보고서를 준비하기 위해 관련 정보를 끌어내고 관련 사실들을 수합하기
③ 전문적 원조관계를 형성하고 유지하기
④ 언어적 · 비언어적 행동을 관찰하고 해석하며 성격이론과 진단방법에 대한 지식을 사용하기
⑤ 클라이언트(개인, 가족, 집단, 지역사회)가 스스로 자신들의 문제를 해결하고 신뢰할 수 있도록 관여하기
⑥ 민감한 정서적 문제들을 위협적이지 않은 지지적 방식으로 토론하기
⑦ 클라이언트 욕구에 대한 혁신적 해결책 만들어 내기
⑧ 치료적 관계의 종결을 결정하기
⑨ 조사를 수행하거나 혹은 기존 연구결과나 전문적 문헌 해석하기
⑩ 갈등을 보이는 당사자들을 중개하고 협상하기

⑪ 조직 간 연계서비스를 제공하기

⑫ 모금, 대중, 입법자와 관련된 사회적 욕구들을 해석하고 의사소통하기

사회복지실천은 과학(science)이면서 동시에 예술(art)이다. 사회복지실천의 예술성이란 사회복지실천 수행 시 사회복지사가 개인적인 특성과 창의적 · 직관적 능력을 적절하게 발휘하여 활용하는 기술을 말한다. 사회복지실천에서 발휘되는 전문적 관계형성을 위한 감정이입, 진실성, 융통성, 양가감정 다루기 등에서 예술성이 요구된다. 사회복지전문직이 과학적 지식에 치우쳐 서비스를 수행하면 기계적 수행을 하는 기술자에 머물게 될 것이며, 예술성만을 강조하다 보면 일관성과 효과성이 결여될 것이다. 사회복지실천의 과학성과 예술성은 따로 분리될 것이 아니라 상호보완적이어야 한다.

2. 사회복지전문직의 정체성

사회복지실천으로서 가치, 지식, 그리고 기술은 남을 돕는 전문직(helping profession)이라는 정체성을 바탕으로 이루어져야 한다.

1) 전문직의 개념

전문직(profession)이란 전문성을 가진 직업 또는 그 직업에 종사하는 사람들의 집단이다. 전문직의 개념은 사회적 변화에 따라 그 개념적 정의가 달라지고 어떤 직업의 경우 전문직 인정에 대한 찬반이 엇갈리기도 한다. 전통적으

로 전문직으로 인정되는 성직자, 법조인, 의사, 교수 등의 직업에는 대부분 고도의 지식, 기술, 윤리의식과 철학이라는 요소를 갖추고 있다. 하지만 직업이 세분화되고 직업교육이 강화되고 연장되는 현대사회로 오면서 전문직을 정의하는 준거틀을 제시하는 논의가 다양해지고 있다.

Greenwood는 전문직의 속성으로 체계적 이론, 전문적 권위, 지역사회의 인가, 윤리강령, 전문직 문화를 제시하였다. Greenwood는 전문직은 수행하는 기술의 바탕이 되는 체계적 이론을 갖추고 있어야 하며, 서비스의 양과 내용을 결정할 수 있는 전문적 권위가 있어야 하고, 전문직 공동체가 사회로부터 자율권을 재가받아서 훈련내용과 방식을 결정할 수 있어야 한다고 하였다. 또한 전문직 집단은 사회로부터 특별한 권한을 인가받았지만 사회적 책임감을 유지하고 권한남용을 방지하는 체계로서 자체적인 전문직 윤리강령을 가지고 있어야 하고, 전문직만의 고유한 가치와 규범을 전문직 성원들이 공유하는 문화가 존재해야 한다고 주장하였다(김정진 외, 2007).

Wilensky는 하나의 직업이 전문직으로 진화되는 과정을 연구하였다. 그에 따르면 1단계는 유급전일제 활동단계, 2단계는 직업수행을 위한 대학교육단계, 3단계는 전국적인 조직화 단계, 4단계는 고유하고 핵심적인 직업 수행단계, 5단계는 고참과 신참의 갈등단계, 6단계는 인근 유사한 직업군과의 갈등단계, 7단계는 자격증제도와 같은 직업에 대한 법적 근거 구축단계, 8단계는 직업윤리강령 제정의 단계를 거치면서 전문화가 진행된다고 하였다(김정진 외, 2007).

2) 사회복지전문직에 필요한 자질

사회복지전문직에 필요한 자질은 핵심적 자질과 전문적 자질로 나누어 볼 수 있다.

(1) 전문적 원조자로서의 핵심적 자질

사회복지전문직은 교육, 기술, 인가 등 일반적인 타 전문직에도 요구되는 공통된 요소 외에도 전문적 원조자로서의 자질을 요구한다. 사회복지사와 클라이언트의 관계는 원조관계(helping relationship)이기 때문에, 감정이입, 존중, 진실성 등 전문적 원조자로서 가져야 할 핵심적 자질이 있어야 클라이언트와의 치료관계를 유지하고 발전시킬 수 있으며, 클라이언트의 욕구충족이라는 목적에 도달할 수 있다.

가. 감정이입

감정이입(emphathy)이란 empatheia라는 그리스어에서 유래한 것으로 다른 사람이 그 상황에서 무엇을 어떻게 느끼고 있는지를 알아차리고 그러한 타인의 느낌에 참여하는 과정을 말한다. 즉 다른 사람의 생각, 느낌, 경험, 환경을 이해하고 인식하여 그것과 일치되는 느낌을 갖는 과정이다. 감정이입은 타인에 대한 진단적이고 평가적인 이해가 아니며 다른 사람의 주관적 경험에 의식적이고 의도적으로 참여하는 것이다(김인숙 · 김용석, 2002). 또한 감정이입은 동정(sympathy)과 차이가 있다. 동정은 사회복지사가 클라이언트와 동일한 감정 상태와 상황에 함몰되어 똑같이 문제해결능력을 상실한 상태인 반면, 감정이입은 동일한 경험을 공유하면서도 문제해결을 위한 객관적 시각을 유지한다는 점에 차이가 있다(엄명용 · 노충래 · 김용석, 2008). 사회복지실천에서 감정이입은 그 자체에 머물러서는 안 되며, 감정이입이 클라이언트에게 적절히 전달되게 하여야 원조관계를 유지시키고 목적 도달에 기여한다.

나. 존중

클라이언트 중심 모델(client-centered model)을 개발한 Carl Rogers는 존중이란 타인을 통제하지 않으면서 따뜻함과 보호를 느끼게 하는 태도이며, 타인에게 조건 없이 긍정적인 관심을 표명하는 것이라 하였다. 대개 많은 사람들이 사회복지사는 어려운 사람들을 위해서 일을 한다고 생각하고, 사회복지사 자신도 클라이언트를 위해서 일을 한다고 생각하는 경우가 많다. 실제적으로 대부분의 사회복지사들은 이타주의에 대한 신념으로 일을 하면서 클라이언트에 대해 온화하고 따뜻한 태도를 보인다. 하지만 다른 사람들을 위해 일을 하는 사람들이 갖기 쉬운 태도 중의 하나가 보호를 해주면서 그 상대방을 통제하려고 하는 일이다. 보호를 받는 사람이 자기결정권을 주장하며 보호를 주는 입장과 반대의 태도나 행동을 보인다면 용납하기 힘들어 한다. 이것은 진정한 존중이 아니다.

또한 존중이란 차이를 진정으로 인정하여 우리는 각자 저마다의 고유한 가치를 가지고 있음을 수용하는 것이다. 우리는 자기와 유사한 환경에 있거나 유사한 견해를 가진 사람에 대해서는 우호적인 반면 그렇지 않은 경우 덜 우호적인 태도를 보이는 경우를 종종 본다. 사회복지사는 여러 면에서 다른 환경이나 배경을 가진 서비스 클라이언트를 만나게 될 경우가 많은데, 모든 클라이언트를 저마다의 고유한 가치를 가진 존재로 보고 수용해야 한다.

다. 진실성

진실성이란 사회복지사가 클라이언트와 관계를 맺을 때 보이는 성실성을 말하는 것으로 기본적으로 정직하며 일관성 있고 개방적인 태도를 의미한다. 이런 의미에서 진실성은 진솔성, 솔직성, 일치성과 일맥상통한다. 진실성 있는 사회복지사는 클라이언트에게 방어적이지 않고 자연스러우며 말과 행동이 일치하고 자신의 부족함까지 솔직하게 드러내되 약속은 반드시 지키는 태도를 보인다.

진실성과 일치성을 갖추기 위해 사회복지사는 사회복지사 자신에 대해 정직하게 인식하고 있어야 하며, 전문가의 역할 및 기관 정책에 대해 명확하게 인식하고 있어야 하고, 수용이나 무조건적 긍정적 관심 등 전문적 관계에서 요구되는 기본요소들을 내면화하고 있어야 한다(양옥경 외, 2010).

(2) 전문적 자질

사회복지전문직을 성공적으로 수행하기 위해서는 앞서 기술한 핵심적 자질만으로는 사회복지실천의 목적을 달성하기에 충분하지 않다. 사회복지사는 전문적 자질을 갖추고 전문적 지식과 기술을 연마하여 클라이언트의 문제해결과 욕구충족 및 권리보장을 도와야 한다(김인숙 · 김용석, 2002). 핵심적 자질이 원조관계의 유지 및 발전을 위한 필수적 자질이라면 전문적 자질이란 전문적 서비스를 제공할 때 요구되는 중요한 사회복지사의 능력으로 전문적 지식, 윤리적 의사결정, 비판적 사고, 자기이해 등을 포함한다.

가. 전문적 지식

전문적 지식은 유능한 사회복지사가 되기 위해 필수적인 부분이다. 어떤 전문적 지식이 필요한지는 실천현장과 클라이언트의 성격, 사회복지사의 역할에 따라 다를 수 있지만 어느 상황에서나 공통된 전문지식기반이 있다. 미국의 사회복지대학교육협의회(CSWE)는 모든 공인된 교과과정에 다음과 같은 내용을 포함하도록 하고 있다(김인숙 · 김용석, 2002).

- 사회복지실천의 가치와 윤리
- 다양성
- 사회적 · 경제적 정의
- 위험에 처한 인구집단
- 인간행동과 사회환경
- 사회복지정책과 서비스
- 사회복지실천
- 연구방법

미국의 경우와 마찬가지로 우리나라의 한국사회복지교육협의회(2018)에서도 인간행동과 사회환경, 사회복지조사론, 사회복지실천론, 사회복지실천기술론, 사회복지정책론, 사회복지행정론, 사회복지법제론, 지역사회복지론을 사회복지사가 이수해야 할 기본 교과목으로 요구하고 현장실습을 필수 이수하도록 하고 있다. 한국사회복지교육의 필수 교과목을 미국의 사회복지대학 교육과정과 비교해 보면 위험에 처한 인구집단, 다양성, 가치와 윤리 등에 대한 교과목이 필수로 지정되지 않고 있음을 볼 수 있다. 따라서 우리나라의 사회복지 교과과정에서도 앞으로 사회적 취약계층 및 다양성에 대한 이해와 사회복지 윤리에 대한 지식을 강조해야 할 것으로 보인다.

나. 윤리적 의사결정능력

사회복지사는 전문적 사회복지실천 상황에서의 법적 · 윤리적 · 도덕적 함의를 잘 고려하여 윤리적 결정을 내려야 한다. 사회복지사들은 서비스를 제공하기에 앞서 사회복지 관련법과 윤리강령에 대해 이해하고 있어야 한다. 또한 사회복지실천의 다양한 장면에서 적용되는 원칙이 상반되어 나타나는 경우 윤리적 딜레마에 직면하게 되므로 윤리원칙을 숙지하고 예상되는 문제상황에 대비하도록 훈련해야 한다.

다. 비판적 사고

비판적 사고란 신념과 행동에 대한 신중한 검토와 평가를 의미한다. 대부분의 사회복지사들은 어려움에 처한 사람들에 대해 감정이입과 수용적인 태도를 보인다. 도움이 어려운 상황에서 그들에게 도움이 되는 행동이라면 무엇이든 시도하고 싶어질 수 있다. 이럴 경우 우선 정보의 타당성과 신뢰성을 검토하고 균형적이고 합리적인 사고를 통하여 정보를 신중하게 검토한 후 행동에 옮겨야 한다.

라. 자기이해

어려운 상황에 처한 사람을 돕는 원조 전문직에 있는 사회복지사는 실천에 앞서 철저한 자기이해가 우선되어야 한다. 자기이해에 대한 책임감은 사회복지전문직의 가장 중요한 원칙이다. 전문적 도움(professional helping)이란 사람과 사람 간의 역동적이고 직접적인 상호작용이기 때문에 자기인식은 효과적인 실천을 하기 위한 전문직에게 반드시 요구되는 특성이다. Cournoyer는 '사회복지실천이란 자기 자신을 의식적이고 정교하게 활용하는 전문적 실천'이라 하였고 Combs 등은 사회복지사 자신이 사회복지실천의 도구(self as an instrument)가 되어야 한다고 하였다(Hancock, 1997). 자기이해가 충분하지 않은 사회복지사는 클라이언트에게 해가 되는 방향으로 자신을 표현하거나 자신의 미해결된 문제를 클라이언트와 동료들에게 드러냄으로써 자신과 클라이언트를 위험에 처하게 할 수 있다. 자기이해의 첫 번째 단계는 자신의 생태학적 환경 속에서 자신이 어떻게 발달하고 성장했는지, 가족관계와 환경이 자신의 심리사회적 발달에 어떻게 영향을 미쳤는지를 이해하는 것이다.

자기점검을 위해서 우선 자신의 신념과 의견 및 가치를 점검하고, 둘째로 자기인식(self-perception)을 하며, 셋째로 자신의 욕구를 파악해야 한다. 이를 좀더 자세히 제시하면 다음과 같다.

① 자신의 신념, 의견, 가치

- 사신이 속한 인종, 사회경제적 배경 등 사회적 맥락(social context)과 그 안에서 형성된 자신의 정치성향 및 가치관
- 자신이 가지고 있는 차별적 인식과 편견(외모, 성별, 연령, 종교, 정치성향 등)

② 자기인식

- 자신의 원가족 안에서 형성된 어린 시절의 심리사회적 발달
- 어린 시절의 다양한 경험(학교 및 또래, 교사, 종교활동 등)
- 자신의 가계도와 생태도, 사회적 지지망과 사회적 지지를 얻는 방식
- 타임라인(중요사건 타임라인, 문제 타임라인, 성공 타임라인)
- 자신의 부정적 감정, 사고 패턴 및 행동 패턴

③ 욕구

- 통제와 힘의 욕구
- 자신의 가치 방향으로 다른 사람을 변화시키려는 욕구
- 존경받으려는 욕구

자기이해는 한 번에 끝낼 수 있는 것이 아니라 일생을 통해 지속되어야 한다. 이 작업은 자신을 깨트리는 과정으로 사고와 감정에 혼란을 줄 수 있지만

이 과정을 통해 사회복지사 자신이 개인적으로, 또 전문적으로 성장하게 된다. 이 과정을 통해 자신을 이해하게 된다면 클라이언트와 동료들과의 상호작용을 향상시킬 수 있다. 뿐만 아니라 자신이 가지고 있는 편견과 타인을 수용하는 방식, 부정적 사고 패턴이 어디에서 연유하는지도 발견하고, 자신 안에 클라이언트에 대한 객관적 사정을 방해하는 요소가 무엇인지를 인식하게 됨으로써 원조과정에 해가 될 수 있는 부분을 줄이고 도움을 줄 수 있다(김인숙 · 김용석, 2002).

3. 사회복지전문직의 실천 윤리

1) 사회복지전문직의 기본적 의무

사회복지실천은 가치, 목적, 인가, 지식과 방법의 조직적인 배합으로 이루어진다. 사회복지실천은 전문적 방법을 통하여 가치를 실행으로 옮기는 전문적 활동이다.

클라이언트를 돕는 사회복지사는 사회복지적 가치에 맞는 의사결정을 하기 위하여 다음과 같은 기본적 의무를 지켜야 한다(김인숙 · 김용석, 2002).: 보호의 의무, 사생활 존중의 의무, 비밀보장 유지의 의무, 고지의 의무, 보고의 의무, 경고의 의무.

Barker(1995)는 사회복지사가 윤리강령과 전문적 보호기준을 어기고 클라이언트에게 해가 되는 악의적 행위를 하거나 혹은 태만적 행위를 하는 것을 부적절한 실천이라고 정의하였다. Barker는 사회복지사의 행동 중에서 부적절한 실천을 가져올 가능성이 큰 경우로 다음을 제시하였다.

- 비밀로 해야 하는 정보를 부적절하게 누설하는 것
- 불필요하게 서비스를 연장하는 것
- 자신의 지식이나 기술에 대하여 그릇되게 설명하는 것
- 의료직 치료가 필요한 경우인데 사회복지서비스를 제공하는 것
- 중상모략이나 비방을 일삼을 타인에게 정보를 제공하는 것
- 클라이언트의 재정을 착취하는 것
- 집단모임과 같은 치료과정 중에 클라이언트에게 신체적 상해를 입히는 것

2) 윤리적 딜레마

전문직이 위에 제시한 기본적 의무를 잘 지킨다고 하더라도 둘 이상의 의무가 한 실천장면에서 충돌할 수 있다. 실제로 사회복지사는 자신의 임무를 수행하면서 클라이언트, 동료, 기관, 더 나아가 사회와의 관계 속에서 여러 가지 모순적이고 갈등적인 상황에 직면하게 되고 이때 윤리적 결정을 내려야 하는 딜레마에 봉착한다. 윤리적 딜레마는 둘 혹은 그 이상의 의무가 서로 상충하여 발생하기도 하고 사회복지사와 클라이언트 혹은 사회복지사와 기관의 가치가 서로 달라서 발생할 수도 있다. 또한 사회복지사가 준수해야 할 윤리원칙이 서로 상충하여 갈등상황이 생기기도 한다(양옥경 외, 2004). 다음은 사회복지사가 직면하기 쉬운 대표적인 윤리적 딜레마 상황이다.

가. 비밀보장과 보호의 의무

사회복지사는 클라이언트와 나눈 정보와 대화를 반드시 비밀로 지켜야 할 의무가 있다. 하지만 이 비밀보장의 의무는 클라이언트 자신이나 제3자의 상해 또는 생명에 위험이 있을 경우, 또는 아동이나 노인을 학대했을 경우 등 사회복지사가 비밀보장의 의무를 지킬 수 없는 상황에서 딜레마가 될 수 있다. 또한 정보공개를 요구하는 법정의 명령을 받았을 때 개별 사회복지사 또는 사회복지기관은 윤리적 딜레마 상황에 처하게 된다.

나. 온정주의와 자기결정

사회복지실천현장에서의 온정주의는 사회복지사가 자신의 판단하에 클라이언트를 보호한다는 의도를 가지고 클라이언트에게 정보를 제한하여 제공하거나 원하지 않는 서비스나 치료를 받도록 요구하는 등 클라이언트의 소망이나 자유를 제한하는 경우에 나타난다. 그러나 온정주의는 인간의 고유한 존엄성에 기초한 자기결정권과 고지된 동의 원칙과 모순된다. 클라이언트가 합리적인 판단을 할 수 없는 상황이거나 자신이나 타인에게 위험을 줄 수 있는 상황에서 온정주의 접근이 가능한 경우도 있겠으나 클라이언트의 합리적 판단 범위와 수준에는 신중해야 한다.

다. 제한된 자원 분배하기

사회복지서비스를 요구하는 사람은 많은데 자원은 한정적이다. 여기에 사회복지실천의 윤리적 딜레마가 있다. 사회복지사는 한정된 자원을 배분하기 위해 다양한 기준을 활용해야 한다. 평등의 원칙을 기준으로 하기도 하고, 욕구를 기준으로 배분하기도 하며, 사회적 차별로 고통을 받고 있는 사람에게 우선적으로 자원을 배분하기도 한다.

라. 개인적 가치와 전문적 가치

사회복지사의 개인적 가치와 전문가로서의 가치가 상충할 때, 또한 사회복지사의 가치가 클라이언트의 개인적 · 종교적 가치와 상충할 때 윤리적 딜레마를 겪게 된다. 종교적 이유로 수혈을 거부하는 환자와 환자 가족의 자기결정권과 생명을 최우선으로 해야 하는 전문적 가치가 상충하는 경우가 그 예이다(양옥경 외, 2004).

사회복지사에게 어려운 도덕적 또는 가치개입적 판단이 요구되는 딜레마 상황에서 윤리적인 방식으로 실무에 임하도록 안내하는 지침이 필요하다(김혜란 외, 2011). 이러한 지침 중의 하나가 윤리강령이다. 윤리강령은 전문가들이 공동으로 합의하여 전문직의 추상적인 가치, 전문가들이 지켜야 할 행동기준과 원칙을 기술해 놓은 것이다.

Loewenberg는 윤리강령의 기능을 다음의 5가지로 제시하였다.

① 윤리적 이슈 때문에 갈등을 겪는 사회복지사에게 지침을 제공한다.
② 무능한 사회복지사로부터 공공을 보호한다.
③ 자기규제를 통해 정부의 통제로부터 전문직을 보호한다.
④ 내부분열을 미연에 방지한다.
⑤ 사회복지사를 소송으로부터 보호한다.

전문가 윤리강령이 전반적인 윤리적 기준들을 제공하고 있지만 윤리적 원칙들이 상충되어 갈등을 빚어내는 윤리적 딜레마 상황에서는 상충되는 원칙들 간에 우선적으로 고려해야 할 순위를 정할 필요가 있다. 원칙들 간의 우선순위를 제시한 Loewenberg와 Dolgoff의 윤리적 원칙 사정표(Ethical Principles

Screen)가 전문적 결정에 도움을 줄 수 있다. 이 윤리적 원칙 사정표는 전문적 사회복지실천의 기본적 윤리원칙을 위계서열 형태로 제시하고 있다(〈표 1-1〉 참조).

표 1-1 Loewenberg와 Dolgoff의 윤리적 원칙 사정표

윤리원칙 1	생명보호의 원칙
윤리원칙 2	평등과 불평등의 원칙
윤리원칙 3	자율성과 자유의 원칙
윤리원칙 4	해의 최소화 원칙
윤리원칙 5	삶의 질 원칙
윤리원칙 6	사생활과 비밀보장의 원칙
윤리원칙 7	진실성과 완전개방의 원칙

출처: 김인숙 · 김용석 (2002). p.95.

① 윤리원칙 1: 생명보호의 원칙

인간의 생명에 대한 보호(protection of life) 원칙은 그 대상이 클라이언트이든 아니면 다른 사람이든 간에 모든 다른 원칙에 우선한다.

② 윤리원칙 2: 평등과 불평등의 원칙

평등(equality)과 불평등(inequality)의 원칙은 모든 인간은 평등하게 처우해야 한다는 원칙이다. 하지만 능력이나 권력이 다를 경우에는 다르게 취급해야 한다. 즉 장애, 노령, 미성년 등 자기보호가 어려운 개인은 다른 보호정책이 필요하다.

③ 윤리원칙 3: 자율성과 자유의 원칙

사회복지사는 클라이언트의 자율성과 독립성 그리고 자유를 보장하도록 결

정해야 한다. 클라이언트의 독립성과 자유는 무제한적인 것은 아니며 자신이나 다른 사람의 생명이나 안전보다 우선할 수 없다.

④ 윤리원칙 4: 해의 최소화 원칙

사회복지사는 항상 해를 최소화하고 가장 쉽게 회복할 수 있는 선택을 해야 한다.

⑤ 윤리원칙 5: 삶의 질 원칙

사회복지사는 개인과 지역사회의 모든 사람들의 삶의 질을 증진시킬 수 있는 선택을 해야 한다.

⑥ 윤리원칙 6: 사생활과 비밀보장의 원칙

사회복지실천과정에서 모든 사람들에게 사생활을 보호받을 권리를 제공해야 한다. 따라서 사회복지사는 실천과정에서 얻은 정보를 누설해서는 안 된다.

⑦ 윤리원칙 7: 진실성과 완전개방의 원칙

사회복지사는 클라이언트와 다른 사람들에게 정직하고 진실되게 말하고 행동해야 하며 관련 정보를 온전히 개방해야 한다.

하지만 이 사정표의 순위는 절대적인 것은 아니다. 사회복지사가 적절한 판단을 내리기 위해서는 사회복지현장의 윤리적 원칙, 기관의 원칙, 법적 의무 규정 등을 살펴보아야 하고, 경험적 자료를 찾아 비판적 판단을 해야 하며, 상급자나 동료의 슈퍼비전을 받는 것이 필요하다.

4. 사회복지실천기술의 유형

1) 기본적인 사회복지실천기술

사회복지실천현장과 클라이언트 체계 수준에 따라 요구되는 사회복지실천의 기술은 다양하다. 하지만 어떠한 실천현장이나 클라이언트 체계 수준에서도 공통적으로 필요한 기술이 있다.

모든 유형의 실천 단위에 필요한 기본적인 사회복지실천기술로 Sheafor 등(2005)은 의사소통기술, 효과적인 원조관계형성기술, 기초 원조기술 등을 들었다. 엄명용 등(2008)은 기본적 사회복지실천기술을 사회복지실천과정 단계에 따라 다음과 같이 면담기술, 사정기술, 개입기술, 팀워크기술, 지지망 구축기술, 협상기술, 평가 및 종결기술로 나누었다. 이 외에도 기록 유지기술과 전문적 영역관리기술 등은 어떤 실천현장이나 클라이언트 체계 수준에서도 공통으로 요구되는 기본적 기술이다.

① 면담기술

이 기술은 사회복지실천이 시작되는 시점에서부터 개입이 끝나 평가하고 종결하는 전체 과정에 필요한 의사소통 및 관여기술이다.

② 사정기술

개인과 환경 간의 상호작용 속에서 클라이언트의 미해결된 문제나 미충족된 욕구를 발견하고 그 원인을 탐색하기 위한 기술이다.

③ 개입기술

클라이언트의 문제를 해결하거나 욕구를 충족시키고 권리를 보장하는 기술이다.

④ 팀워크기술

문제해결과 욕구충족을 위해 타 사회복지실천기관 또는 다른 전문직과 소통하고 협력하는 기술이다.

⑤ 지지망 구축기술

클라이언트의 다양한 문제해결을 위해 포괄적 서비스를 제공할 수 있도록 사회적 지지체계를 발굴하고 이들 체계를 연결하는 기술이다.

⑥ 협상기술

클라이언트의 복지와 관련된 주변체계와의 협상기술이다.

⑦ 평가 및 종결기술

클라이언트와 사회복지사의 협력과 노력의 결과를 평가하는 기술이다.

2) 체계 수준에 따른 기술

사회복지실천기술은 사회복지사가 관여하는 클라이언트 체계에 따라 달라진다. 클라이언트 체계는 개인 및 가족 수준, 집단 수준, 지역사회 수준으로 분류할 수 있는데 이를 미시(micro), 중범위(mezzo), 거시(macro)로 보기도 한다. 효과적인 실천을 위해서는 차원을 포괄하는 총체적이고 통합적인 지식과 기술이 필요하다.

Hepworth와 Larson(1990)은 세 가지 수준의 실천에 상응하는 방법에 대해 다음과 같이 제시하였다.

① 미시적 차원의 기술

미시적 차원의 실천 대상은 개인, 부부, 가족 그리고 집단을 포함한 다양한 클라이언트 집단이다. 사회복지사는 이들 체계의 구성원과 일대일 또는 가족, 부부 단위로 접촉하면서 면대면(face to face) 직접적 실천을 제공한다. 미시적 차원의 기술에는 관계기술, 면접기술 등이 있다.

② 중범위 차원의 기술

직접적 실천과는 대조적으로 면대면 접촉을 최소한으로 하기 때문에 간접적 실천이라고 부른다. 중범위 수준의 실천은 효과적인 서비스 전달이 가능하도록 하는 사회복지기관의 행정과정을 말한다. 행정은 정책 형성 및 운용, 프로그램 디자인과 실행, 기금 및 자원 할당, 기관 내부와 기관 간 경영, 인사지휘 및 슈퍼비전, 기관 홍보, 기관의 생산성 향성을 위한 모니터링 및 평가 활동 등이 포함된다. 직접적 실천을 하는 사회복지사는 전문적 경력을 쌓게 되면 자연적으로 행정 활동에 관여해야 하기 때문에 행정 지식은 직접적 사회복지사에게도 필수적이다.

③ 거시적 차원의 기술

거시수준의 실천기술은 지역사회 및 국가의 복지체계를 대상으로 사회계획(social planning)과 지역사회조직(community organization) 과정에 관여하는 기술이다. 거시적 차원의 실천은 사회문제를 다루기 위해 지역사회 행동체계를 돕는다. 구체적으로 주민조직 기술, 지역사회 지도자 및 정책결정자에게 클라이언트의 욕구와 문제해결을 전달하고 정책결정을 유도하는 기술, 자금동원기술, 협상기술, 클라이언트를 옹호하고 대변하는 기술 등이 거시적 차원의 기술에 포함된다.

3) 사회복지사의 역할에 따른 기술

사회복지실천현장에 따라 사회복지사에게 요구되는 역할이 달라지며 사회복지사의 역할에 따라 실천기술도 다양해진다. 클라이언트 체계 수준에 따라 특정한 역할이 중점적으로 요구되기도 하지만 모든 수준의 실천에 다양한 역할이 요구되기 때문에 수준에 따라 역할이 정해지는 것은 아니다.

다양한 수준의 실천현장에서 요구되는 사회복지사의 역할과 이에 필요한 기술은 다음과 같다.

- 조력자로서의 역할: 클라이언트가 스스로 문제를 해결할 수 있는 능력을 기르고 필요한 자원을 찾아내 활용할 수 있도록 돕는 기술
- 교사로서의 역할: 클라이언트에게 새로운 정보를 직접 제공하거나 지식, 기술을 직접 가르치는 기술
- 중개자로서의 역할: 클라이언트의 욕구를 발견하고 이를 자원과 연결시켜주는 기술
- 평가자로서의 역할: 욕구와 자원을 평가하고, 욕구충족을 위한 대안을 창출하며, 대안을 결정하는 기술
- 현장 활동가로서의 역할: 지역사회로 나가서 주민들의 욕구를 확인하고 서비스 의뢰를 수행하는 기술

- 옹호자로서의 역할: 자신들의 욕구를 제대로 표현하지 못하는 클라이언트를 위하여 그들의 의견을 대신해서 표현하고 전달하며, 특정 서비스가 클라이언트에게 부당하게 제공되지 못하거나 거부당할 때 클라이언트의 입장에서 그들의 권리를 주장함으로써 서비스를 확보하고 제공받을 수 있도록 돕는 기술
- 자문가로서의 역할: 다른 전문가들과 일하면서 그들이 더욱 효과적인 서비스를 제공할 수 있도록 원조하는 기술
- 행정가로서의 역할: 서비스 프로그램을 계획하고 수행하는 데 필요한 행동을 실행하는 기술

이외에도 사회복지사는 실천현장의 요구에 따라 보호제공자, 정보관리자, 행동변화가, 지역사회계획가 등의 역할도 담당한다.

연습문제

1. 사회복지사에게 요구되는 기본적 자질과 전문적 자질을 살펴보고 자신의 사회복지직에 대한 태도, 자신이 현재 갖추고 있는 자질 및 능력, 지식 정도 등과 비교해 보시오. 이를 바탕으로 유능한 사회복지사가 되기 위한 계획을 세워 보시오.

2. 다음 문항에 대해 아래와 같이 점수를 매겨 보시오.[2)]

매우 그렇지 않다=1	그렇지 않다=2	그렇다= 3	매우 그렇다=4

1) 나는 진실을 말하는 것이 불편할 때조차 그렇게 한다.
2) 나는 거의 나 자신을 속이지 않는다.
3) 나는 개인적인 이익을 위해 허위진술을 하지 않는다.
4) 나는 내가 다른 사람에게 손해를 입힌 경우에도 그들에게 그 사실을 얘기한다.
5) 나는 다른 사람의 공로를 내 것으로 삼지 않는다.
6) 나는 직관과 감정에 따라 판단하는 적이 거의 없다.
7) 나는 내 의견이 사실인 것처럼 표현하는 적이 거의 없다.
8) 나는 항상 어떤 결론이나 주장의 타당성에 의문을 제기한다.
9) 나는 증거를 가지고 있지 않은 한 옳다고 말하는 적이 없다.
10) 나는 늘상 나 자신의 논리적 오류를 확인한다.
11) 나는 내가 알고 있는 사람들을 아주 좋아한다.
12) 사람들은 너무 자기중심적이다.
13) 나는 나와 다른 가치관을 가진 사람들과 함께 있는 것을 즐긴다.
14) 내가 일단 사람들에게 호의를 보이면 그들은 바로 나를 무시할 것이다.
15) 나는 거의 모든 종류의 사람들과 편안해질 수 있다.

---

2) 김인숙 · 김용석 (2002). pp.39-81의 전문적 통합성을 측정하는 문항을 재구성하였음.

3. 위 문항은 1번부터 5번까지는 진실성, 6번부터 10번까지는 비판적 사고, 11번부터 15번까지는 타인에 대한 수용을 나타내고 있다. 12, 14번은 역채점하여 총점과 세 영역별로 합산점수를 낸 후 옆 친구와 점수를 비교해 보자. 그리고 그 차이에 대해 이야기를 나누고 각 영역의 자질을 향상시킬 수 있는 방안에 대해서도 의논해 보시오.

진실성	비판적 사고	타인에 대한 수용

4. 자신의 가계도, 생태도, 타임라인을 그려 보시오.

1) 자신의 가계도 그리기: 3세대에 걸친 자신 가족의 가계도를 작성해 보시오.
2) 자기 가족의 생태도 그리기: 가족구성원 간의 관계, 그리고 가족을 둘러싼 사회적 환경과의 관계를 생태도로 표현해 보시오.
3) 타임라인 그리기:

- 태어나면서 지금까지 당신에게, 또 당신 주변에 일어난 중요한 생활사건을 기억하여 연대순으로 기록해 보시오.
- 오른쪽 칸에는 그 당시의 중요한 역사적 사실, 사회 전반의 주요한 정치경제적 변화를 기록하시오(예: 세월호 참사, 코로나 상황).
- 중요한 사건(가정적 혹은 사회적)들이 나에게 미친 영향은 무엇이었는지 적어 보시오.

▶ 중요한 생활사건 타임라인

연도	나와 가족에게 중요한 사건	사회의 역사적 사건

5. 앞에서 작성한 자신의 가계도, 생태도, 타임라인을 보고 다음과 같은 질문에 답해 보시오(김혜래, 2013).

1) 당신이 성장하는 동안 자신의 거시적 환경(역사, 정치, 경제, 사회)에는 어떤 일들이 일어났습니까? 또 이런 사실들은 당신과 당신의 가족에 어떤 영향을 주었습니까?
2) 당신의 어떤 사회경제적 수준의 가정에서 성장하였습니까? 이것은 당신의 성장에 어떤 영향을 미쳤습니까?
3) 당신 부모님들의 자녀교육과 훈육방법은 어떠했습니까?
4) 당신 가족들은 각자의 감정을 어떤 방식으로 표현하였습니까? 당신은 가족 내에서 어떻게 자신의 감정을 표현했으며 지금 현재의 삶에서는 어떻게 자신의 감정을 나타냅니까?
5) 당신 가족구성원들의 가족 내 역할에 대해 살펴보십시오. 당신은 어떤 역할을 했습니까?
6) 현재 당신의 에너지 수준을 향상시키는 사회적 관계에는 어떤 것이 있습니까? 반대로 에너지를 고갈시키는 사회적 관계는 무엇입니까?
7) 바람직하다고 여기는 당신의 사회적 환경은 어떠한 모습이며 현재 당신의 사회적 환경에는 어떤 변화가 필요합니까?

6. 아래 사례에 어떤 윤리적 원칙들이 상충하고 있는지 확인하고 Loewenberg와 Dolgoff의 윤리적 원칙 사정표에 근거하여 순위를 매기시오. 그리고 사회복지사가 취할 수 있는 조치들에 대해 기술하시오.

〈사례〉

여러 달 극심한 고통 속에 시달리고 있는 암환자(88세, 여성)는 지적이고 분명한 성격의 소유자이다. 그녀는 자신이 오랫동안 강력한 진통제를 모아왔으며 밤에 자살할 것이라고 사회복지사에게 말하였다. 그녀는 그동안 사회복지사가 보여준 도움에 감사하고 작별인사를 하고 싶다며 자신의 계획을 방해하지 말아달라고 부탁한다.

출처: 김인숙 · 김용석 (2002). p.109에서 발췌.

7. 위의 연습문제를 종합하여 '예비 사회복지사로서 나의 현재, 유능한 사회복지사로서 나의 미래'라는 제목으로 글을 써보시오.

Essential Skills of Social Work Practice

CHAPTER 02

사회복지실천의 기본 기술

chapter 02

사회복지실천의 기본 기술

1. 관계형성기술

사회복지실천의 단계가 진행되기 위해서는 전문적 관계가 필요조건이다. Biestek(1957)은 도움을 구하는 모든 사람들에게 공통적인 기본 감정 및 태도 유형이 존재한다고 보고 이를 바탕으로 전문적 관계의 7대 원칙이라고 불리는 관계론을 제시하였다. 관계의 7대 원칙은 개별화, 의도적 감정표현, 통제된 정서적 관여, 수용, 비심판적 태도, 클라이언트의 자기결정, 비밀보장이다. 이 부분은 〈사회복지실천론〉 교과목에서 자세하게 다루었을 것이므로 이 관계 원칙들에 대한 기초 지식을 이미 습득했을 것이라고 전제하고 실제적인 기술에 대해 소개하고자 한다.

원조관계를 수립하는 데 신뢰를 촉진하는 조건 또는 기술을 최초로 개념화하여 제시한 학자는 Carl Rogers이다. Rogers는 '도움이 되는 관계'는 다음과 같은 특징을 가지고 있어야 한다고 하였다. 즉 클라이언트에 대한 무조건적 긍정적 존중, 진실성(솔직하고 일관성 있으며 정직함), 그리고 감정이입이다(Rogers, 1980).

무조건적인 긍정적 존중은 Biestek의 관계론 중 수용과 비심판적 태도와 일치하는 부분이 많으므로 이 장에서는 전문적 관계를 유지하고 발전시키는 조건의 기본 요소 중 감정이입과 진실성에 초점을 맞추어 소개하고자 한다.

1) 감정이입

감정이입은 관계형성의 기본 요소이다. Rogers 등은 클라이언트 중심접근이 사람들에게 큰 도움을 줄 수 있는 '필요충분' 조건을 가지고 있다고 하였으며(Rogers, 1980), Carole Sutton도 따뜻하고 진정성 있고 감정이입하는 관계가 상담에 필수요소라고 하였다(정명숙 역, 2007).

감정이입이란 다른 사람의 내면 깊숙한 감정을 민감하고 정확하게 인지하고 그 감정을 이해하고 있음을 전달하는 능력이며(Hepworth & Larsen, 1990; 허남순 외 공역, 2004), 사회복지사의 기준이 아닌 클라이언트의 기준에서 그들을 이해하는 능력이라고 할 수 있다(Cormier & Cormier, 1991). 감정이입기술은 클라이언트의 내적 감정을 정확하고 민감하게 인지하고 클라이언트의 경험에 맞는 언어로 이 느낌을 잘 전달할 수 있는 사회복지사의 기술을 말한다. 감정이입기술은 감정이입적 인식과 그 느낌을 잘 전달하는 감정이입적 반응기술로 나누어 볼 수 있다.

(1) 감정이입적 인식

감정이입기술에서 중요한 것은 클라이언트가 어떤 감정을 가지고 있는가를 이해하는 사회복지사의 능력이다. 클라이언트가 사회복지사를 찾아오는 경우는 대부분 가장 어려움에 처해 있을 때일 것이다.

이 상황을 가정해 보기 위해서 다음과 같은 질문을 할 수 있다.: 우리는 언제 다른 사람에게 도움을 청하러 가는가? 어떤 도움을 청하러 갈 때 가장 힘든가? 그때의 심정은 어떠할까? 이와 같은 질문에 대한 대답을 들어보면, 많은 사람들이 '수중에 돈이 한 푼도 없어 남에게 돈을 빌려 달라고 할 때'라고 대답한다. 좀 더 구체적으로 얘기해 달라고 하면 '끼니를 해결하기 어려워 돈을 빌려 달라고 말할 때', '식구가 병이 났는데 당장 치료비가 없을 때'라고 한다. 바로 이런 경우 사회복지사를 찾게 되는 것이다. 이런 상황, 또는 이와 비슷한 처지에 놓인 클라이언트의 감정 상태를 잘 파악하고 확인하는 일이 사회복지사가 클라이언트와 좋은 관계를 맺는 가장 첫 단계 기술이다(김혜래, 2013).

클라이언트의 감정에 대응할 때 사회복지사는 클라이언트가 드러낸 감정을 순간적으로 잡아내는 일에서 그치지 말고 상호 공유하는 탐색적인 과정에서 숨겨진 감정과 행동을 밝혀내고 이것이 의미하는 중요성을 발견해야 한다. 이를 위해서는 클라이언트가 말로 표현하는 언어적 메시지뿐 아니라 얼굴 표정, 자세, 목소리 등 비언어적 단서들에 집중해야 한다.

사회복지사는 클라이언트가 표현하는 다양한 감정을 제대로 파악하고 효과적인 도움을 주기 위해서 인간의 다양한 감정에 대해 충분히 알고 있어야 한다. 또한 클라이언트가 사용하는 감정에 대한 묘사와 표현들이 어떤 감정을 나타내는지도 알고 있어야 한다. 다양한 감정에 대한 어휘를 제대로 알고 있지 못하면 클라이언트의 감정에 대한 정확한 반영이 어렵다. 사회복지사는 클라이언트의 감정을 정확히 파악하고 이 감정을 압축적으로 표현하여 반영해야 하므로 감정을 나타내는 풍부한 어휘들을 정확히 인식하고 사용하여야 한다.

(2) 감정이입적 반응

사회복지사는 클라이언트의 감정을 파악한 후에 그 감정을 이해했음을 전달해야 한다. 이를 감정이입적 반응(empathy responding)이라고 한다(이윤로 외 공역, 2003). 감정이입적 반응은 사회복지실천의 기본적 기술로 여겨져 특별히 훈련이 요구되지 않는 것으로 생각하기 쉽지만, 실제로 체계적인 실천과 노력이 요구되는 복잡한 기술이다(허남순 외 공역, 2004).

감정이입기술을 사용하는 사회복지사는 클라이언트의 두려움, 분노, 즐거움, 상처들의 의미와 중요성을 깊이 이해한다. 하지만 이때 클라이언트가 느끼는 감정을 함께 느끼면서 이 감정에 휘둘리지 말고 전문가로서의 관점을 잃지 않는 것이 중요하다. 다른 사람의 부정적인 감정을 같이 느낄 때 동정적으로 반응하기 쉽다. 동정적 반응이란 다른 사람의 감정에 동의하는 것이지만, 감정이입적 반응은 다른 사람의 감정과 상황을 이해하는 것이다. 동정적 반응을 하게 되면 클라이언트는 자기탐색의 과정에 참여하여 자신의 행동을 변화하려 하지 않고 다른 사람들의 행동을 변화시켜 주기를 기대할 것이다.

아래에 제시한 동정적 반응과 감정이입적 반응을 통해 그 차이를 살펴볼 수 있다(허남순 외 공역, 2004).

- "내가 당신의 입장이라면 나도 당신처럼 느꼈을 것 같군요." (동정적 반응)
- "당신이 옳다고 생각해요." (동정적 반응)
- "제 생각에 당신은 …하게 느끼는 것 같군요." (감정이입적 반응)
- "당신은 …하게 말하고 있는 것 같군요." (감정이입적 반응)

감정이입 반응은 수준에 따라 실천의 효과에도 차이를 보인다.

Hepworth와 Larsen은 감정이입적 의사소통을 다음의 다섯 수준으로 제시하였다(엄명용 외, 2008).

- 수준1. 낮은 수준의 감정이입 반응단계이다. 클라이언트가 나타내는 두드러진 감정도 알아차리지 못한다. 부적절하고 거친 반응을 보이며, 논쟁을 벌이거나 조급한 충고 또는 해결책을 제시한다.
- 수준2. 비교적 낮은 감정이입 반응단계이다. 클라이언트가 전하는 표면적인 언어표현에 대해 반응하지만 거기에 담긴 실질적인 의미는 놓치는 수준이다. 감정파악이 부정확하거나 부분적으로 이해하고 있다.
- 수준3. 상호교환적인 감정이입 반응단계이다. 클라이언트의 언어표현 속에 담긴 사실과 표면적 감정 상태를 비교적 정확히 파악하고 그에 대해 언어적, 비언어적으로 적절히 반응한다. 하지만 표현되지 않은 감정은 잘 이해하지 못한다. 클라이언트가 표현한 감정을 반영하는 그 이상도 그 이하도 아니다.
- 수준4. 비교적 높은 수준의 감정이입 반응단계이다. 클라이언트 말에 숨겨진 또는 정확히 표현하지 못한 내면의 감정과 숨겨진 문제 양상을 집어낸다. 클라이언트가 자기인식을 제고하는 데 초점을 두는 단계이다.
- 수준5. 제일 높은 수준의 감정이입 반응단계이다. 클라이언트 감정의 순간적 흐름을 미묘한 수준까지 충분히 이해하고 파악한다. 현재의 감정과 과거의 경험 · 감정을 연결시키며 경향, 주제, 목적을 분명하게 확인한다. 명백한 목표를 확인하여 개인적 성장의 방향을 잡아내 준다.

감정이입 수준은 높을수록 효과적이지만 상호교환적인 감정이입 반응단계인 수준3에서도 클라이언트가 자신의 문제를 탐색하고 문제중심적으로 반응하는 것을 충분히 도울 수 있다. 수준3 이상의 반응을 하기 위해서 클라이언트가 제시한 문제와 표면적 감정을 정확히 파악하는 훈련을 해야 한다. 이를 위해 다음과 같은 틀을 만들어 반응 연습을 하면 효과적이다(허남순 외 공역, 2004).

- "(클라이언트의 감정을 정확히 파악한 상태에서) 당신은 …에 대해서(또는 … 때문에) …하게 느끼고(클라이언트가 표현한 상황이나 문제 정확히 묘사) 있군요."
- "당신은 …하게 느끼고 있기도 하고, 또한 …하게 느끼고 있기도 하군요."

2) 진실성

관계형성에서 '진실되다'는 것은 서로에게 정직하고 위선되지 않으며, 내면과 행동이 일치하는 것을 말한다. 또한 말과 행동이 일관되어 예측 가능하며 신뢰할 수 있어야 함을 뜻한다. 인본주의학자들은 사회복지사도 한 사람으로서 클라이언트와 개방적이고 진실되게 관계를 맺어야 한다고 주장한다. 사회복지사가 자연스럽고 개방적이고 솔직한 방식으로 자기의 감정을 표현하고 책임지는 관계를 맺어야 한다는 것이다. 사회복지사가 클라이언트에게 자기방어의 수준을 낮추고 개방적으로 관계하기를 바라듯이 사회복지사 자신부터 인간적인 태도로 클라이언트에게 다가가야 한다.

사회복지사는 효과적인 메시지 전달을 위하여 다음과 같은 형식을 이용하여 진실성을 제고하기 위한 기술을 향상시킬 수 있다(허남순 외 공역, 2004).

- 나는 …에 대해 …하게 느껴요. 왜냐하면 …이기 때문에요.

(예: 나는 / 당신과 얘기할 때 / 당신이 신문을 보고 있으면 / 화가 나요 / 왜냐하면 / 당신이 나를 무시하는 것 / 같으니까요)

위의 형식은 진실되게 자기감정을 표현하기 위한 형식의 예이다. 다음과 같은 지침은 진실된 반응 기술을 향상시키는 데 도움을 줄 것이다.

① '나'라는 단어를 사용하여 메시지를 개별화한다.
② 다양한 수준에 놓여 있는 감정을 공유한다.
③ 어떤 상황이나 주요한 행동에 대해서 중립적인 단어로 기술한다.
④ 클라이언트가 처해 있는 문제상황 또는 행동의 특별한 영향을 명확히 한다.

2. 의사소통기술

사회복지사는 클라이언트의 언어적 · 비언어적 표현을 이해하고 해석하며 의사소통기술을 통하여 클라이언트가 의사표현을 보다 명확히 하도록 도와주어야 한다. 일반적인 의사소통기술에는 말하기와 듣기가 있다. 효과적으로 말하기 위해 사회복지사는 자신의 목소리나 억양, 속도 등을 포함하는 언어적 표현과 얼굴 표정, 자세나 기타 신체적 언어를 통한 비언어적 표현을 기술적으로 사용하는 방법을 습득해야 한다. 또한, 효과적으로 듣기 위해 클라이언트가 표현하는 바를 능동적으로 듣고 클라이언트의 현실적 상황을 적극적으로 이해하려는 자세가 필요하다. 면접과정에서 클라이언트에 대한 공감적 반응을 통해 클라이언트의 욕구나 문제상황을 구체적으로 파악하며 클라이언트의 변화를 이끌어내기 위해서는 클라이언트의 반응에 적절한 다음의 의사소통기술을 적용시킬 필요가 있다.

1) 바꾸어 말하기

바꾸어 말하기(paraphrasing)는 클라이언트의 메시지 내용에 초점을 두고 클라이언트가 말한 바를 재진술하는 것이다. 이를 통해, 클라이언트는 자신이 생각하고 경험한 바를 살펴보며 다른 시각에서 생각할 기회를 갖게 된다. 사회복지사는 클라이언트가 말한 것을 단순히 따라하는 행동을 피하고 클라이언트의 메시지를 이해하고 있음을 확인시켜 줌으로써 클라이언트의 피드백이 일어나도록 기술을 적용해야 한다.

2) 감정의 반영

감정의 반영(reflection of feeling)이란 클라이언트의 정서적인 내용을 재진술하며 탐색하는 기술로서 클라이언트가 자신의 주변상황에 대해 어떻게 정서적으로 반응하는가를 스스로 이해하는 데 도움을 준다. 클라이언트가 가진 정서의 내용뿐 아니라 수준이나 강도에도 적절히 부합하기 위해서는 사회복지사는 정서적 표현에 필요한 풍부한 어휘력을 갖추어야 하며 비언어적 표현에 대해서도 민감성을 가져야 한다.

3) 정보제공

정보제공(information-giving)이란 클라이언트에게 유용한 내용을 전달할 때 사용하는 기술로서, 제공되는 정보는 클라이언트의 현재 문제에 적절한 실질적인 것이어야 한다. 사회복지사는 클라이언트가 선택할 수 있는 대안을 제시하거나 필요한 내용을 교육하게 되며, 이때 클라이언트의 자아결정이나 정보의 선택적 활용이 보장되어야 한다. 즉, 정보제공은 사회복지사가 최상의 선택이라고 믿는 것을 클라이언트에게 제안하는 조언의 형태가 아니라 가능한 모든 대안을 기초로 클라이언트가 선택할 수 있도록 필요한 자료를 제공하는 것이다.

4) 명료화

명료화(clarification)는 클라이언트가 자신의 생각이나 감정, 경험을 명확히 이해하도록 도와주기 위한 것이다. 클라이언트의 메시지가 추상적이거나 혼란스러운 경우, 사회복지사는 클라이언트에게 보다 구체적으로 표현하도록 요청하게 된다. 클라이언트가 상황에 대한 잘못된 해석과 왜곡된 인식을 가질 수 있기 때문에 클라이언트의 메시지가 분명하지 않은 경우 명확히 할 것을 요청한다. 또한 구체적인 예를 제시해 줌으로써 사회복지사의 생각이 면접과정에서 잘 전달되어 클라이언트가 메시지의 의미를 적절히 이해하고 있는지 클라이언트의 피드백을 통해 확인받을 수 있게 된다.

5) 요약

요약(summarization)이란 클라이언트 메시지의 정서와 내용이 문장 안에 잘 축약되도록 하는 것이다. 요약의 기술은 면접을 시작할 때 지난 면접의 내용을 정리하거나 면접을 마칠 때, 또는 다음 모임의 내용을 정하는 데 활용하면 효과적이다. 면접 중에는 특정 주제에 초점을 맞추거나 한 주제에서 다른 주제로 전환하고자 할 때 흔히 사용된다. 따라서 요약의 기술을 사용할 때에는 열거하기보다는 초점이나 강조점을 중심으로 중심 내용을 재구성하는 것이 중요하다.

6) 해석

해석(interpretation)은 클라이언트가 표현한 문제에 숨겨진 의미를 발견하도록 도와주는 데 사용된다. 즉, 해석은 문제 이면에 담겨 있는 이슈들을 파악하는 과정으로서, 클라이언트가 자신의 문제를 새로운 방식으로 또는 보다 객관적으로 바라보도록 도와준다. 정서적인 혼란이나 판단의 어려움이 있을 때 이러한 해석의 기술은 새로운 관점을 통해 변화에 대한 기대를 갖게 함으로써 성공적인 해결책을 찾는 데 도움을 준다. 이 기술은 클라이언트와 사회복지사 간의 라포(rapport)가 잘 형성되어 있고 클라이언트가 자신의 문제를 탐색할 준비가 되어 있을 때 효과적이다.

7) 직면

직면(confrontation)이란 클라이언트 메시지의 불일치된 내용을 지적할 때 사용되는 기술이다. 즉, 클라이언트가 말한 내용과 행동 또는 말한 내용들 간에 일치되지 않는 부분이 있을 때 이 부분을 직시하도록 하여 자신의 생각이나 행동의 왜곡된 부분 및 모순된 부분을 살펴서 상황을 명확히 인식하도록 돕는 기술이다. 이러한 상황에 대해 클라이언트는 불쾌감을 느끼고 자칫 방어적이 될 수 있기 때문에, 직면 기술은 매우 지지적인 분위기에서 세심한 주의를 기울여 제한적으로 사용될 필요가 있다(김혜란 외, 2011).

3. 상담 및 관찰기술

1) 질문하기

여러 가지 다양한 질문을 하는 것(questioning)은 상담면접의 핵심이다. 질문을 하기 전에 중요한 것은 사회복지사가 그 대답에 관심을 갖고 있어야 한다는 것이다. 대부분의 사람들은 자기 말이 경청되고 있는지, 그리고 자신의 생각이나 느낌이 충분히 중요하게 취급되고 있는지 여부를 직관적으로 알고 있다. 질문은 또한 자기성찰(self-reflection)을 자극하여 자기결정과 역량강화(empowerment)의 핵심적 역할을 한다.

다음은 성공적인 상담과정에 도움이 되지 않는 질문 유형이다.

- 주도적인(leading), 혹은 제안적인(suggestive) 형태의 질문
- 너무 많은 예/아니오 질문
- 혼란스러운, 혹은 불명확한 질문
- 두 가지 이상의 내용을 묻는 중복 질문
- 너무 많은 '왜'(why)로 시작되는 질문

대부분의 사회복지사는 스스로 깨닫지 못하는 고정된 행동 유형을 갖고 면접에 임하게 된다. 이 중 어떤 것은 면접을 용이하게 해 주지만 어떤 것들은 남을 불쾌하게 하여 도움을 주지 못한다. 사회복지사라면 스스로에게 '나는 침묵을 얼마나 잘 견딜 수 있다고 생각하는가?'라는 질문을 던져 보자. 침묵을 지켜야 하는 상황이거나 비자발적 또는 말이 없는 클라이언트와 함께 일해야

하는 상황에 놓이기 전까지는 많은 사회복지사들이 자신은 별 어려움 없이 침묵을 잘 견딜 수 있다고 생각한다. 그러나 여러 상담 비디오를 통해서 나타난 실상을 보면, 많은 사회복지사들이 말을 하고자 하는 충동을 거의 참을 수 없는 지경에 이르렀을 때, 단지 침묵으로 인한 극심한 불편함에서 벗어나기 위해 모든 종류의 이상한 질문들을 하고 있음을 알 수 있다.

(1) 개방형 질문

개방형 질문(open-ended question)은 클라이언트에게 선택의 자유를 주고 자기가 원하는 때에 자기 자신의 말로 생각과 느낌을 표현할 수 있도록 고안된 질문 형태이다. 이런 형태는 충분한 시간을 갖고 질문해야 한다.

최초의 면접이나 첫 만남에서는 개방형 질문을 주로 하는 것이 좋다. 그러나 공개된 장소에서 자신의 느낌이나 생각을 말로 표현하는 데 익숙하지 못한 클라이언트에게는 이런 형태의 질문이 위협적이고 자신을 압도하는 것으로 느껴질 수도 있다. 어떤 사람은 우리가 원하는 답을 추측함으로써 자신의 혼란과 불안을 가라앉히려고 한다. 이런 종류의 마음읽기(mind-reading)를 잘 처리하지 않으면 면접의 목적을 심각하게 훼손할 수 있다. 또 다른 이들은 자신에게 일어난 일을 어떻게 말로 설명해야 할지 잘 몰라서 개방형 질문에 대답하기 어려워한다.

클라이언트가 질문을 받으면 두려워하는 이유 중 일부는 자신의 어리석음이 밝혀지는 것, 혹은 판단당하는 것에 대한 걱정이다. 이러한 걱정을 극복하게 하는 방법은 직접적으로 그 걱정을 처리하거나 우리가 함께 성취하려는 것이 무엇인지, 그리고 그것이 관련된 사람들에게 어떤 혜택을 줄 것인지 강조해서 설명해 주는 것이다. 이런 설명은 다양하고 광범위한 개방형 질문과 폐쇄형 질문을 하는 데 도움이 된다.

(2) 폐쇄형 질문

폐쇄형 질문(close-ended question)은 보통 '예', '아니오'로 대답할 수 있는 질문, 혹은 이름이나 주소, 나이 등 몇 마디로 대답할 수 있는 질문이다. 이런 형태의 질문은 특히 제한된 시간 내에 사실에 관한 자세한 정보를 얻어내야 할 때 유용하다. 또한 면접의 초점을 유지하고, 새로운 영역으로 들어갈 때, 면접의 방향을 변경할 때, 민감하거나 감정적인 주제를 피하거나 다루고자 할 때, 면접의 속도를 늦추거나 간과한 세부사항을 보충하고자 할 때에도 도움이 된다. 폐쇄형 질문은 말수가 적거나 믿지를 못해서, 혹은 자신의 생각이나 감정을 잘 정리하지 못해서 별로 자신감이 없는 사람들을 면접할 때 특히 가치가 있다. 사고를 당하거나 다른 경로로 외상을 입은 사람들도 개방형 질문에는 답하기가 어려우나 폐쇄형 질문에는 비교적 잘 답할 수가 있다. 그러나 이 방법은 면접자가 적절한 질문을 고르고 구체화하며, 대답을 경청해서 다음 질문이 자연스럽게 이어지도록 하는 기술이 동반될 때 효과적이다. 이 작업은 면접자인 사회복지사에게 고도의 집중과 기술을 요한다.

폐쇄형 질문을 사용할 때 예상할 수 있는 주된 단점은 지나치게 한 곳에 집중함으로써 면접을 잘못된 방향으로 이끌어갈 수 있다는 것이다. 피면접자들은 자신의 경험이 존중되지 않고 단순히 분류되어 작은 상자 속으로 억지로 끼워 넣어지는 듯한 좌절감을 느끼기 쉽다. 그러므로 면접의 전후에 피면접자와 시간을 갖고 폐쇄형 질문에 답하는 데에 따르는 어려움을 이야기하고, 그럼에도 불구하고 왜 이런 질문이 중요한지를 설명하는 것이 도움이 된다.

종종 개방형 질문이 폐쇄형 질문보다 반차별적/반억압적 실천과 더욱 일맥상

통한다고 가정하는데, 항상 그런 것은 결코 아니다. 이 가정은 모든 사람이 다 똑같고 모든 면접이 동일한 방식으로 행해진다는 전제를 암시하기 때문이다.

대부분의 경우 조합형(combined) 질문이 별로 도움이 안 되지만, 많은 양의 사실에 관한 정보를 수집해야 할 때에는 면접이 질문의 연속같이 느껴지지 않도록 하기 위해 조합형 질문이 필요할 수도 있다. 예를 들어 '요즘 약을 먹고 있습니까?' 하고 물은 다음 대답에 따라 '어떤 약을 먹지요?'라고 질문하는 것보다는, '만일 요즘 약을 먹고 있다면, 어떤 약인지 얘기해 주시겠어요?'라고 조합형 질문을 하는 것이 더 낫다.

(3) '무엇' 질문

'무엇' 질문('what' question)은 가족치료나 특정 형태의 간단한 치료에서 특히 많이 쓰이는 질문 형태이다. 이 질문의 주된 장점은 그 불특정적 성격으로 인해 피면접자가 자유롭게 자기가 원하는 문제나 관심사에 초점을 맞출 수 있다는 것이다. 또 하나의 장점은 과거보다는 현재를 강조하지만 필요하다고 생각되면 과거와 관련하여 추가적인 질문을 할 기회도 보장된다는 것이다(Lishman, 1994; Trevithick, 2000에서 재인용).

문제의 원인이나 과거사를 파헤치는 것은 시간도 많이 걸릴 뿐더러 항상 유용한 일은 아니다. 사실 과거를 파헤치는 것은 결과로 나타난 현재의 문제를 해결하는 데 별반 도움이 되지 않으며, 현재 실제로 일어나고 있는 사실을 회피하는 수단이 될 수도 있다. '무엇' 질문은 광범위하게 적용될 수 있는데, 특히 보다 폭넓은 주제를 다루거나 문제를 지속시키는 데 기여하는 사람이나 요인을 탐색할 때 많이 활용된다.

2) 집중하기

(1) 요점 파악

주제와 상관없는 이야기로부터 사람들의 관심을 되돌려 면접의 목적에 집중시키려는 사회복지사의 시도는, 받아들이는 클라이언트나 사회복지사가 발휘하는 면접기술의 능숙도에 따라 긍정적으로 인정되기도 하고 때로는 강압적인 것으로 받아들여지기도 한다. 여기에서 필요한 기술은 클라이언트와 수립된 라포나 신뢰관계를 손상시키지 않으면서 목적으로 돌아가는 것이다.

요점 파악 기술이 요구되는 경우는 다음과 같다.

- 한 가지 문제에 지나치게 집중해서 다른 문제들을 다루지 못할 때
- 내용이 고갈되고 반복되는 의사소통 형태가 나타날 때
- 논의가 주변적이고 중요하지 않은 문제들로 옮겨갔을 때
- 다루기 어려운 주제를 피해갔는데, 이를 다시 돌려놓을 필요가 있을 때
- 논쟁이 감정적으로 격앙되어 마음을 진정시키고 균형감을 되찾아야 할 때

(2) 촉구하기

촉구하기(prompting)는 클라이언트가 말을 시작하고 계속 말하도록 용기를 북돋워주는 것이다. 직접적인 제안으로 이야기를 계속하도록 청한다든지, 말과 말을 연결시켜 주어서 더 진전된 대화를 이끌어낸다든지, 또는 끝맺지 않은 문장이나 이야기로 되돌아가도록 도와주는 등 여러 가지 형태를 취한다.

상담 시 특정 정보를 원하는 이유를 분명히 밝힌다면 클라이언트가 얘기를

계속하도록 촉구할 필요가 줄어들 것이다. 자신이 말하는 정보가 어디에 쓰일지 걱정되어 말을 하지 않는 사람이라면, 공개적으로 그 정보가 어디에 기록되고, 누가 접근할 수 있으며, 어디에 보관되고, 클라이언트는 어떻게 정보에 접근할 수 있는지를 밝혀주는 것이 도움이 된다.

촉구를 할 때 다른 사람의 말을 마무리해 주려는 유혹에 빠지기 쉬운데 이것은 절대로 피해야 한다. 사람은 누구나 자기 자신의 말로 자신의 생각이나 느낌을 표현하고 싶어 하기 때문이다. 바꾸어 말하기나 앞에서 언급한 다른 기술들과 마찬가지로 촉구하기도 용기를 북돋우는 것으로 인식될 수 있는 반면에 강압적인 것으로 받아들여질 수도 있다. 이를 피하기 위해서는 적절한 타이밍과 민감성, 적절한 어조 등이 필요하다.

(3) 탐색

탐색(probing)은 보다 자세하고 명확한 정보를 이끌어내기 위하여 사용되며, 특히 오해하기 쉬운 의사소통 양식을 갖고 있는 사람으로부터 정보를 얻어내고자 할 때에 유용한 개입기술이다. 탐색은 사람들의 경험을 이해하고 전체적 상황을 보다 잘 조망할 수 있는 정보를 제공하는 데 효과적인 기술로서 질문, 진술, 혹은 감탄사 등의 형태를 띠게 된다(Egan, 1990; Trevithick, 2000에서 재인용). 클라이언트에게 보다 심도 깊은 질문을 하거나, 반응을 격려하는 말을 해주거나 하는 것들도 모두 탐색기술에 해당된다. 그러나 상대방이 경계심을 갖고 방어적이 되지 않게 하려면 탐색은 매우 기술적으로 이루어져야 한다. 따라서 질문들이 하나의 가설과 연관이 되고 가능하다면 왜 이런 질문을 하는지를 클라이언트에게 설명해 주는 것이 도움이 된다.

(4) 침묵의 활용

침묵에 대한 일반적인 가정은 말하는 것이 말하지 않는 것보다 좋으며 침묵하는 동안에는 아무런 의사소통도 되지 않는다는 것이다. 그러나 사실은 그렇지 않다. 말은 진정한 대화를 창조할 수도 있지만 파괴할 수도 있으며 사실을 드러내기보다는 은폐하기 위해서 사용되는 경우도 많기 때문이다(Trevithick, 2000). 또 다른 그릇된 가정은 침묵은 항상 깨어져야 한다는 것이다. 즉 침묵기간이 많은 상담은 실패한 것이며, 주로 경험이 부족한 사회복지사의 상담에서 발견되고, 침묵은 의사소통기술의 부족을 의미하며 클라이언트에게 관여하는 데에 실패한 표시라는 것인데, 이 또한 항상 그렇지는 않다.

중요한 것은 과연 상담 중 침묵을 통해 무엇이 의사소통되고 있는지, 즉 침묵의 효용을 규명하는 것이다. 이는 얼마나 오랫동안 침묵을 허용해야 하는지 결정하는 데에도 도움을 준다. 소위 '창조적 침묵(creative silence)'이란 말없는 중에 사람이나 그가 처한 상황에 대한 의미 있고 주요한 정보를 의사소통하는 기간을 말한다. 이와 대조되는 개념으로 '불편한 침묵(troubled silence)'은 클라이언트의 걱정이나 당황, 혼란에 의한, 혹은 체벌적인 성격의 침묵을 말한다. 불편한 침묵은 피면접인인 클라이언트가 너무 압도당하거나 자기 자신이나 타인을 보호해야 한다고 느껴서 당황하거나 두려워하고 있음을 보여준다(Trevithick, 2000).

침묵에 관해 반드시 알아두어야 할 몇 가지 주요한 사항이 있다. 첫째, 상담에서 침묵이 형성되려면 클라이언트와 사회복지사 두 편이 모두 침묵하여야 한다. 따라서 만일 클라이언트가 말을 하지 않거나, 일부러 침묵을 의도하는 경우가 아니라면 사회복지사가 침묵을 유지할 필요는 없다. 둘째, 우리는 침묵을 통해 과연 무엇이 의사소통되는지 확실히 알지 못하는 경우가 많다. 또한 이 침묵이 '생산적인 침묵'인지 그렇지 않은지도 알기 어렵다. 이 어려움을 극복하는 한 가지 방법은 침묵하는 당사자에게 침묵의 의미를 직접 물어보는 것인데, 이 경우도 대답을 듣기는 어려울 것이다. 우리 자신의 침묵과 관련해서는 우리가 침묵 속에서 의사소통하려고 하는 것이 무엇인지 생각해 보는 것이 도움이 된다(Trevithick, 2000).

침묵이 깨어지고 나서 바로 그 침묵의 의미를 분석하려고 애쓰고 심지어 클라이언트에게 해석해 주려고 하는 것은 바람직하지 못하다. 이런 경우 어떤 클라이언트들은 자신이 통제력을 잃고 조종당하고 있다고 여길 수 있기 때문이다. 이 부분은 특히 아동이나 청소년을 면접할 때 중요한 사항이다.

조용히 침묵을 지키며 가만히 멈추어 있을 수 있는 능력은 유능한 면접자가 습득해야 할 중요한 기술이다. 잠시 대화가 끊긴 시간도 일종의 짧은 침묵으로 간주할 수 있는데, 이 시간은 사회복지사와 클라이언트 각자에게 생각과 느낌을 정리하는 시간을 허락해 주는 쉼터와 같은 역할을 할 수 있다. 클라이언트가 곧잘 침묵하는 경향이 있다는 것을 파악한 경우라면 사회복지사가 벽시계를 마주보고 앉는 것이 상담의 흐름을 방해하지 않으면서 시간을 조정할 있어서 도움이 된다. 그러면 짐작만으로 길게 느껴지는 침묵을 실제 시간에 근거해서 정확하게 판단함으로써 침묵을 효과적으로 다루게 될 것이다(Kadushin, 1990; Trevithick, 2000에서 재인용).

(5) 자기노출 이용하기

자기노출(self-disclosure)은 사회복지사가 스스로에 대한 현재나 과거의 개인적 정보를 드러내 보이는 것을 의미하는데, 도움을 청하는 사람의 이익을 위한 경우가 아니라면 해서는 안 된다는 것이 자기노출의 일반적 규칙이다. 자기노출은 클라이언트의 수치심이나 죄의식, 자기비난, 그리고 '나는 다른 사람과 다른가?'라는 느낌을 진정시켜 주는 효과가 있다. 자기노출을 통해 생각과 감정을 나눔으로써 클라이언트는 사회복지사를 전문적 사회복지사인 동시에 '보통의 인간'으로 보게 된다. 동시에 사회복지사도 자기노출을 통해 보다 감정이입적이고 생생하게 이야기하고 느낄 수 있게 된다(Trevithick, 2000). 높은 수준의 자기노출은 클라이언트의 개방성과 정직성을 격려하며, 클라이언트가 자기문제를 개방하는 데 마음을 편안하게 해주고 사회복지사가 행동의 모델이 되어 줄 수 있다(김영숙 · 이재연 편역, 1993).

하지만 사회복지사에게 요구되는 진실성이 사회복지사의 무분별한 자기노출을 의미하지는 않는다. 실제로 지나치게 솔직한 표현이 마찰을 일으키고 문제를 야기하는 경우도 있다. 진실한 감정표현의 초점은 사회복지사가 아닌 클라이언트의 욕구에 맞추어져야 하며, 전문적 원조관계를 유지하고 촉진하며 클라이언트의 성장과 변화에 목적을 두고 이루어져야 한다.

연습문제

1. 클라이언트의 감정을 이해하기 위해서는 사회복지사가 감정을 묘사하는 용어들을 잘 표현할 수 있도록 익숙해져야 한다. 이를 익히기 위해 아래 질문에 답하여 연습해 보자.

1) 왼쪽에 제시된 감정과 유사한 감정을 나타내는 다양한 단어(형용사)들을 적어 보시오.

즐거운		
평온한		
슬픈		
화가 난		
두려운		

2) 위의 감정 중 대표적인 다섯 가지 감정을 느낄 때 구체적으로 자신에게 신체적으로, 심리적으로 어떤 반응이 일어나는지 적어 보시오.
그리고 그때 어떻게 행동하고 싶었는지도 구체적으로 적어 보시오.

2. 최근 우리나라는 본격적인 다문화사회에 진입하게 되면서, 사회복지실천현장에서도 문화에 대한 감수성, 소수인종에 대한 감수성이 요구된다.

1) 자신이 가지고 있는 인종적 편견이나 선입견의 예를 다섯 가지 제시해 보시오.

2) 다섯 명이 한 모둠이 되어 각자 인종 감수성(ethnic sensitivity)을 향상시키기 위해 어떤 노력을 하였는지 발표하고, 모둠별로 인종 감수성 향상을 위해 우리가 할 수 있는 노력들에 어떤 것들이 있는지 토론하여 보시오.

3. 다음 예시문에 대한 응답을 보고 Hepworth와 Larsen의 감정이입 수준이 높은 순으로 열거해 보고(pp.52-53 참조) 그 근거를 제시하시오.

1) 엄마! 성적표 여기 있어요. 성적이 너무 떨어져서 큰일 났어요. 공부는 열심히 했는데도 그래요.

① 성적을 올리려고 열심히 했는데도 떨어졌으니 어떻게 해야 될지 걱정이 되겠구나.
② 이것도 공부라고 했니? 그러고도 공부 열심히 했다고.
③ 속이 상한 모양이구나. 열심히 했는데도 성적이 떨어졌으니.
④ 그래도 걱정은 되나보지? 걱정한다고 소용 있겠니?
⑤ 좀 더 잘 하려고 애썼는데 도리어 성적이 떨어졌으니 실망이 크겠구나.

2) 저 오늘 몸이 아파서 조퇴했어요. 좀 견디어 보려고 하였는데 참을 수가 없었어요.

① 아플 땐 쉬어야지. 건강해야 공부도 잘 할 수 있지.
② 몸이 좀 아프다고 자꾸 조퇴를 하면 어떻게 하니?
③ 또 조퇴니? 공부하기 싫으니 별 핑계를 다 대는구나.
④ 몸이 아프면 힘들지. 그동안 공부하느라고 무리했지.
⑤ 그래 너니깐 그만큼이나 참았지, 넌 웬만하면 조퇴를 하지 않는 아이지.

3) 애들이 절 별로 좋아하지 않는 것 같아요. 말도 잘 걸지 않고, 무얼 해도 저만 빼놓고 저희들끼리만 해요.

① 너만 할 때는 그런 생각이 들 수도 있는 거야.

② 친구들이 너한테 어떻게 하고 너는 친구들한테 어떻게 하는지 이야기 좀 해보려무나.

③ 요즘 세상에 사람이란 다 그런 법이야.

④ 네 친구들이 널 싫어하는 까닭이 뭘까?

⑤ 네 친구들이 너에게 어떻게 대하는지 좀 자세히 이야기해 보렴.

〈문제 3 정답〉	1) ② − ④ − ③ − ⑤ − ① 2) ③ − ② − ④ − ⑤ − ① 3) ③ − ① − ④ − ⑤ − ②

PART 02

ESSENTIAL SKILLS OF SOCIAL WORK PRACTICE

사회복지실천 개입 모델

Essential Skills of Social Work Practice

CHAPTER 03

심리사회모델

chapter **03**

심리사회모델

1. 심리사회모델의 철학과 기본 개념

1) 심리사회모델의 인간관과 기본 가정

(1) 심리사회모델의 인간관

사회복지사는 인간과 그의 문제에 영향을 주는 사회환경적 요소와 심리학적인 요소 중 어느 것의 중요성도 무시할 수 없다. 따라서 대부분의 사회복지실천은 초창기부터 지금까지 심리사회적 개념의 영향을 많이 받고 있다.

심리사회학적 관점은 시대에 따라 강조점이 옮겨지기는 하였지만, 일반적으로 인간은 생물학적인 요소, 심리적 · 정서적 과정, 외적인 사회적 조건, 물리적 조건 그리고 이들의 상호작용의 영향을 지속적으로 받는다는 인식에서 출발한다. 이러한 인식을 가진 심리사회적 접근의 사회복지사는 클라이언트들이 자신과 환경 간의 불평형상태를 감소시킬 수 있도록 돕는다.

심리사회적 기법의 가장 기본적인 단계는 의미 있는 사정(査定, assessment)을 하는 것이며 개인과 가족, 개인과 가족에게 영향을 미치는 환경, 즉 '상황 속의 개인'의 상호작용 맥락에 대해 조사하는 것이다. 사정 후 개입(介入, intervention)은 클라이언트의 문제와 그 원인, 클라이언트의 목적과 동기화, 힘(power)의 균형에 대한 사회복지사와 클라이언트의 상호이해를 토대로 계획된다. 심리사회적 접근은 늘 개인과 환경 간의 게슈탈트(Gestalt; 전체성을 가진 정리된 구조, 상호작용 맥락이나 역동 등)에 있어서 병리적이거나 역기능적인 것에 관심을 가지는 것이 아니라, 접근과 변화의 가능성이 높은 지점에 개입의 초점을 맞춘다. 그러면서 어느 부분이 실제로 조정이 가능한지를 결정하는 관련 체계나 힘에 대한 분석에 집중한다(Woods & Robinson, 1996).

심리사회이론에서 인간 행동에 대한 기본 가정은 다음과 같다(엄명용 외, 2008).

① 모든 인간은 선하다.
② 인간의 행동은 단순히 이해될 수 없으며 예측 가능한 방법으로 영향을 받고 변화할 수 있다.
③ 인간의 현재 행동을 이해하기 위해서는 과거를 중요시한다.
④ 인간의 무의식은 인간의 경험에 중요한 영향을 미치지만 행동을 결정짓는 요인은 아니다.

심리사회적 접근을 하는 사회복지사의 목적은 인간과 사회적 · 물리적 환경 간의 최적의 적응점을 찾고 자원을 배치하고 강점과 대처능력을 회복하고 강화시키고 동원하기 위해 클라이언트와 공동으로 작업하는 것이다. 또한 심리사회적 접근방법을 사용하는 사회복지사는 개인의 인성, 가족, 혹은 더 넓은 사회체계에서 한 부분의 변화는 필연적으로 다른 체계의 변화를 유발한다는 관점을 가지고 클라이언트 문제에 접근한다. 심리사회적 모델을 활용하는 경우 사회복지사와 클라이언트 간의 관계는 심리사회적 모델 성패의 핵심적인 요건이 되고 가장 강력한 도구가 된다. 따라서 사회복지사의 온화함과 관심, 비심판적 수용, 진실성, 정확한 감정이입, 변화에 대한 현실적이고 낙관적인 태도 등은 클라이언트의 변화에 중요한 역할을 한다.

(2) 심리사회적 접근의 원칙과 기본 가정

심리사회적 접근의 사회복지사들은 모든 연령의 인간은 성장하고 학습하고 적응하며 사회적 · 물리적 환경을 조정할 능력이 있다고 믿었다. 인간의 성장지향적 관계에 관한 기본 가정은 대상관계이론과 애착, 이별, 상실의 의미를 탐구한 연구들에 의해 지지되었다. 심리사회적 접근을 사용하는 사회복지사가 개입 시 보여주는 긍정적 · 감정이입적 존중의 경험은 종결 후 클라이언트의 일상생활 속에서 지속될 변화의 단초가 되며, 개입을 통하여 클라이언트가 발견하고 사용한 생활 속 문제해결방법은 종료 후의 적응문제를 미연에 예방할 수 있다.

심리사회적 모델은 자아심리학으로부터 영향을 받았다. 자아심리학은 프로이트 이론의 결정론적 요소를 수정하고 생활과정상 변화에 대한 긍정적 지향을 촉진하였다. 하지만 인성체계의 구조와 발달에 대한 프로이트 이론은 심리사회적 접근에서 중시하는 인간의 기능수행에 대한 이해에 계속적으로 영향을 미쳤다.

심리사회학적 모델의 기본 가정은 다음과 같다.

① 주요한 감정과 사고는 인식 외부에 존재한다.

② 인성은 행동에 영향을 미치는 유동적이고 역동적인 힘의 체계이다.
③ 방어는 긍정적, 부정적 목적으로 구축된다.
④ 증상은 내적 갈등을 드러내고 해결하려는 적응적 시도이다.
⑤ '신경증(neurosis)'은 기원이 사회적이고 관계에서의 개인 경험에 근거한다.

심리사회적 접근에서 보면 심리적 체계는 단독이 아니라 생물학적, 사회적 체계와 계속 상호작용하는 것으로 본다. 즉 상황적 조건이 생물학적 · 심리적 병리현상의 출현에 영향을 준다. 따라서 심리사회적 접근의 사회복지사는 인간의 상황에 영향을 주는 생물학적, 심리적, 사회적 체계에 관심을 가지고 생물학적-심리적-사회적(bio-psycho-social) 사정과 개입을 한다.

심리사회적 접근은 인간의 적응을 '개인과 개인'을 둘러싸고 있는 많은 개방체계적 환경 속에서의 상호작용을 기반하여 이루어지는 것으로 바라보는 체계론적 이해에 기초하고 있다. 심리사회적 접근에서 특히 가족체계는 인간이 성장하고 발달하는 가장 기본적이고 중요한 환경으로 간주된다. 가족체계 내 지지 형성을 통한 작은 변화가 각 가족성원들의 행동을 수정하는 결과를 초래한다. 따라서 심리사회적 접근을 통하여 개인의 문제에 대한 해결을 시도할 경우 가족관계에 직접적으로 개입했을 때 더욱 지속적이며 긍정적인 효과를 볼 수 있다.

2) 심리사회모델의 역사

심리사회적 접근은 다양한 이론에 대해 개방적이고 유연한 입장을 가진다. 심리사회적 접근은 개인과 상황의 구조에 대한 이해를 넓히는 정신분석이론, 자아심리학, 체계이론과 생태학적 개념들, 그 밖의 다양한 사회과학적 지식을 배경으로 한다. 특히 인성과 사회적 힘, 그리고 상호작용에 대한 이해를 넓히는 이론들을 최대한 응용한다.

심리사회적 접근은 Mary Richmond에 의해 시작되었고 그 이후 여러 사회복지사회복지사들에 의해 발전되었다. Mary Richmond는 '개인의 성격 결함에 대한 이론만으로 개인의 문제를 설명하는 것은 충분하지 않으며, 개인의 문제는 개인을 둘러싼 환경과의 관계 속에서 이해되어야 한다'고 주장하였다. Mary Richmond는 아래와 같은 측면에서 심리사회적 사회복지실천에 영향을 주었다(Woods & Robinson, 1996).

첫째, 개인에 대한 초점은 한계가 있으며 개인의 사회관계와 환경(과거와 현재를 포함)이 인성 형성의 주요한 힘이다. 개인과 환경 간의 더 나은 적응을 촉진하기 위해 외부적 영향을 도입하여야 한다. 이와 같은 Mary Richmond의 인간과 환경에 대한 이중적 초점은 현재 심리사회적 사회복지실천에서 중시하는 상황 속의 인간(person-in-situation) 관점의 기초가 되었다.

둘째, 사회복지사의 실제 경험은 분석의 대상이 되어야 하며 사용 가능한 표준을 가지고 측정되어야 한다. 상세하고 체계적인 사례기록을 통해 사회적 증거를 수집하고 과학적 실천을 위해 사회조사, 진단, 치료계획이 이루어져야 한다. 이 주장은 사회복지실천에 과학적 측면의 도입과 중요성을 강조한 것이다.

셋째, 개별화된 치료가 제공되었다. 일반화나 스테레오타입을 경계하고 사례마다 다른 진단과 치료가 이루어졌다. 특정문제의 요인은 한 가지 원인의 확인만으로는 불가능하고 전체의 부분으로 이해되었다. 개인과 각 가족성원은 고유하며, 각기 조사되어야 하고 관련된 모든 사항들이 고려됨을 강조한다.

넷째, 많은 경험적 자료에 기초하여 치료전략을 분명히 하고 평가한다. 클라이언트의 환경에 개입하는 간접치료의 절차와 사회복지사-클라이언트 간의 신뢰관계를 기초로 하는 직접치료의 절차를 표준화하고 규정한다.

Mary Richmond의 업적이 곧바로 '심리사회모델'로 체계화된 것은 아니며 Gordon Hamilton이 '상황 속의 인간(person-in-situation)' 개념을 사용함으로써 심리사회적 이론으로 처음 불리기 시작하였다. 이후 Helen Perlman과 Florence Hollis 등이 심리사회적 접근의 발전에 기여하였다.

3) 심리사회모델의 배경 이론

심리사회모델은 어떤 하나의 아이디어나 이론, 실천기법만으로는 클라이언트의 다양한 문제를 다 다룰 수 없다고 전제하기 때문에 이론 선택에도 절충적이고 선별적이다. 심리사회모델은 사회복지실천을 통해 획득된 이론뿐 아니라 정신의학, 심리학, 사회학, 인류학의 다양한 지식을 기반으로 구축되었다.

(1) 심리학과 정신의학

제1차 세계대전 후 1920년대를 거치면서 사회학적 관심이 흐려지고 인성발달과 정서의 중요성에 관한 심리학적 이론이 주목을 받았는데, 특히 프로이트학파의 이론이 주목을 받으며 인간의 심리내적과정에 관심이 치중되는 한편 사회경제적인 요인은 간과되었다. 이 시기에 사회복지실천은 Richmond의 이중적 관점을 유지하지 못하고, 심리학 이론에 사회적 측면을 강조하여 통합하지 못하였으며 프로이트 이론에 경도되었다.

1930년대에 이르러 기능주의학파와 Rank학파[3)]들은 프로이트의 진단적 전

3) Otto Rank의 치료목표는 개인이 자신의 고유함과 자기 삶의 책임을 수용하도록 돕는 것이다. 상담자의 비판단적인 조력자 역할을 강조했으며, 과거력보다 개인의 고유성과 경험을 중시하였다.

통에 도전하여 과거의 경험 및 진단적 조사에 대한 강조에서 벗어나 기관의 기능, 시간제한, 절차 등에 의해 치료를 결정해야 한다고 주장하였다. 진단주의에서 기능주의 개념과 Richmond의 아이디어를 받아들인 것이다. 이 시기에 진단주의학파였던 Hamilton이 '심리사회적'이라는 개념을 사용하였다.

(2) 자아심리학

1950년대에 들어서 프로이트의 초기 이론에서 파생된 자아심리학이 등장하였다. 인성체계의 구조와 발달에 대한 프로이트 이론은 자아심리학의 인간의 기능수행에 대한 이해에 계속적으로 영향을 미쳤다. 하지만 자아심리학은 프로이트 이론의 결정론적 요소를 수정하였다. 자아심리학은 인간행동에 대한 생물 · 심리 · 사회적 이론(bio-psycho-social theory of human behavior)으로 성격의 실행체인 자아(ego)에 초점을 두면서, 자아와 성격의 다른 측면들, 그리고 환경과의 관계를 중요시하였다. 자아심리학은 자아의 자율적 기능을 강조하여 자아가 직접적으로 작동한다고 보았으며, 무의식적인 힘의 해석보다는 자아의 자율적인 기능에 초점을 두는 자아지지적 치료방법을 개발하였다. Perlman은 이 시기에 진단주의와 기능주의의 연결을 시도하였고, 사회복지사는 문제를 통해 사고하는 클라이언트의 능력을 지지하는 역할의 중요성을 강조하였다. 자아심리학과 관련된 행동과학과 사회과학이론들을 통합시키려는 사회복지실천의 노력은 Perlman에 의해 개발된 문제해결 케이스워크 모델로 나타나게 된다.

(3) 대상관계이론

대상관계이론은 프로이트의 정신분석이론 이후에 등장한 정신역동이론 중

하나로 한 개인의 다른 사람과의 관계맺음에 대한 이론이다. 대상관계이론에 따르면 인간은 양육자와의 관계에서 경험했던 주관적인 자기 모습에 따라 현재의 대인관계가 형성된다는 것이다. 즉, 인생의 첫 2년 동안 형성된 정서적 중요성을 강조하는데, 특히 어머니와의 경험은 내부대상(internal objects)으로서 자신과 대상 간의 관계에 대한 정신적 이미지로 남아 이후 대인관계에 영향을 미친다. 부모가 적절한 부모역할을 수행하여야 자녀가 성장과정에서 개별화를 성취하고 안정적이며 독립적인 자기개념을 형성한다(김혜란 외, 2011). 생애 초기 경험하는 애착대상과의 관계가 대인관계 유형을 결정하는 주요 요인임을 주장하는 이 이론은 개인의 인성에 대한 환경의 중요성을 강조하는 심리사회모델에 영향을 미쳤다.

(4) 체계이론

개인체계와 환경체계는 서로 영향을 주고받는 개방체계이며 개인의 행동은 상호작용하는 개방체계의 맥락에서 이해되어야 한다는 것이 체계이론에서 강조하는 점이다. 이러한 체계이론의 개념은 상황 속의 인간을 중시하는 심리사회적 접근을 논리적으로 표현하고 설명해 준다.

(5) 기타 사회과학으로부터의 지식

F. Hollis는 심리사회적 접근에 선택적으로 통합되는 사회과학 지식들을 축적하였다. 문화와 인간 행동의 영향들에 대한 지식, 결혼과 가족 출현에 관한 사회학적 조사, 정신건강운동, 폐쇄된 기회구조와 사회적 일탈의 관계에 대한 조사, 역할행동과 의사소통에 대한 새로운 지식 등이 심리사회적 접근에 영향

을 주었다. Hollis는 이런 사회과학 지식들이 심리사회적 접근의 기본 원리에 벗어나지 않으면 그 적절성을 평가하여 심리사회적 접근에 포함시켰다. Hollis는 개입방법을 직접적 기법과 간접적 기법으로 나누는 등 사회복지실천이론과 접근방법을 구체화하였으며, 체계이론과 역할이론의 영향을 받아 심리사회적 접근을 보다 체계적으로 발전시켰다.

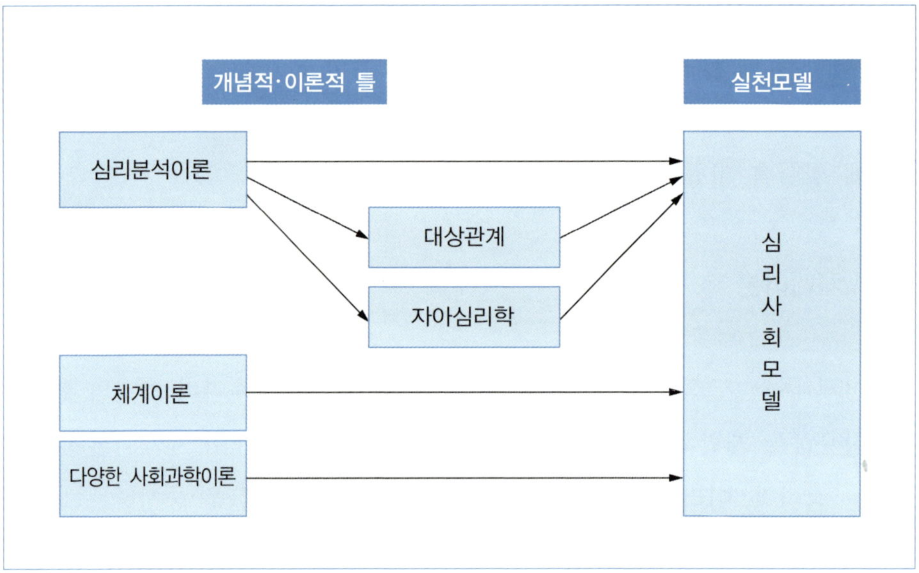

그림 3-1 심리사회모델의 배경이론

출처: 이팔환 외 (2000). p.159 재구성.

4) 심리사회모델의 주요 개념

심리사회모델은 개인의 내재적 가치에 대한 존중을 본질적인 가치기반으로 한다. 각 개인은 자신의 복지에 대한 관심을 가지고 있으며 자신의 삶에 대한 선택권을 가지고 있다는 것이 심리사회적 접근의 기본 입장이다. 심리사회모델 실천의 기반이 되는 주요 개념은 수용, 자기결정, 사회복지사-클라이언트의 관계 등이다.

(1) 수용

수용(acceptancc)은 사회복지사가 클라이언트를 대할 때 온화함과 선의를 나타내는 태도이다. 이것은 객관성과 관용, 지적인 이해를 넘어서는 것이다. 다른 사람의 내면 깊숙한 감정을 민감하고 정확하게 인지하고 그 감정을 이해하고 있음을 전달하는 능력인 감정이입(empathy)은 수용의 핵심적 조건이 된다.

(2) 자기결정

누구나 자기 문제 또는 자기 인생의 주인이고 전문가이므로 클라이언트의 자기결정이 중요하다. 사회복지사는 스스로 결정하고 실행하지 못하는 클라이언트를 지지해 주고, 환경에 개입하여 클라이언트가 문제를 해결할 수 있는 기회를 최대화시켜 주어야 한다. 클라이언트의 문제에 대해 사회복지사는 되도록 적게 개입하고 클라이언트가 스스로 결정하고 실행하도록 하는 것이다. 클라이언트에게 한 번이라도 스스로 자율적 행동을 할 수 있는 기회를 제공하면, 그 과정에서 클라이언트의 내재적인 능력이 향상되고 환경에도 변화가 생겨 커다란 효과를 초래한다.

(3) 사회복지사-클라이언트의 관계

성공적인 사회복지실천은 사회복지사와 클라이언트의 관계에 좌우된다. 온화함, 관심, 감정이입, 비심판적 수용, 낙관성 등을 표현하는 사회복지사의 능력은 긍정적인 치료관계를 촉진시킨다. 클라이언트 측면에서 보여주는 용기, 희망, 원조에 대한 신뢰 등도 긍정적인 치료관계를 위해 필요하다. 반면 타인 의존에 대한 두려움과 불안, 문화적 차이, 클라이언트의 박탈감과 방어적 태도 등은 긍정적인 치료관계의 장애물이 된다. 심리사회모델을 사용하는 사회복지사는 교육과 실천 경험, 자기훈련 등을 통해 클라이언트의 부정적 태도에 적절하게 반응해야 한다. 사회복지사는 자신의 반응 유형에 대해 정확히 인식하고 있어야 하며, 이를 통해 역전이를 피할 수 있다. 심리사회모델에서는 클라이언트를 이해하는 일과 관련이 없는 사회복지사의 자기노출을 제한한다. 사회복지사와 클라이언트의 관계는 클라이언트가 원래 주보호자와 가졌던 이전의 상호작용 패턴과는 다른 교정적 · 정서적 경험으로 작용할 수 있다.

(4) 클라이언트의 현재 상황에서 시작하기

클라이언트가 현재 인식하는 문제를 존중하며, 클라이언트의 관점에서 문제에 접근하고 개입하는 것을 원칙으로 한다. 지금 현재의 클라이언트를 형성하게 된 과거를 완전히 무시하지는 않지만 과거의 사실, 행동, 감정에 몰입하거나 그 원인을 밝히는 일에 얽매여서는 안 되며, 클라이언트의 문제는 '지금 그리고 여기(here and now)' 시점을 중심으로 다루어야 한다.

2. 심리사회모델의 개입목표 및 과정

1) 개입목표

심리사회적 접근의 개입목표는 클라이언트의 어려움을 경감시키고 동시에 사람과 상황 체계, 그리고 사람과 상황 간 상호작용의 역기능을 감소시키는 것이다.

2) 개입과정

심리사회적 모델의 치료과정은 사회복지사가 클라이언트에게 직접 개입하는 방법과 환경에 개입하는 방법으로 구분되며, 개입과정은 초기단계, 사정단계, 개입단계로 구성된다(김정진 외, 2007).

(1) 초기단계

초기단계는 심리사회적 조사단계이다.

① 사실의 수집

초기단계의 주요한 초점은 클라이언트의 문제와 이를 야기한 요인들을 이해하려는 노력에 있으며, 이는 심리사회적 조사로서 관찰하고, 정확한 사실의 수집을 통해서 이루어진다. 사회복지사는 클라이언트와 접촉하는 과정에서 지속적으로 선별적인 자료수집을 해야 한다. 하지만 사실에 대한 사회복지사의 생각을 나타내는 진단적 이해와 심리사회적 조사는 구별되어야 한다. 이것에 대한 구별이 모호해지면 사실을 이론에 맞추는 오류를 범할 가능성이 있다.

사실의 수집은 클라이언트가 자기 문제에 대한 인식을 가지고 있는지, 그것이 무엇인지를 사회복지사가 발견하면서 시작된다. 사회복지사는 사실의 수집을 위해 질문을 해야 하는데, 이때에도 클라이언트가 이해받고 있다는 느낌을 갖도록 해야 하며, 참여의 중요성에 대해 인식시켜야 하고 현재의 어려움을 새로운 관점에서 바라보도록 해야 한다. 또한 사회복지사는 체계론적 관점과 개념을 바탕으로 문제와 관련된 요인들을 알아내야 한다. 심리사회모델에서는 '상황과 상호작용하는 인간'이 관심의 최소단위이기 때문에, 개인적 인성체계, 부모-자녀체계, 부부체계, 학교나 직장을 포함한 사회적 체계 등 개인과 상호작용하는 일련의 체계 간 역동적인 힘도 살펴보아야 한다.

② 부가적 정보원

클라이언트의 진술과 반응이 심리사회적 조사에서 일차적인 정보원이지만 클라이언트의 비언어적 행동, 클라이언트-사회복지사 간의 역동성 등도 정보원이 될 수 있다. 클라이언트 주변 인물들과의 접촉을 통해 얻은 자료도 부가적인 정보원이다. 부부면담과 같은 공동면접을 통해서는 일대일 면접에서 얻기 힘든 클라이언트의 다른 사람들과의 상호작용에 대한 정보를 얻을 수 있다. 이때 클라이언트의 동의와 자기결정이 중요하다. 클라이언트가 아동인 경우에는 부모와 교사 등 아동에게 영향을 크게 미칠 수 있는 사람들과의 면접을 통해서 중요한 정보를 얻을 수 있으며, 학교나 교실 내에서 나타나는 아동 행동에 대한 관찰을 통해서도 유용한 정보를 얻을 수 있다.

③ 초기 생활력과 생활단계요인 탐색

심리사회적 접근에서는 정신분석과는 달리 생애 초기의 억압이나 기억의 발견 등이 조사의 목적은 아니지만, 클라이언트의 원가족이나 초기 발달에 대한 정보가 규명되어야 한다. 초기 생활력에 대한 정보에 대해 클라이언트 스스로 현재 자신의 당면 문제와의 관련성을 인식할 수도 있고 아닐 수도 있다. 하지만 이 정보들은 현재 관심사와 문제에 영향을 미치는 발달적 사건이나 반응 패턴의 역동성에 대한 반성적 고찰의 기초가 될 수 있다.

개인이나 가족의 생활주기상 발달단계에서 개인이나 가족의 적응과 관련된 많은 문제들이 생겨난다. 특히 가족생활에 위기를 가져올 수 있는 전환적 시기에 대해 주목을 해야 한다. 새로운 발달단계에 진입하게 되면 기대나 희망과 더불어 적응 및 대처능력에 도전을 받는다. 예를 들어 부모역할에 변화가 생길 때 불안이 발생할 수 있다. 심리사회적 접근을 하는 사회복지사는 결혼, 출산, 이혼, 퇴직, 분가와 같은 주요 생활사건이 발생할 수 있는 생활주기 단계에 관심을 가지고, 사건 그 자체뿐 아니라 클라이언트가 스스로 부여하는 의미에 주의를 기울여야 한다.

(2) 심리사회적 사정단계

심리사회적 사정이란 한마디로 상황 속의 개인을 사정하는 것이다. 심리사회적 사정단계는 심리사회적 조사에서 수집된 사실들에 대해 비판적으로 사고하고 분석하는 것에서부터 출발한다. 사회복지사는 개인-상황 속의 복잡한 체계들이 어떻게 상호작용하는지를 개념화해야 한다. 상황적 스트레스, 생활사건, 개인의 기능수행, 가족맥락 등이 어떤 상호작용을 통하여 클라이언트의 문제와 어려움을 만드는지 분석해야 한다. 이 단계에서 사회복지사는 다음 두 가지에 대해 분석을 해야 한다.

- 클라이언트의 문제는 어떻게, 왜 존재하는가?
- 변화를 위하여 개인-상황 상호작용 구조 내의 누구에게 그리고 어떻게 접근 가능한가?

심리사회적 사정은 접근점을 명확히 하고, 능력 · 동기화 · 기회를 평가해야 한다. 이를 위해 다음과 같은 질문이 가능하다.

- 개인의 강점은 무엇인가?
- 어느 가족성원이 가장 동기화되어 있고 변화할 수 있는가?
- 어느 지역사회 체계와 자원이 동원될 수 있는가?

즉, 개인의 문제를 인성적 요소와 상황적 요소로 나누어 고려하여 확인하고, 개인적 능력, 지지체계, 사회적 자원이 장애극복을 위해 어떻게 동원될 수 있는가를 확인하고 분석하는 것이 심리사회적 사정이다.

(3) 심리사회적 개입단계

이 단계에서는 개입의 목표와 계획을 수립한다. 환경에 개입할 것인지, 개인, 부부, 가족에 대한 개별적이며 직접적 개입을 할 것인지, 아니면 통합적으로 할 것인지를 결정하고 그 결정에 따라 방법을 선택한다. 치료의 목표와 방법은 클라이언트에게 유익하여야 하며, 상황에 따라 변화될 수 있다(김정진 외, 2007).

3. 심리사회모델의 개입기술

1) 직접적 개입

Hollis는 사회복지사와 클라이언트가 면대면 직접적인 실천활동을 할 경우의 의사소통을 유형화하였는데, 이것은 모든 직접적 심리사회적 개입기법의 기초가 되어 왔다(Woods & Hollis, 1990). 사회복지사는 아래의 여섯 가지 직접적 개입기법을 다양한 목적과 상황에 따라 다르게 사용할 수 있다(Woods & Hollis, 1990). 이때 사회복지사는 의사소통에서 주도적인 역할을 할 수도 있고 클라이언트가 스스로 자신의 문제를 탐색하고 반영하도록 이끄는 역할을 할 수도 있다.

(1) 지지하기

지지하기(sustainment)는 언어를 사용하거나 또는 고갯짓이나 미소 등 비언어적 방식으로 관심, 수용, 감정이입적 이해, 보증, 격려, 신뢰 등을 나타내는 기법이다. 이 기법은 불안과 낮은 자아존중감을 감소시키고 동기화를 촉진시킨다. 사회복지사가 고개를 끄덕여 주고 미소를 동반한 "그런 감정들은 자연스럽고 당연한 것입니다", "좀더 얘기해 주시겠어요?" 등의 말을 함으로써 클라이언트의 불안을 줄이고 사회복지사와의 신뢰를 쌓을 수 있다.

(2) 직접 영향주기

직접 영향주기(direct influence)는 세심한 배려를 바탕으로 한 충고와 제안 등으로 다음과 같은 표현이 사용된다.: "…하는 것이 도움이 되지 않을까요?", "…하는 게 더 나을 것 같습니다", "제 생각으로는 당신은… 해야 할 것 같습니다" 등. 사회복지사의 의견을 관철하기 위해 현실적인 제한을 설정하기도 하고 가능한 행동을 제안하거나 직접적으로 조언을 하고 강하게 의견을 제시하기도 한다. 이 기법은 라포(rapport)가 충분히 형성되고 클라이언트의 문제와 욕구에 대한 지식을 충분히 갖고 있을 때 사용되어야 한다.

(3) 탐색-기술-환기

탐색-기술-환기(exploration-description-ventilation)는 클라이언트가 자신의 상황과 그에 대한 감정을 찾아내어 표출하고 이것을 말로써 진술하도록 하는 기법이다. "지금 그 문제에 대해 조금 더 말씀해 보세요.", "가족들이 함께 모였을 때 무슨 일이 있었지요?", "그때의 느낌은 어땠는지요?" 등의 말과 질문은 상황과 감정에 대한 자세한 기술을 돕는다. 탐색과 기술을 통해 감정이 환기되면 클라이언트는 긴장이 완화되고 즉각적인 정서적 안도감을 경험한다.

(4) 개인-환경에 대한 반성적 고찰

개인-환경에 대한 반성적 고찰(reflection of person-situation configuration)기법은 사회심리치료의 핵심이다. 클라이언트가 자신의 현재 상황과 타인과의 상호작용에 대한 인식, 사고, 감정을 스스로 알아차리도록 돕는 기법이다. "당신의 남편을 그렇게 화나게 한 것은 무엇이었을까요?", "당신을 힘들게 한 남편의 행동은 무엇이었나요?" 등의 질문을 통해 클라이언트가 환경과 행동 결과와의 상호작용 등에 대해 스스로 성찰하도록 도울 수 있다.

(5) 유형-역동성 고찰

유형-역동성 고찰(pattern dynamic reflection)은 "가까워지기 어려운 사람들과 친밀감을 맺기 위해 당신이 자주 사용하는 행동 패턴이 있다고 생각하십니까?" 등의 질문을 통해 클라이언트가 특정한 경향으로 행동하고 사고하게 만드는 사고와 감정의 패턴을 스스로 명확하게 인식하도록 돕는 기법이다. 사회복지사는 클라이언트가 자주 방어기제를 보이는 행동 패턴에 대해 고찰하고 클라이언트가 심리내적 기능 수행을 탐색하도록 도와주고, 클라이언트의 초자아(superego) 문제, 강렬한 욕구와 이상 성격을 밝혀낸다.

(6) 발달적 고찰

발달적 고찰(developmental reflection)은 클라이언트가 가지고 있는 현재의 인성이나 기능수행의 요인이 되는 원가족 혹은 유년기의 경험에 대해 고려하도록 하는 기법으로 질문을 많이 사용하게 된다. 예를 들어 "전에 이와 같은 감정을 느껴본 적이 있습니까?", "당신에게 있어서 청소년기란 무엇입니까?", "아버지에게서 느꼈던 대로 윗사람 앞에서 위축되고 불안합니까?" 등과 같은 질문을 통해 발달적 고찰을 도울 수 있다. 이 과정을 통하여 클라이언트가 자유롭게 사고하고 사회복지사의 의견을 부정하거나 교정하도록 한다. 발달적 고찰에는 명확화, 해석, 통찰, 논리적 추론, 일반화 등의 기법이 포함된다.

2) 간접적 개입(환경적 개입)

클라이언트를 둘러싼 인적 · 물리적 환경에 개입하여 문제를 해결하는 기법이다. 이를 위하여 사회복지사는 다음과 같이 환경에 관련된 사람들에게 개입하거나 사회환경적인 변화를 추구하는 간접적 개입 활동을 할 수 있다.

① 클라이언트가 스스로 주변을 변화시킬 수 있도록 원조하거나 옹호하고 때로는 중재한다. 이때 사회복지사는 지지, 직접적 영향, 환기, 고찰 등의 직접적 개입기법 의사소통 유형을 사용할 수 있다.
② 클라이언트가 필요로 하는 자원을 발굴하고 조성하여 제공한다. 자원의 유형은 사회복지사 자신이 고용된 기관(사회복지기관 또는 비사회복지기관), 다른 사회복지기관 또는 비사회복지기관, 클라이언트와 도구적 또는 정서적 관계를 가진 사람들이다.
③ 클라이언트가 환경자원을 최대한 활용할 수 있도록 정보를 제공하고 동기화를 갖도록 원조한다.

위와 같은 간접적 개입을 하는 사회복지사는 자원제공자, 자원발굴자, 중재자, 중개자, 옹호자, 대변자의 역할을 하게 된다.

3) 사정과 개입을 위한 기술적 도구

심리사회적 접근을 통해 얻은 정보나 자료를 다이어그램(diagram)으로 만들어 시각화하면 개인-상황의 역동과 상호작용을 이해하는 데 많은 도움을 준다. 클라이언트와 사회복지사가 함께 작업하여 시각화한 다이어그램은 클라이언트의 과거와 현재를 한눈에 볼 수 있도록 한다. 이런 대표적 도구가 생태도와 가계도이다. 생태도(ecomap)는 사회적 자원, 지지적 네트워크, 개인과 그 가족 안에 내재되어 있는 스트레스의 영역을 분명히 하는 데 도움을 주며, 가계도(genogram)는 가족에 대한 중요한 정보, 세대를 따라 이어지는 패턴과 관계를 보여주므로 현재의 관심사가 가족사와 어떻게 관련이 있는지에 대한 가정을 추론해 낼 수 있다(Woods & Howard, 1996).

사정내용을 구조화하는 방법 중의 하나인 DAC도 활용도가 높은 도구가 될 것이다. DAC란 기술-사정-계약(Description-Assessment-Contract)의 약자로 전문적 사회복지 기능을 수행하기 위해 고려할 수 있는 양식 중의 하나이다. DAC는 세 가지 중요한 부분으로 구성된다. 첫째는 기술(Description)로 이것은 탐색을 통해 얻는 정보를 말한다. 둘째는 임시사정(Assessment)으로 사람-문제-상황에 관한 사회복지사와 클라이언트의 의견과 가설을 말한다. 셋째는 계약(Contract)으로서 클라이언트와 사회복지사가 협의한 개입계획을 말한다(김인숙 · 김용석 공역, 2002).

DAC의 기술(D) 부분에는 다음과 같은 내용이 포함된다.

- 클라이언트의 신원 확인
- 개인체계, 가족과 가구체계, 지역사회체계(생태학적 체계)
- 표출문제와 초기목표
- 강점과 자원
- 의뢰 출처와 과정: 부차적 정보
- 사회력: 발달, 개인과 가족, 위기 사건들, 성, 음주 및 약물사용, 법적 가족, 교육, 직업, 종교, 이전의 심리사회적 서비스

임시사정(A) 부분에는 기술부분에서 얻은 정보를 분석한 의견, 가설 등을 다음과 같이 정리한다.

- 개인: 자아정체성과 구조(개인의 방어와 대처과정, 장점, 스트레스 대처능력, 충동조절능력), 감정과 정서, 생활주기발달, 능력(역할, 과제처리능력, 자기보호, 통제능력), 위험(잠재적 위험, 자살시도, 폭력, 학대 등)
- 가족/가구/일차적 사회체계: 가족 전체의 자아정체성과 구조(종교적, 문화적 전통의 적절성, 적응력, 역할, 가족 내 의사소통), 감정과 정서(가족 내 지배적인 감정, 숨겨진 감정), 가족체계의 생활주기발달
- 환경: 자원, 사회문화적 환경

계약(C) 부분에는 문제와 최종 목표, 계획이 포함된다.

- 문제: 클라이언트가 정의한 문제, 사회복지사가 규명한 문제, 개입을 위한 문제
- 최종 목표
- 계획: 접근방법, 클라이언트의 과제 혹은 행동단계, 사회복지사가 정한 과제 혹은 행동, 세션 내 과제 혹은 행동단계, 평가를 위한 계획

연습문제

※ 다음 사례들[4] 중 하나를 선택하고, 선택한 사례를 대상으로 심리사회적 모델을 적용하여 아래에 제시한 역할극 과정을 통해 연습해 보시오.

〈사례 1〉

윤선이는 15세의 고등학생이다. 윤선이는 날씬하고 운동을 좋아하는 학생이며, 학교생활에 만족하고 있고 친구들 간에 인기가 좋고 성적도 우수한 편이었다.

그런데 최근 남자친구를 사귀기 시작하면서 본인의 몸매를 불만족스럽게 여기고 식후에 음식을 토해내기 시작했다. 윤선이는 화장실에서 음식을 토하는 장면을 어머니에게 들킬 때까지 약 석 달 동안 먹은 음식을 토했다. 어머니는 매우 놀랐지만 윤선이는 어머니가 난리를 피우는 이유를 이해할 수 없었고 상담사를 만나 보라는 어머니의 말에 화를 냈다.

〈사례 2〉

3년 전 베트남에서 국제결혼을 해서 한국으로 이민을 온 응옥 씨는 23세의 여성이다. 응옥 씨는 농촌에 거주하다가 남편의 폭력을 피해 도망쳐 여성쉼터에 왔으며 쉼터에 온 것은 이번이 두 번째이다. 1년 전 처음 도망쳤을 때 쉼터로 찾아온 남편은 자신이 변화할 것이라고 맹세했지만, 그 약속과 달리 학대는 더욱 심해졌고 결국 응옥 씨가 목숨의 위협을 느낄 정도가 되었다. 응옥 씨는 아들이 하나 있으며, 그 아들은 현재 남편의 어머니가 돌보고 있다. 응옥 씨는 경미한 알코올중독이 있고 불면증과 우울증에 시달리고 있다. 응옥 씨는 남편과 이혼을 하고 아들과 함께 한국에서 살고 싶어 하지만, 남편을 두려워하고 있으며 이혼이 가능할지 여부에 대해 걱정하고 있다.

1. 역할극의 준비

2인 1조로 진행하되, 각자 맡고자 하는 캐릭터에 대해 설정한다. 한 사람은 사회복지사, 다른 한 사람은 클라이언트 역할을 맡는다. 각 조는 클라이언트가 갖고 있는 문제와 욕구는 무엇인지, 현재 처해 있는 환경은 어떠한 환경인지 등에 대해 구체적으로 사례를 재구성할 수 있다. 그런 후, 서로 돌아가면서 한 번씩 사회복지사가 되어 모의상담을 진행한다. 예컨대, 먼저 A가 사회복지사, B가 클라이언트 캐릭터가 되어 약 20분간의 세

4) 이 사례들은 최혜영 역(2010). 사회복지실천사례집, pp.53-54, pp.84-85에 소개된 사례를 한국적 상황으로 저자가 재구성한 것임.

션을 진행하고, 그 회기에 대하여 약 10분간의 피드백을 한 후 다시 역할을 바꿔 A는 클라이언트, B는 사회복지사가 되어 20분간의 세션과 10분의 피드백을 하는 식으로 진행한다.

2. 모의 실천과정

본 교과서의 심리사회모델 본문 내용을 참고하여 총 5회의 개인사회복지실천과정을 진행하고 사례기록(〈표 1〉 사례기록표 참조)과 피드백(〈표 2〉 클라이언트 피드백 참조)을 작성한 후 함께 토론해 보시오. 각 과정에서는 사회복지실천의 기본 대화기술 및 상담기술이 언제나 활용되어야 한다.

1) 자료수집 및 사정

클라이언트의 문제와 욕구를 파악하고, 주변인과의 관계 및 자원에 대하여 사정한다. 클라이언트의 문제가 가족관계와의 연관이 깊다면 가계도나 생태도를 그려 보는 것이 도움이 된다. 아래와 같은 내용들이 포함될 수 있다.

- 클라이언트의 자기 문제에 대한 인식
- 개인이나 가족의 생활주기상 발달단계
- 초기 생활력 및 사회력(위기 사건들, 성, 음주 및 약물사용, 교육, 직업, 종교, 이전의 심리사회적 서비스)
- 개인체계, 가족과 가구체계, 지역사회체계(생태학적 체계)
- 표출문제와 초기목표
- 강점과 자원
- 의뢰 출처와 과정: 부가적 정보
- 가계도 및 생태도, DAC 사정도구

2) 계획

클라이언트가 가장 우선적으로 해결하고자 하는 문제가 무엇인지 파악하여 우선순위를 결정하고, 이것이 개인의 문제인지 아니면 환경에 개입해야 하는 문제인지를 분류한다.

3) 개입

여섯 가지 직접적 개입기법(지지, 직접적 영향, 탐색-기술-환기, 인간-상황에 대한 고찰, 유형-역동에 대한 고찰, 발달적 고찰)과 간접적 개입기술을 사용한 사회복지사와 클라이언트의 의사소통과정을 기록한다.

4) 평가

클라이언트가 과제를 어떻게 실천했는지를 평가하고, 지난 회기에서의 기술 활용이 효과가 있었는지에 대한 피드백을 들어 실천을 평가한다.

5) 종결

상담을 종결하면서 이 상담에 대해 클라이언트가 어떻게 느꼈는지, 생활에 변화는 있었는지, 어떤 점이 도움이 되었으며 어떤 점이 불편했는지 등을 듣는다. 클라이언트가 습득한 정보나 훈련을 그의 생활장면으로 옮겨 실천하도록 격려하며 상담을 종결한다.

3. 보고서의 작성

사회복지사의 역할을 맡은 사람은 각 회기에 대한 사례기록을 작성하며(〈표 1〉 참고), 클라이언트 역할을 맡은 사람은 그 날의 상담에 대한 피드백을 작성한다(〈표 2〉 참고). 총 5회의 사례기록과 5회의 피드백을 모아 하나의 사례 파일을 만든다. 그리고 5회 중 1회의 세션을 골라 비디오 1회를 찍어 보고(〈그림 1〉 참고), 사회복지사와 클라이언트는 촬영된 비디오를 보며 기본적인 대화기술 및 면접기술, 심리사회모델에 적절한 실천기술을 사용했는지에 대해 평가한다.

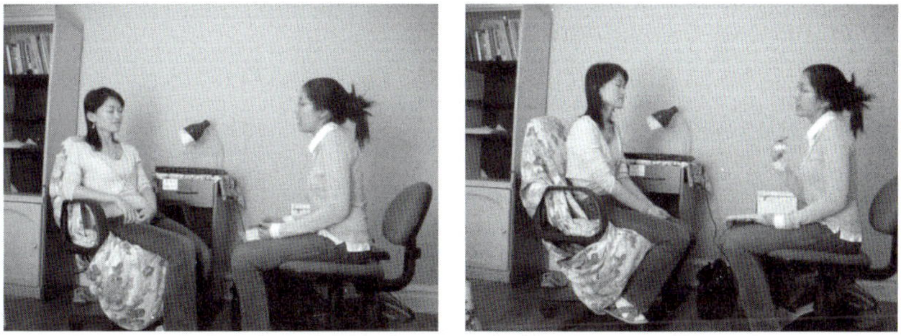

〈그림 1〉 사회복지실천 역할극 비디오 촬영 장면 예시

〈표 1〉 사례기록표

____ 회기: 사례기록

일시 : ______________________

사회복지사 이름 : ______________________

클라이언트 이름 : ______________________

• 관찰

____

____

____

____

• 요점정리

____

____

____

____

____

____

____

____

____

____

____

• 계획

____

____

____

____

〈표 2〉 클라이언트 피드백

____ 회기: 클라이언트 피드백

일시 : ______________________

사회복지사 : ______________________ 클라이언트 : ______________________

1. 오늘 진행된 상담에서 사회복지사의 태도에 대해 느낀 점을 솔직하게 적어 주십시오. 이 피드백은 사회복지사가 더 나은 상담 서비스를 하는 데에 도움이 될 것입니다.

1 = 매우 부족했다	2 = 다소 부족했다	3 = 보통이다
4 = 다소 만족했다	5 = 만족스러웠다	

1. 시선처리	1	2	3	4	5
2. 목소리와 억양	1	2	3	4	5
3. 말투	1	2	3	4	5
4. 단정적으로 말하지 않기	1	2	3	4	5
5. 진실되게 말하기	1	2	3	4	5
6. 신뢰감 있는 말하기	1	2	3	4	5
7. 클라이언트에게의 관심도	1	2	3	4	5
8. 인내심	1	2	3	4	5
9. 지지적으로 말하기	1	2	3	4	5
10. 자신감 있게 말하기	1	2	3	4	5
11. 개방형 질문하기	1	2	3	4	5
12. 내 의견을 존중하였는가	1	2	3	4	5
13. 내 문제에 적절히 반응했는가	1	2	3	4	5

2. 사회복지사의 어떤 부분이 어느 것이 가장 도움이 되었다고 생각하십니까? 적어도 세 개를 적어주세요.

3. 사회복지사의 어떤 부분이 도움이 되지 않았다고 생각하십니까? 적어도 세 개를 적어주세요.

4. 사회복지사가 당신에게 신뢰를 얻기 위해 어떤 것들을 했습니까?

5. 사회복지사가 당신과 당신의 문제를 이해하기 위해 한 질문들과 듣는 태도에 대해 총점을 준다면 몇 점을 주시겠습니까? (　　　　)/100점
그리고 그 이유는 무엇인가요?

CHAPTER 04

인지행동모델

chapter **04**

인지행동모델

1. 인지행동모델의 철학과 기본 개념

1960년대 중반부터 대두한 인지행동이론은 사회복지실천의 주요 시각으로 자리잡고 있다. 인지행동이론은 생각하고 정보를 처리하는 과정인 인지과정의 연구로부터 도출된 개념과 행동주의 및 사회학습이론으로부터 나온 개념들을 통합하여 적용한 것이다.

역사적으로 학습이론이 먼저 출현하였고 심리학적 연구에 기반하여 행동주의기법을 활용하는 임상심리학이 발전하였다. 학습이론은 환경이나 심리과정이 행동에 영향을 준다는 것을 부인하는 것이 아니라 마음에서 일어나는 것은 육안으로 알 수 없으므로 눈으로 확인할 수 있는 행동을 연구함으로써 행동의 변화를 이끌어내자는 입장이다(Payne, 1997). 또한 사회학습이론은 경험한 것에 대한 인간의 생각과 인식을 통해 학습이 일어난다는 입장으로 모방을 통해서 학습하는 과정을 도와주는 것을 강조한다. 한편 인지이론은 부적절한 행동은 부적절한 인식이나 해석에서 나온다고 보아 환경에 적절하게 반응하는 행동을 하도록 잘못된 이해를 교정하고자 하였다. 사회학습이론을 포함한 행동이론은 인지이론과 결합하여 실용적인 기법으로 발전하였는데 이것이 인지행동이론이다.

인지행동이론은 인간이 '무엇을 어떻게 생각하는지'가 그의 정서적 반응과 행동에 미치는 영향에 초점을 두어 인간의 사고, 정서, 행동 간의 관계를 설명한다. 또한 인지행동주의 방법은 행동변화의 이전 작업으로서 사고와 감정을 병행해서 변화시키는 데 초점을 둔다. 이렇듯 인지행동주의는 행동주의이론과 인지치료의 절충으로 생각할 수 있으며, 이 접근을 이해하기 위해서는 행동주의이론과 인지치료에서 나온 기본 개념들을 이해할 필요가 있다(조흥식 외, 2010).

인지행동적 접근은 행동치료, 인지치료, 합리적 정서적 행동치료로 분류할 수 있다. 인지행동접근의 각각의 이론 및 모델에 따른 핵심개념, 심리치료과정 및 개입기법을 정리하면 〈표 4-1〉과 같다.

표 4-1 인지행동적 접근의 핵심개념 및 과정, 개입기법

이론	대표학자	핵심개념	심리치료과정	개입
행동치료	Skinner, Wolpe	명백하게 관찰되는 행동에 초점 맞추기, 정신병리 현상은 부적응 학습의 결과, 재발 방지	목표행동을 강화시키고 재발을 막으며, 부적응 행동을 감소시키고 대체시킨다.	주장훈련, 노출, 체계적 둔감법, 기술훈련법, 자기관리훈련, 행동적 시연강화, 모델링
인지치료	Beck	분열된 사고, 인지적 왜곡, 핵심 도식, 인지적 3요소(triad), 협동적 경험주의	보다 기능적인 신념에 입각하여 역기능적 인지를 인식시키고 그에 도전하게 한다.	인지재구조화, 인지연습, 행동연습, 노출
합리적 정서적 행동치료 (REBT)	Ellis	정서장애는 비논리적이거나 비합리적 사고과정에서 비롯된다.	클라이언트가 비합리적이거나 비논리적 사고를 논박하는 것을 배우도록 돕는다.	인지적 논박, 수치심 공격 연습, 독서치료, 행동적 기술, 심리교육

출처: 김춘경 역 (2004). p.13.

1) 행동주의의 기본 가정과 주요 개념

행동주의 사회복지실천은 기본적으로 학습의 조건화 이론을 기반으로 행동적 변화를 촉진시키고자 하는 기법이다. 행동주의모델에서는 사람들의 행동이 기본적으로 학습과 사회문화적인 조건형성에 의해 형성된다고 가정하고 있다. 하지만 이 접근은 부적응적인 행동을 제거하고 건설적인 행동을 획득할 수 있는 클라이언트의 능력에 초점을 맞춘다. 행동주의 접근은 치료 목표를 설정하기 전에 우선 개인을 종합적으로 평가하여 그의 현재 기능 수준을 결정하는 것에서부터 시작하는 체계적 접근이다.

내적 통찰을 하거나 이야기하는 심리치료를 원하는 사람들에게 행동치료적 접근은 부적절하다. 행동주의 치료는 활동지향적이며 초점은 행동과 인지의 변화로서, 교육을 통해 클라이언트의 행동을 변화시키려는 데 초점을 둔다.

행동주의 치료는 개입의 목표에 대해 구체적 지표를 강조하기 때문에 표준화된 측정에서 발전을 이루었다. 다른 모델에 비해 실증적 연구가 많이 이루어졌으며 단일사례조사설계 사용을 적극 추천한다. 행동주의모델은 우울, 섭식장애, 사회기술훈련 등의 문제해결을 목적으로 하는 집단사회복지실천에 많이 활용되며, 자기주장행동 훈련과 대인관계적 기술을 교육하는 등의 실천에서 효과를 보인다(Thomlison & Thomlison, 1996).

행동주의모델의 기본 가정은 '모든 행동은 학습되며 변화될 수 있다'는 것이다. 이 모델에서 다루는 문제(problems)는 '바람직하지 않은 행동'으로서, 탐색을 통하여 이해될 수 있고 체계적인 행동기법을 통하여 수정될 수 있는 범주의 것들이다.

바람직하지 않은 행동은 강화의 조건(contingencies of reinforcement)을 재배치함으로써 변화시킬 수 있다. 즉 특정 행동 전후에 발생하는 것을 바꿔줌으로써 변화가 가능하다는 것이다. 환경적 사건을 변화시키고 환경 속의 의미 있는 타자에 의한 강화를 통해 행동변화가 발생하고, 또한 새로운 행동을 얻음으로써 생겨나는 향상된 자아의식에 의해 변화가 발생한다. 사회학습이론을 사용하여 행동의 학습과 변화를 이해할 수 있다(Thomlison & Thomlison, 1996).

다음은 행동주의모델에서 자주 활용되는 주요 기본 개념들이다.

(1) 강화와 처벌

표적행동을 변화시키기 위해서는 조작적 조건형성이 필수적이다. 앞에서 기술한 바대로 특정 행동 전후에 발생하는 것을 바꿔줌으로써 변화가 가능하다는 것인데, 강화의 조건을 변화시킴으로써 행동이 소거되거나 다른 행동이 조건화될 수 있다.

조작적 조건형성을 통해 어떤 행동이 다시 발생하도록 유도하는 과정을 강화(reinforcement)라 하며, 어떤 행동이 다시 발생할 가능성을 증가시키는 자극을 강화인(强化因, reinforcer)이라고 부른다. 이 강화인에는 긍정적(positive) 강화인과 부정적(negative) 강화인 두 가지 종류가 있다. 여기서 긍정적 또는 부정적이라는 용어는 좋거나 나쁘다는 가치판단과는 무관하게 행동의 제시 또는 철회를 의미한다.

긍정적 강화인은 행동의 제시를 통하여 기대결과가 다시 발생할 확률을 증가시키는 자극이다. 예를 들어, 자기 방 청소를 한 아동에게 용돈을 주거나 칭찬을 하는 것은 그 행동을 유지하거나 그 행위의 확률을 증가하도록 하는 매우 효과적인 방법이 될 수 있다. 반면 부정적 강화인은 불쾌하거나 혐오스러운 것의 철회를 통해 기대결과가 다시 발생할 확률을 증가시키는 자극이다. 예를 들어, 다리에 박힌 파편의 제거는 불쾌한 것이 제거되는 것, 즉 기대결과를 증가시키는 일이므로 강화되는 것이라 볼 수 있다. 하지만 이 경우 파편을 제거하는 행위는 제시가 아니라 철회이므로 부정적 강화인으로 작용한 것이다. 부정적 강화인은 긍정적 강화인과 마찬가지로 어떠한 행동이 발생할 확률을 증가시킨다(정옥분, 2004). 어머니가 아이에게 침대에서 자라는 잔소리를 하지 않게 되면(철회), 오히려 아이가 자기 침대로 가서 자는 경우가 많아지는 것(강화)이 부정적 강화인의 사례라고 볼 수 있다.

행동을 증대시키려는 강화와 달리, 행동빈도를 감소시키거나 전적으로 중지시키려는 과정을 소멸(extinction)이라 한다. 소멸은 어떤 반응이 더 이상 강화되지 않을 때 발생한다. 그리고 이러한 소멸을 위한 것이 처벌(punishment)이다. 혐오스럽거나 불쾌한 자극을 제시하거나 긍정적 강화를 철회하는 것이 이 처벌에 해당되는데, 아동이 잘못을 했을 때 심하게 야단을 치거나 주려던 장난감을 주지 않는 것 등이 처벌인(處罰因, punisher)에 해당할 것이다. 처벌인은 부정적 강화인과 혼동될 소지가 있으나 어떠한 행동의 발생을 강화하는 목적을 가진 부정적 강화인과 달리 처벌인은 어떤 행동이 발생할 확률을 감소시키려는 목적을 지니고 있다는 점에서 구별된다(조흥식 외, 2010).

(2) ABC 행동 패러다임

ABC 행동 패러다임의 기본 3 요소는 표적행동, 선행사건, 결과이다. 표적행동(target Behaviors)은 행동분석의 초점이 되는 행동이며, 선행사건(Antecedents)은 문제, 즉 표적행동에 선행하는 행동 및 환경적 사건들을 말하고, 결과(Consequences)는 행동 후에 나타나는 사건으로 문제행동을 통제하고 유지하게 하는 조건을 의미한다. 표적행동에 대한 결정이 이루어진 후 선행사건과 결과를 알 수 있는데, 이것은 클라이언트의 자기보고를 통해서 혹은 사회복지사의 직접 관찰을 통해 확인된다. 이 과정을 행동분석(behavioral analysis)이라고 한다.

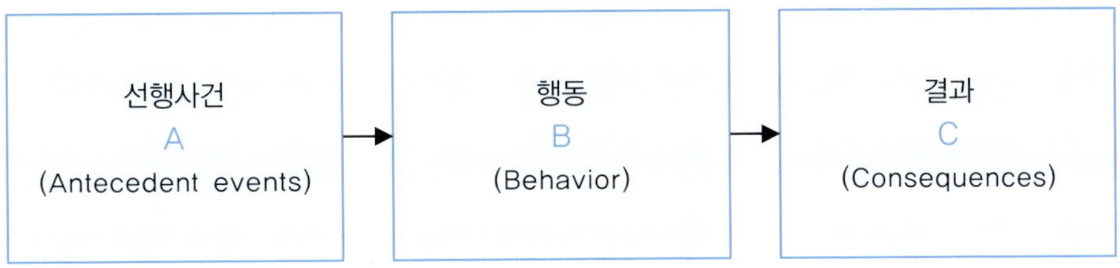

그림 4-1 ABC 행동 패러다임

(3) 사회학습

사회학습에서 가장 중요하게 생각하는 과정은 관찰학습과 모방으로써, 인간의 반응은 직접적 강화를 받지 않더라도 타인의 행동을 관찰함으로써 변화할 수 있다는 것이다. 즉 학습을 위해서는 실질적인 행동을 반드시 수행하지 않아도 되며, 반응을 위해서 즉각적 보상이 꼭 필요하지 않다는 의미이다. 오히려 사람은 모델을 관찰함으로써 특별한 반응을 학습하여 일단 반응이 획득된 후에는 사회적 힘(social forces)이 학습과정에 영향을 주기 시작한다. Bandura는 실험연구를 통하여 아동이 세상에 널리 알려져 있거나 사회적으로 명망 있는 사람들의 행동을 더 잘 모방하며, 또래집단이나 동성집단의 경우 그 모방의 정도가 강해진다고 밝혔다(조흥식 외, 2010).

2) 인지치료의 기본 개념

인간의 사고가 정서와 행동의 주요 결정요인이라는 것이 인지적 접근의 기본 아이디어이다. 인지이론에 기초한 사회복지실천은 '클라이언트로 하여금 자신의 역기능적인 정서, 행동, 문제해결을 유발하는 사고 패턴을 확인하고 변화시키도록 돕는 일'이다.

인지이론은 한두 사람에 의해 만들어진 사고체계가 아니라 여러 학자들이 이론의 구축에 기여하였다. 최초의 인지치료자는 정신분석운동 초창기 멤버인 Adler이다. Freud가 인성을 id, ego, superego로 분리한 반면 Adler는 인성을 통합된 전체로 본 점, 인간 행동의 동기를 Freud는 성적 충동으로 본 반면 Adler는 사회적 충동(social drive)로 본 점 등이 Adler와 Freud의 차이이다. 또한 Adler는 인간의 행동은 '생활방식(life-style)'에 의해 형성되며 이 생활방식은 개인의 생각과 믿음으로 구성되어 있다고 하였다. 인간서비스 분야에서 클라이언트의 변화를 주도하려면 이 '생활방식'에 대한 철저한 조사가 필수적이라고 하였다. 인지치료이론은 1950년대 후반에 Albert Ellis에 의해 더욱 발전된다. Ellis는 효과적인 심리치료와 상담은 클라이언트가 역기능적 사고와 왜곡된 인지를 확인하고, 도전하며, 변화시키도록 돕는 것이라고 하였다. Ellis의 저서 『심리치료에서의 이성과 정서(Reason and Emotion in Psychotherapy, 1962)』는 인지상담가 및 치료자들의 바이블이라 불릴 정도이다. 이후 Glasser는 인지적 심리치료를 현실치료기법으로 발전시켰으며, Aron Beck은 우울, 불안장애, 성격문제 치료에 인지이론을 활용하여 인지적 치료과정을 체계적이고 구체적으로 정교화하는 데 기여하였다. 사회복지실천 분야에서는 Werner와 Goldstein 등이 인지적 접근을 도입 · 발전시켰다(Lantz, 1996).

인지이론가들은 인간들을 협력자, 평등, 우호적인 인간으로 보았으며 인성은 융통적이며 물리적 · 사회적 요인에 의해 영향을 받는다고 전제하였다. 모든 사람들이 자신의 생이나 운명을 완성하지는 못한다 하더라도, 자신의 삶의 방식을 결정할 수 있는 창조적인 존재로서 그들은 생과 운명에 대한 자세를 선택할 수 있다고 지적한다.

인지치료의 중심 개념은 다음과 같다.

① 대부분 인간의 정서는 자신과 그들의 사회적 상황에 대한 사람들의 생각, 말, 가정, 믿음의 직접적인 결과이다.
② 많은 비합리적 사고, 잘못된 신념, 왜곡된 인지는 인간의 의식적인 인식의 외부에 있다. 클라이언트는 자신의 사고나 개념이 불유쾌하거나 역기능적인 정서를 초래하는 것에 대해 모르고 있으므로, 사회복지사는 클라이언트에게 이 점을 적극적으로 인식시키고 클라이언트가 역기능적인 정서를 변화시키기 위한 학습을 하도록 도와주어야 한다.
③ 모든 불유쾌한 정서가 역기능적인 것은 아니며, 모든 유쾌한 정서가 기능적인 것은 아니다. 합리적 인지란 자아에 관한 사고, 개념, 믿음, 태도 혹은 진술로서, 이것은 객관적 현실에 기반을 두고 생을 보전시키며, 개인의 목적을 성취시키는 데 생산적이고 중요한 내적 갈등 및 타인과의 갈등을 감소시키는 것이 되어야 한다.

(1) ABC 정서이론

'인간의 정서는 자신과 그들의 사회적 상황에 대한 사람들의 생각, 말, 가정, 믿음의 직접적인 결과'라는 개념에서 나온 것이 Ellis의 인지적인 ABC 정서이론(ABC theory of emotion)이다. 여기서 A(Activating Events)란 촉진사건이고, B(Beliefs)는 자신과 A(촉진사건)에 대한 믿음이며, C(Consequences)는 이런 믿음, 인지, 자기대화의 정서적 결과를 의미한다.

사회복지사는 역기능적인 정서와 행동을 초래하는 클라이언트의 왜곡되고 비합리적인 인지, 신념, 자기진술을 변화시키도록 도울 책임이 있다. 사회복지사가 클라이언트의 역기능적인 정서와 행동을 초래하는 잘못된 신념, 왜곡된 인지, 비합리적 자기진술을 클라이언트로 하여금 확인, 도전, 변화시키도록 하는 인지적인 반성적 고찰을 촉진시킬 때 인간은 변화한다.

(2) 도식

개인은 자신의 인지구조에 따라 특정 자극에 선택적으로 주의를 기울여 반응하게 되는데, 이러한 인지구조가 바로 도식(schema)이다(최옥채 외, 2003). 인지이론은 인간 문제의 많은 부분이 효과적인 기능을 방해하는 도식으로부터 일어난다고 가정한다. 예컨대 우울증의 경우, 사람들이 때때로 세계에 대해 부정확하거나 왜곡된 생각을 발달시키게 된다. 이 왜곡된 도식은 개인의 의지와 상관없이 자동적으로 작동하는데 이를 자동적 사고라 한다. 그리고 이 자동적 사고의 흐름이 감정에 부정적 영향을 미치게 되며, 정서적 고통을 낳게 되는 것이다.

(3) 인지재구조화

Beck은 우울증으로 고생하는 사람들에게서 사고와 해석의 편향이 있다는 것을 발견하고, 객관적 증거와 맞지 않을 때도 지속되는 '부정적인 자동적 사고'를 관찰하여(Corey, 2001) 이 왜곡된 도식을 인정하고 교정하는 것이 정서장애를 치료하는 데 도움이 될 것이라고 보았다. 즉 클라이언트를 우울로 이끄는 잘못된 도식을 제거하고 새로운 도식을 형성하게 하는 것이다. 따라서 인지치료는 인지적 재구조화 혹은 인지적 재구성이라 불리기도 한다(이인정 · 최해경, 2007).

Beck은 교정할 대상이 되는 왜곡된 사고, 즉 역기능적 사고로 근거 없는 성급한 추론, 부분만을 근거로 하는 선택적 추론, 과잉일반화, 어떤 상황을 실제보다 더 확대하거나 축소하는 것, 관련이 없는 외적 상황까지 스스로와 관련짓는 개인화, 스스로에 대한 낙인찍기, 극단적 사고 등을 제시하고 있다. 치료자는 클라이언트와의 상담과 평가과정을 통해 클라이언트가 자기의 이러한 역기능적 인지를 밝혀내도록 돕는다. 그리고 이러한 역기능적 인지가 자신의 감정과 행동, 그리고 환경적 부분까지도 부정적 영향을 미친다는 것을 인식하게 하여 이 부정적인 자동적 사고를 조정하도록 돕는다(조흥식 외, 2010).

(4) 합리적 신념과 비합리적 신념

합리적 신념(rB: rational belief)은 우리의 행동을 합리적이고 효과적으로 통제하는 것으로 객관적 현실에 근거하여 다른 사람과의 불필요한 갈등을 피하고 편안한 감정을 느낄 수 있도록 하는 사고이다. 반대로, 비합리적 신념(iB: irrational belief)은 안정된 삶을 방해하고 많은 정서적 · 사회적 문제를 야기하는 사고이다(최옥채 외, 2003). 이러한 비합리적 신념이 각인되면 자기언어를 통하여 계속 재교화되고 부적절한 행동으로 이어진다.

Ellis는 사람들은 누구나 일련의 합리적 신념을 가지고 생활하고 있다고 말한다. 다른 사람들과의 협력적인 상호관계를 유지하는 것이나 일상생활에서의 행동을 볼 때, 사람들 대부분은 자신의 행동을 방향 짓고 통제하는 데에 강한 합리적 신념을 사용하고 있다는 것이다. 그러나 어떤 사건에 부딪쳤을 때 합리적 신념을 외면하고 순전히 비합리적으로 대응하게 될 수도 있다.

비합리적 신념을 낳는 잘못되고 자기패배적인 지각은 다음과 같다(김춘경 역, 2004).

- 과잉일반화:
  - "사람들은 (모두) 적대적이다."
  - "인생은 (언제나) 위험천만하다."
- 안전에 대한 잘못되고 불가능한 목표:
  - "한 번 잘못하면 죽을 거야."
- 삶과 삶의 요구에 대한 잘못된 지각:
  - "삶은 절대 내게 휴식을 주지 않아."
  - "산다는 건 너무 힘들어."
  - "나는 (모든) 사람들을 즐겁게 해야만 해."
- 자신의 가치에 대한 과소평가와 부정:
  - "난 멍청해"
  - "난 쓸모없는 사람이야."
  - "난 한낱 주부일 뿐이야."
- 잘못된 가치:
  - "다른 사람을 짓밟아서라도 일등이 되어야 해."

3) 합리정서행동치료의 기본 개념

(1) ABCDE 모형

Ellis의 합리정서행동치료(Rational Emotive Behavior Therapy: REBT)는 클라이언트가 보이는 정서장애나 문제행동을 제거하는 것이 아니라 문제행동의 배후에 있는 비합리적이고 자기패배적인 신념을 극소화시키고 삶에 대하여 보다 현실적이고 합리적인 가치관을 형성하는 데에 그 목표를 둔다.

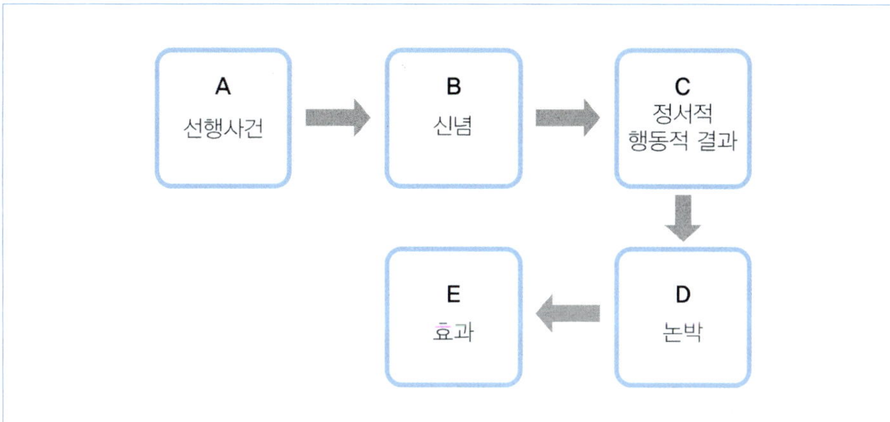

그림 4-2 엘리스의 ABCDE 모형

출처: Ellis (2009); 조흥식 외 (2010). p.119.

합리정서행동치료과정은 ABCDE 모델로 설명이 가능하다. A는 선행사건(Activating event)으로서 클라이언트에게 정서적 혼란을 야기하는 사건을 의미한다. 예를 들어, 갑이 을(클라이언트)의 약속을 일방적으로 파기하는 사건의 발생이 A에 해당한다. 다음 B인 신념체계(Belief system)는 합리적 신념과 비합리적 신념을 통칭하는데, 개인은 합리적 신념이나 비합리적 신념 중 하나를 선택하여 사고하게 된다. 만약 을이 '갑은 의도적으로 나를 속이기 위해, 또는 나를 무시하여 약속을 파기했을 것'이라는 비합리적 신념을 선택하면, 뒤이어질 C인 결과(Consequence)로써 을은 '우울, 불안, 분노 등'과 같은 부정적 정서와 행동을 갖게 될 것이다. 치료자는 이때에 D, 즉 논박(Dispute)을 통하여 클라이언트가 갖고 있는 비합리적 신념에 대해 도전하고 그것이 사리에 맞는지 검토하는 과정을 거친다. 예컨대 갑이 매우 시급한 일이나 사고가 있어 약속을 지킬 수 없게 되었을지도 모른다고 가정해 보는 것이 그 예가 될 수 있다. 마지막 단계인 E는 효과(Effect)로서 클라이언트가 논박과정을 통해 스스로의 비합리적 신념을 합리적인 신념으로 대치하여 자기수용적인 태도와 긍정적 감정을 얻는 것이다. 을이 치료자의 조언을 받아들여 상황을 이해하고 화를 가라앉힌 후 정확한 사정을 알아보려 하는 것은 효과로서의 적절한 정서와 행동이라고 볼 수 있다.

(2) 자기언어

Ellis의 합리정서행동치료는 모든 정서적 문제의 주요 원인이 그 상황에 대해 스스로 말하는 자기언어(self-talk)에 달려 있다고 전제한다. 자기언어에 따라 감정과 행동이 달라지므로 자기언어가 변화되면 감정과 행동도 변화된다는 것이다(최옥채 외, 2003). 외부적 스트레스에 대항하기 위해 스스로 다짐하는 말이 패배적일 경우 이것이 정서적 문제로 이어지게 되고 자기언어를 긍정적으로 변화시킨다면 뒤이어 나타날 부정적 사고 또한 통제할 수 있다. 이는 Beck의 자동적 사고와 유사한 흐름이라고 볼 수 있다. 이렇듯 Ellis는 외부적 사건은 변화시킬 수 없어도 자기언어를 변화시킴으로써 정서와 행동을 통제할 수 있다고 본다.

2. 인지행동모델의 개입목표 및 과정

1) 행동주의모델의 개입목표와 과정

(1) 행동주의모델의 개입목표

행동주의실천은 클라이언트의 부적응적 행동 유형을 제거하고 클라이언트들이 건설적인 행동 유형을 학습하도록 돕는 것이다. 사회복지사는 클라이언트들에게 자기지향적이고 자기관리적인 행동변화 프로그램을 개발하는 데 사용할 수 있는 구체적인 기술을 가르친다. 문제행동을 하게 하는 사고의 유형을 밝혀내어 클라이언트들의 행동양식을 변화시키도록 고안된 새로운 사고방식을 가르친다(안창일 · 박경 공역, 1995).

행동주의모델의 일반적인 목표는 학습을 위한 새로운 조건을 만들어내는 것이다. 행동주의모델을 사용하는 사회복지사는 클라이언트의 문제가 잘못된 학습과 관련이 있으며, 학습경험이 문제행동을 경감시켜줄 것이라고 가정한다. 일반적인 개입 내용은 잘못된 인지의 수정, 사회적 기술 및 대인관계의 기술, 자기관리의 기술을 배우도록 하는 것이다. 이를 통해 클라이언트가 스스로 치료자가 되도록 하는 것이다.

행동주의 접근은 치료목표를 설정하기 전단계로서 우선 현재의 기능수준을 결정하기 위하여 개인을 종합적으로 평가하는 것에서 시작하는 체계적 접근이다. 분명하고 구체적인 행동목표가 클라이언트에 의해 세워진 후에 사회복지사는 이 목표들을 충족시킬 수 있는 적절한 책략들을 제안한다. 사회복지사의 역할은 클라이언트에게 부적응행동을 인식하게 하고 그것을 바꾸는 방법을 가르쳐서 행동을 영구적으로 변화시키는 것으로, 클라이언트가 새로운 행동을 실생활에서 기꺼이 연습하고자 할 때에만 효과적이다. 행동주의모델에서 개입은 체계적이고 과학적으로 이루어지는 것을 기본 가정으로 하기 때문에 객관성과 평가를 강조한다. 절차와 기법들이 얼마나 잘 맞는가를 결정하기 위해 계속적으로 평가하는 것이 이 모델의 기본이다.

행동주의모델 개입의 가장 일반적인 특징은 다음과 같다(안창일 · 박경 공역, 1995).

① 사회복지사는 클라이언트와의 좋은 관계를 중요시한다. 신뢰적인 관계가 개입에 주요한 영향을 준다는 것을 인정하며, 가능한 한 사정과 개입의 각 단계에서 클라이언트의 참여를 최대한으로 하도록 하는 것을 중시한다. 문제해결의 분석과 관리에 관계가 매우 중요한 요소로 작용하지만 이것만으로 행동의 변화를 가져오기에는 충분하지 않다.

② 클라이언트의 현재 문제, 주요 강점과 약점을 파악하는 방법은 클라이언트에 대한 평가로부터 시작한다.

③ 평가의 초점은 과거가 아니라 행동에 미치는 현재의 영향들이다. 클라이언트의 행동방식과 현재 행동을 유지시키는 자극들에 일차적 관심을 갖는다.

④ 개입목표는 구체적이고 특정한 용어로 설정한다.

⑤ 사회복지사와 클라이언트가 함께 개입목표를 설정한 다음 목표에 도달하기 위한 절차와 기법이 포함된 개입계획을 세운다.

⑥ 평가는 전체 개입과정의 일부분이다. 지속적인 평가를 통하여 사용하는 방법이 효과적이지 않을 때에는 다른 방법을 시도한다.

(2) 행동주의모델의 과정

행동주의 개입의 각 단계별 활동내용은 다음과 같다(Thomlison & Thomlison, 1996).

가. 초기평가단계

클라이언트의 현재 문제, 주요 강점과 약점을 파악하는 방법은 클라이언트에 대한 평가로부터 시작한다. 평가의 초점은 과거가 아니라 행동에 미치는 현재의 영향들이다. 클라이언트의 행동방식과 현재 행동을 유지시키는 자극들에 일차적 관심을 갖는다.

초기평가는 클라이언트의 배경을 포괄적으로 이해하기 위함이다. 평가의 초점은 과거가 아니라 행동에 미치는 현재의 영향들로, 다음과 같은 정보를 얻는다.

① 일반적 정보
② 현재 문제의 성격과 그에 대한 기술
③ 개인력 및 사회력(가족 및 대인관계에 대한 정보, 아동기, 청소년기, 과거의 문제들, 현재의 희망 등)
④ 현재의 문제 분석

나. 사정단계

① 문제가 되는 행동 목록을 작성한다.
가족 중 한 사람에게 문제가 되는 행동을 구체적으로 진술하도록 질문하여, 문제를 '누가', '어떤 맥락에서', '누구에게', '무엇을 한다'고 진술하도

록 한다. 가족대상 실천의 경우 가족 중 개별 가족성원이 문제에 대해 어떤 부분을 각기 달리 인식하고 있는지 관찰한다. 어떤 사람이 누구의 어떤 행동에 대해 의견을 달리하는가를 확인시키고 서로 다른 의견을 갖는다는 것은 당연하다는 인식을 하는 가운데 사정 목표에 따라 상호작용을 하도록 돕는다.

② 우선적인 행동문제와 이것을 지속시키는 조건을 확인한다.
가족성원들이 가장 중요하다고 진술하는 행동의 선행사건과 문제행동의 결과를 확인한다.

③ 결과 발생에 대한 현재의 조건들을 확인한다. 예를 들어, 언제 아이가 꾸중을 듣는지 혹은 꾸중을 듣지 않을 때는 어떤 때인지를 알아본다.

④ 가족대상 실천인 경우 가족성원 간 교환되는 행동 패턴을 확인한다. 예를 들어, 강압적 교환, 소리침, 반응 회피, 지나친 요구 등을 관찰하여 기록한다.

⑤ 변화를 위해 가능한 표적행동을 확인한다. 표적행동은 관찰 가능한 바람직한 행동으로 발생빈도의 증가를 목표로 하는 것이 바람직하다.

⑥ 표적행동에 대한 동의가 이루어지면 기초선 측정을 위한 조건을 설정한다.
- 표적행동의 발생빈도를 모니터하고 기초선 행동 빈도를 측정하도록 한다.
- 기록 기입용지를 주고 기록방법을 알려준다.

다. 개입단계

행동주의모델에서의 실행단계는 확인된 행동과 결과 사이에서 행동과 결과 사이에서 새로운 조건을 만드는 단계로 변화를 위한 프로그램을 수행하는 단계이다. 이 단계에서는 활동을 촉진시키기 위해 계약을 하여야 한다.

① 표적행동을 명확히 한다.
② 각 표적행동에 대해 새로운 선행사건을 설정한다.
③ 표적행동이 발생할 때와 발생하지 않을 때 각각에 대해 새로운 결과를 설정한다.
④ 다음의 내용을 구체화하는 서면계약을 한다.: 변화를 위한 구체적 행동과 구체적 요소들, 새로운 선행사건, 새로운 긍정적 결과들, 표적행동을 어겼을 때 발생할 수 있는 상황에 대한 대비, 행동 목표가 달성되었을 때 줄 강화물
⑤ 실행 후 기록용지를 점검하고 목표한 행동에 변화가 나타났을 때 사회복지사는 정적 강화를 제공한다.
⑥ 회기 중 목표 행동을 수행하기 위해 역할극, 모델링, 행동시연과 같은 기법을 활용한다.
⑦ 변화가 거의 일어나지 않았을 때에는 프로그램 설계의 특정 부분을 검토하는 것이 필요하다.

라. 종결단계

종결단계에서는 계약목표와 관련된 진전을 평가한다. 종결을 하더라도 일상생활에서 목표 행동을 유지할 수 있도록 학습 원칙들을 지킬 것을 요구한다. 이후 4주 동안 기록을 계속하도록 지시하고 4주 후 만남을 약속한다.

추후면접은 행동변화가 지속되는지 아닌지를 확인하는 것이다. 행동변화가 지속되는 정도를 확인하기 위해 종결 후 3개월 또는 6개월 간격으로 만나는 것이 도움이 된다.

2) 인지치료의 개입목표와 과정

(1) 인지치료의 개입목표

인지치료에서의 주요 치료목적은 변화의 중심적 매체인 사회복지사가 클라이언트의 역기능적인 정서와 행동을 초래하는 잘못된 신념, 왜곡된 인지, 비합리적 자기진술을 클라이언트로 하여금 확인하고, 도전하며, 변화시키도록 돕는 것이다.

인지치료에서 사회복지실천의 원조과정은 주로 교육적 활동이다. 치료의 목적은 클라이언트가 스스로 자신의 상담가가 되고, 인지이론의 개념을 이용하여 지속적으로 자기를 이해하고 역기능적 정서와 행동을 통제하는 방법을 배우는 것이다. 클라이언트가 자기 자신을 통제하고 자기원조를 위한 목적으로 인지이론을 도구로 활용케 함으로써 클라이언트를 역량강화시키는 것이 인지치료기법을 활용하는 사회복지사의 역할이다.

초기 인지이론가들은 사회환경이나 가족 내의 문제를 극복하는 데 합리적인 사고를 활용하는 인간의 능력에 중점을 두고 사회행동, 환경수정, 가족치료, 관계망 개입을 중요시하지 않았다. 그러나 Adler는 사람들의 오해, 관념, 자기진술은 주로 개인의 사회적 경험과 가족과의 상호작용을 통해 주로 학습되므로, 가족과 사회환경도 개입의 표적으로 삼았다.

인지치료에서는 과거보다 현재를 중시하는데, 현재는 변화가 일어날 수 있고, 일어나는 시기이기 때문에 가장 중요한 부분으로 보며, '지금 그리고 여기'의 활용을 강조하였다. 하지만 Adler파 인지이론 사회복지사들은 과거가 현재 클라이언트에게 문제가 되는 감정과 행동을 초래하는 데 활용된 인지, 사고, 신념, 오해에 대한 통찰력을 제공하기 때문에 클라이언트와 과거에 대해 이야기하는 것도 유용하다고 하였다.

인지적 접근의 치료원칙은 다음과 같다(Lantz, 1996).

① 클라이언트와 클라이언트 문제를 인지적 용어로 규정한다.
② 철저한 치료관계(therapeutic treatment relationship)를 요구한다.
③ 원조자와 클라이언트의 적극적인 참여의 협력적 토대 위에서 치료한다.
④ 문제에 초점을 두고 목적지향적이다.
⑤ 현재를 강조한다.
⑥ 교육적이며 클라이언트가 자기 자신의 원조자가 되도록 가르친다.
⑦ 인지치료는 가능한 시간제한적이며 구조화되어 있다.
⑧ 클라이언트가 역기능적 사고와 신념을 확인하고 평가하며 이에 효과적으로 대처하도록 가르친다.

인지치료에서는 치료관계를 통해 클라이언트가 자신과 세계에 대해 다른 방식으로 볼 수 있는 방법을 배우고 기회를 제공받는다. 치료관계의 감정이입, 존중, 지지, 격려 등의 지지적 요소는 클라이언트의 성장능력, 건전한 방법으로 기능을 수행하는 능력 향상에 도움을 준다. 그리고 사회복지사는 클라이언트와의 관계 속에서 발견되는 인지적 왜곡에 초점을 두고 검토한다. 종종 클라이언트는 실제로는 사회복지사와는 상관없는 자신에 대한 부정적 감정과 사고, 행동을 사회복지사의 탓으로 돌리기도 하는데 인지이론 사회복지사들은 일반적으로 '전이', '역전이'란 용어를 사용하지 않는다. 사회복지사는 이런 관계를 잘 검토해 봄으로써 클라이언트가 자신의 잘못된 사고를 인식하도록 돕는다.

(2) 인지치료의 개입과정

Ellis와 Beck의 고전적 인지치료를 활용하는 경우에는 다음과 같은 단계를 거쳐 진행될 수 있다.

- 1회: 접수, 제시된 문제 확인, 동의, ABC모델 설명, 비합리적 신념(자신을 끔찍한 사람, 실패자로 규정하는 등)에 대한 도전, 비합리적 자기진술에 빠지지 않도록 과제기록지를 작성하는 과제 내줌
- 2회: 과제 완성, 자신에 대한 합리적 사고 반복, 과제 검토
- 3회: 합리적 원칙을 자신의 다른 생활영역에도 적용하도록 제안하고 현재 문제해결 확인
- 4회: 지속적으로 과제기록지를 작성할 것을 권하며 종결
- 추후지도: 종결 후 6개월 실시

인지치료기법을 사용하는 Adler 학파의 개입과정은 관계구축, 분석과 사정, 통찰, 재방향 설정의 4단계로 이루어진다.

① 관계구축

적절한 치료적 관계는 상호신뢰와 존경, 협력을 필요로 한다. 주의 깊은 경청, 느낌에 대한 반영, 공감적 이해는 관계구축을 위해 필수적이다.

② 분석과 평가

- 생활양식에 대한 조사로 클라이언트의 우선순위(priority)를 조사한다. 우선순위는 "내가 가장 중요하게 추구하는 것은 무엇인가?", "내가 가장 피하

고 싶은 것은 무엇인가?"라는 질문에 대한 대답에 기초하여 결정된다.

• 생활양식을 명료화한다.: 가족구조에 대한 평가, 초기 회상에 대한 해석, 기본적 오류의 검증, 자기 패배적인 지각 지적

③ 통찰

이 단계는 해석과 직면을 통해 클라이언트가 자신에 대해 배우는 교육적인 과정이다.

④ 재방향 설정

사회복지사와 클라이언트가 함께 대안이 될 수 있는 태도, 신념, 그리고 행동을 고찰하는 단계이다. 현실적인 목표 세우기, 문제해결과 결정내리기, 새로운 대안찾기, 과제 설정과 이행, 종결과 요약으로 진행된다.

3. 인지행동모델의 개입기법

1) 행동주의 개입기법

행동주의모델은 클라이언트 행동에 대한 주의 깊은 사정과 경험적으로 증명된 특정한 절차의 효과성에 기반하여 특정한 개입방법을 선택한다. 이중에서 가장 활용도가 높은 것으로 자기지시훈련, 사고중지와 스트레스 다루기, 주장훈련, 체계적 둔감화, 혐오치료 등이 있다.

(1) 자기지시훈련

자기지시훈련(self-instruction training)은 표적행동을 대상으로 구체적인 목표를 설정하고 이에 따른 행동지침을 작성하며 이를 실행에 옮길 때 사용되는 인지적 행동치료기술이다. 이 기술은 과제의 수행을 안내할 자기언어화(self verbalization)를 활용하는 것으로 단계별로 자기진술 등을 활용하여 자신감을 개발한다(엄명용 외, 2008).

(2) 이완훈련

클라이언트가 스트레스 상황에 적절하게 대처할 수 있도록 돕는 기술이다. 만성적인 긴장과 불안, 위기상황에서 겪는 불안, 답답함, 불면증, 우울 등을 느끼는 클라이언트에게 효과적이다. 호흡에 정신을 집중하고 평화로운 장면(예: 숲속의 호수)을 떠올리도록 하는 심상기법, 근육을 이완시키는 방법 등을 가르친다. 생활에 바쁜 클라이언트의 이완훈련을 돕기 위하여 다음과 같은 방법을 제시할 수 있다.

"가능한 한 방해 자극이 없는 조용하고 평온한 장소를 찾아라. 의자에 편하게 앉아 수동적인 자세를 취하라. 기법을 따라 하는 것에 신경쓰지 말고 아무 생각도 하지 말아라. '음'과 같은 주문을 반복하는 것이 도움이 된다. 눈은 감은 채 발가락 끝, 발, 발목, 무릎, 다리 순으로 얼굴까지 점차적으로 모든 근육을 충분히 이완시켜라. 이완하고 호흡하라(안창일 · 박경 공역, 1995)."

(3) 체계적 둔감화

이 기법은 전통적인 조건화의 원칙에 근거한 것으로 불안과 공포를 없애는 데 효과적인 기법이다. 우선 불안유발상황의 위계적 목록을 작성한다. 이 목록은 클라이언트가 가장 불안을 적게 느낀다고 상상하는 상황에서부터 시작하여 가장 심하게 불안을 느끼는 상황에 이르기까지 순서대로 작성된다. 그리고 이완절차의 기본 원리를 설명하여, 클라이언트가 선택한 가장 평화스러운 상황에 대한 상상을 통해 이완상태를 유지한다. 이 상태에서 가장 적게 불안을 유발하는 상황에서 점차 높은 불안유발상황으로 상상하도록 이동하면서 둔감화 훈련을 시킨다.

(4) 모델링

모델링(modeling) 기술은 사회복지사는 클라이언트가 취할 행동을 시범적으로 보여주고 클라이언트가 사회복지사가 제시한 방법을 직접 따라 해볼 수 있도록 하는 기술이다. 모델링 기술은 사회복지사가 바로 그 자리에서 행동을 제시하기도 하고, 비디오 등 미디어 기술을 활용하거나 집단상담상황 속에서 여러 명의 모델링을 제시하는 방법들이 있다(엄명용 외, 2008). 모델링 기술 후에 또는 모델링과 함께 사용하는 기술로 시연(rehearsal)이 있다. 시연은 클라이언트가 습득한 행동기술을 현실세계에서 직접 실행하기에 앞서 사회복지사 앞에서 반복적으로 연습하는 것이다. 예를 들어, 대인공포증을 갖고 있는 클라이언트가 자신의 의견을 대중 앞에 서서 발표할 수 있도록 모델링과 시연을 통해 연습시킬 수 있다.

2) 인지치료 개입기법

(1) 인지재구조화

이 기술은 인지행동이론의 핵심적인 기술이다. 인지재구조화기술은 클라이언트가 자신의 기능에 부정적인 영향을 미치는 역기능적 사고와 관념을 인식할 수 있도록 돕고 이를 현실에 맞는 신념과 행동으로 대체하여 기능을 향상시킬 수 있도록 하는 기술이다(엄명용 외, 2008).

(2) 내적 의사소통의 명료화

내적 의사소통의 명료화(clarifying internal communication)는 인지치료에서 흔히 사용되는 기법이다. 이 기법이 효과적인 이유는 클라이언트에게 자신에 대한 사고와 진술내용에 대한 피드백을 제공해 주기 때문이다. 이 기법을 통해, 사회복지사는 클라이언트가 자신과 타인에 대해 언어적인 표현 이면에 숨겨진 비합리적 신념의 많은 부분을 좀 더 잘 이해하도록 도울 수 있다. '구체적으로 어떤 식으로…', '당신의 침묵의 의미는 무엇인가' 등의 질문으로 내적 의사소통의 명료화를 활용할 수 있다(Lantz, 1996).

(3) 설명

설명(explanation)은 클라이언트의 잘못된 사고가 어떻게 감정에 영향을 미치는지에 대해 Ellis의 ABC 모델을 활용하여 클라이언트에게 가르치는 데 목적을 둔 치료기법이다. 예를 들어, 1차 면접에서 사회복지사는 클라이언트와의 초기 신뢰를 형성하고, 치료목표는 우울증 제거로 정했다고 가정하자. 개입과정에서 클라이언트에게 어떻게 우울이라는 감정이 작동하는지 가르치는 계약에 동의하고, ABC 정서분석모델을 설명한다. 그리고 클라이언트의 우울을 초래하고 유지하는 데 본인에게 사용되고 있는 잘못된 사고(misconception)를 발견하고 도전하도록 문서화된 과제기록지(written homework form)를 사용하는 방법을 설명한다.

(4) 과제기록

과제기록은 Ellis의 ABC 이론을 학습시키는 데 유용한 것으로, 클라이언트가 복잡한 정서적인 연속성을 보다 이해 가능한 문제로 분석하도록 도움을 준다. Ellis의 ABC 모델을 기준으로 하여 다음과 같은 절차에 의해 기록하도록 한다(Lantz, 1996).

- A : 어떤 사건이 일어났나?
- B : 그 사건에 관한 나의 생각은 무엇인가?
- C : 나는 이것을 어떻게 느끼고 있나?
- D1 : A(사건)에 관한 나의 기술은 정확한가?
- D2 : 나의 B(신념 또는 생각)는 합리적인가? 그렇지 않다면, 그것들에 도전하라.
- E : D1과 D2를 통하여 어떤 새로운 감정이 발생되었나?

(5) 경험적 학습

경험적 학습은 인지적 오해에 도전하고 그것을 변화시키기 위해 사용되는 기법으로 인지적 불일치(cognitive dissonance) 원리로 설명된다. 인지적 불일치란 자신의 행동, 활동, 생활양식과 일치하지 않는 태도와 신념을 변화시키려는 인간의 경향을 일컫는다(Lantz, 1996). 사회복지사는 클라이언트의 인지적 오류와 일치하지 않는 구체적인 행동에 클라이언트가 관여하도록 돕는다. 경험적 학습과 인지적 불일치 원리를 사용한 치료기법은 자기주장 훈련, 사이코드라마, 모델링, 역할연기 등이 있다.

(6) 역설적 의도

역설적 의도는 사람으로 하여금 그들의 상황에 대한 현실을 극적으로 자각하게 하고 자신의 행동에 대한 결과를 수용해야 한다는 것을 알게 하는 것이다. 보통 어떠한 특정한 기간 동안 역설적인 방법을 추천하여 실험삼아 해보는 것이 좋다. 예를 들어, 한 아이가 수학숙제를 하지 않으려고 하면 좋은 방법이라고 하면서 다른 어떤 숙제도 하지 말라고 권한다. 또한 어떤 사람이 손톱 2개를 물어뜯는다면 더 많은 손톱을 물어뜯으라고 권할 수 있다(김춘경 역, 2004). 역설적 의도는 똑같은 행동이 발생할지도 모른다는 불안 때문에 생기는 구체적이고 불유쾌한 행동에 가장 적절한 기법이다. 의학적으로 간질이 안정되었음에도 불구하고 사업상 회합에서 발작이 일어날까봐 두려워하는 클라이언트에게 모임시작 전 발작을 하도록 지시한 결과 발작이 없었다. 이 방법은 발작을 통제할 방법이 없다는 잘못된 신념에 도전하여 불안을 감소시킨 것이다(Lantz, 1996).

연습문제

1. 아래 지시에 따라 수행하고 이 실험에 대한 자신의 생각을 적어 보시오.

1) 당신의 행동 중 고쳤으면 하는 행동(예: 수업시간에 지각하는 행동)을 하나 정하고 그 행동을 할 때마다 스스로를 처벌하거나 주위 친구나 가족에게 당신을 처벌을 하도록 하시오.
매일 매일 표적행동이 증가 또는 감소했는지 일지를 기록하시오. 일주일 후 표적행동에 어떤 변화가 있었는지 확인하시오.

2) 이번에는 자신이 자주 하기를 기대하는 행동을 하나 정하고 이 행동을 할 때마다 자신에게 상을 주거나 친구로부터 상(칭찬, 스티커 등)을 주도록 하시오.
일주일간 수행한 일지를 기록하고 일주일 후 자신의 행동에 변화가 있는지 확인하시오.

2. 다음 지시에 따라 수행하고, 이 훈련에 대한 느낌을 적어 보시오(김영애, 1996).

1) 최근에 강하게 느꼈던 불안이나 두려움, 공포를 떠올려 보시오. 그런 상황을 그리면서 일어나는 감정을 느껴 보시오.

2) 그 이미지를 간직하면서 호흡에 주목하고 “긴장을 풀자”라고 말해 보시오.

3) 계속 이미지를 떠올리면서 그 상황에서 하고 싶은 대로 행동하는 것을 상상하시오.

4) 불안 없이 행동하는 자신을 상상하면서 마음속에서 상황을 통제할 수 있을 때까지 이 연습을 반복하시오.

5) 가능하다면 실제 상황에 직면할 수 있는 기회를 찾으시오. 이 훈련을 행한 전후의 자신의 적응능력을 평가해 보시오.

3. 각자 자신이 아래와 같은 표현을 써서 자주 사용하는 경직된 당위적 생각이나 잘못된 신념을 적어보고 사고나 신념에 대해 반박해 보시오.

- 반드시 …되어야 한다.
- 항상 …이어야 한다.
- …하면 (또는 …하지 않으면) 큰일이다(끔찍하다).
- 나는 …했다. 따라서 실패자(또는 바보, 쓸모없는 존재)이다.

4. 다음 사례를 인지행동주의 접근을 활용한 개입 계획을 세우고 각 단계별로 사용할 수 있는 개입기법을 제시하시오.

현재 사회복지학을 전공하는 대학생 Y는 자신의 성공은 어느 분야에서든 최고가 되는 것이기 때문에 어떤 역할이든 성공적으로 해내야 한다고 스스로에게 말하고 있다. 사실 Y는 비교적 높은 성취도를 보이고 성적도 그리 나쁜 편이 아님에도 불구하고 더 잘하지 못했다고 계속 자신을 몰아 부친다. 현재 자신은 매 수업마다 훌륭한 보고서를 작성하지 못하고, 읽어야 할 자료를 충분히 읽지 못하고 있어 학생으로서의 자신을 낮게 평가한다. 고학년으로 올라갈수록 최근에는 발표수업 시간이 많아졌는데, 이때 실수를 할까봐 두렵다. 실수를 하면 학과 교수님이나 친구들에게 내가 부족한 사람이란 것을 증명하게 되기 때문이다. Y는 부모님의 사랑과 인정은 자신의 인생에서 제일 중요한데, 지금의 이 모습을 보신다면 부모님은 나를 인정하지 않을 것이라는 생각에 몹시 괴롭다. 요즘 Y는 소화불량과 두통에 힘들어 한다.

Essential Skills of Social Work Practice

CHAPTER 05

해결중심모델

chapter 05

해결중심모델

1. 해결중심모델의 철학과 기본 개념

1) 해결중심모델의 인간관

해결중심모델은 남편인 스티브 드 셰이저(Steve de Shazer)와 아내인 인수 김 버그(Insoo Kim Berg)가 중심이 되어 동료들과 함께 밀워키에 있는 단기가족치료센터에서 개발한 해결중심단기치료에서 그 뿌리를 찾을 수 있다(Lee, 2013). 해결중심모델은 해결책(solution), 강점 및 건강에 중점을 둔다. 이 모델에서는 클라이언트가 문제해결을 위한 능력과 자원을 이미 가지고 있다는 신념에 기초하여, 클라이언트의 강점 및 자원에 초점을 맞추어 클라이언트 스스로가 변화의 목표를 발견하고 성취할 수 있도록 돕는 것을 특징으로 한다(김은영, 2007). 또한 클라이언트를 온전히 수용하므로, 클라이언트가 경험하는 문제에 대해 어떠한 가정도 하지 않고, 클라이언트가 호소하는 독특한 불평에 기초하여 개별화된 해결책을 발견하고자 한다. 따라서 클라이언트의 견해는 액면 그대로 수용되어 진정한 클라이언트 중심의 접근을 추구한다. 해결중심모델에서 기억해야 할 점은 이것이 단순히 치료기법의 집합이 아니라 인간에 대한 철학, 즉 사고방식이라는 것이다(de Shazer, 1985). 그러므로 인간의 힘과 자원, 변화에 대한 해결책 중심의 근본적인 가정과 믿음을 수용하지 않고 기술을 습득하는 것은 치료과정에 도움이 되지 않는다고 본다. 이와 같이 해결중심모델에서는 인간의 내적 자원과 힘을 믿으며, 개인의 문제와 결점을 탐구하는 대신 클라이언트가 삶의 문제를 만족스럽게 해결할 수 있을 때의 성공과 성취에 초점을 둔다. 개입의 초점은 이러한 성공을 더 자주 발견하고, 확인하며, 확장하는 것이다(Berg & Kelly, 2000; de Shazer, 1985).

2) 해결중심모델의 배경 이론

해결중심 단기치료의 원래 개발은 탈이론적이다. 그러나 해결중심 단기치료의 실천은 체계론적 관점, 사회구성주의 및 정신과의사 Milton Erickson의 작업[1)]에서 제기한 관점과 일치하므로, 해결중심모델을 이해하고 적용하는 데 도움을 제공하기 위해 관련 이론에 대해 간략하게 설명하고자 한다.

(1) 체계론적 관점

체계론적 관점의 주요한 명제는 모든 시스템에서는 변화가 일정하다는 것이다(Bateson, 1979). 어떤 체계에서나 움직임과 변화가 일정하므로, 모든 문제 패

---

1) 정해진 대화방식이 아니라 경청을 통해 환자의 개별적 특성을 반영한 대화를 사용하여 환자를 치료하였음.

턴에는 그 패턴에 대한 예외가 포함되어 있다(de Shazer, 1985). 가령, 아무리 갈등적인 관계라도 서로 싸우거나 말다툼을 하지 않을 때가 존재한다. 여기에는 갈등 상황, 즉 싸움의 문제에 대한 잠재적인 해결책이 포함된다. 즉, 해결중심모델에서는 문제 패턴을 벗어난 행동에 참여하는 클라이언트의 고유한 강점과 잠재력에 대한 믿음을 갖고 있다(노혜련 · 허남순 공역, 2015). 이와 같이 클라이언트는 복합적인 결핍과 문제에도 불구하고 자기 삶의 상황을 보다 만족스러운 방식 또는 다른 방식으로 처리할 때가 있으며, 이러한 예외는 해결책에 대한 단서와 함께 클라이언트의 '눈에 띄지 않는' 강점과 자원을 보여준다. 그러므로 해결중심모델을 적용하는 사회복지사의 책임은 예외가 아주 적거나 드물더라도 이러한 예외상황을 인지하고, 확대하며, 유지하고, 강화하도록 클라이언트를 돕는 것이다(Berg & Kelly, 2000; Lee et al., 2003; Lee, 2013 재인용).

체계론적 관점의 또 다른 주요 가정은 상호 관련성이다. 모든 것이 연결되어 있기 때문에 체계의 어떤 한 부분이 변경되면 체계의 또 다른 부분에 영향을 주게 된다(Bateson, 1972). 그러므로 체계론적 관점은 문제와 해결책 간의 일대일 선형관계를 가정하지 않고, 복잡하게 상호 관련된 시스템의 여러 부분 간의 순환관계에 초점을 두기 때문에 문제에 대한 인과적 이해를 확립하려는 노력은 본질적으로 불가능하다고 본다. 이와 같이 해결중심모델에서는 클라이언트의 변화과정을 시작하기 위해 문제의 근원에 대한 통찰력이 필요하다고 보지 않기 때문에 초기에 문제를 일으킨 원인보다 현재 진행 중인 상황을 더 중요하게 본다. 해결중심모델에서는 문제에 대한 해결책은 제시된 문제와 반드시 직접 관련될 필요가 없으며, 여러 경로에서 발생할 수 있다고 본다(de Shazer, 1985).

(2) 언어와 실재

해결중심모델에서는 해결 대화에 집중하고 문제 대화를 덜 강조하기 위해 의식적으로 노력한다. 그러한 의식적인 노력은 현실을 창조하거나 유지하는 언어의 역할에 대한 관심에서 비롯된다. 해결중심모델에서는 언어를 대화 안에서 개인적 의미와 이해가 표현되고 사회적으로 구성되는 매개체로 본다(de Shazer, 1994). 그러므로 이 모델을 사용하는 사회복지사를 위한 주요 치료 과제는 개인이 자신이 제시하는 문제에 대한 해결책을 찾을 수 있는 공간을 열어줄 있도록 돕기 위하여 실재를 묘사하고 구성하는 데 '유익한' 언어를 선택하고 사용하는 것이다.

3) 해결중심모델의 기본 개념과 원리

해결중심모델의 기본 개념과 원리는 다음과 같다(노혜련 · 허남순 공역, 2015).

① 병리적인 것이 아니라 건강한 것에 초점을 둔다.

해결중심모델에서는 클라이언트의 문제와 결점에 초점을 맞추고 탐구하는 대신 클라이언트가 삶의 문제를 만족스럽게 해결할 수 있을 때의 성공과 성취에 초점을 둔다. 즉, 어떤 증상이나 불평을 일으키는 패턴에는 항상 예외가 있기 마련이며, 잘못이나 과거의 실패를 고치려고 노력하기보다는 과거의 성공이나 장점을 찾아내어 그것을 확대시키는 것이 수월하다고 본다. 해결책과 성공에 대한 강조는 클라이언트의 강점에 대한 '순진한' 신념이나 단순한 '긍정적 사고'의 결과가 아니라 의도적인 치료의 선택이다. 이것은 클라이언트가 할 수 있는 것, 자기가 가진 강점, 성취한 것에 초점을 둘 때 더 빨리 해결책을 발견한다는 반복적인 임상관찰에서 확인된 것이다(노혜련 · 허남순 공역, 2015).

② 클라이언트의 강점과 자원을 도출한다.

이 원리는 클라이언트의 강점, 자원, 건강한 특성들을 도출해 냄으로써 제시된 문제를 해결하려는 것이다. 클라이언트가 바라는 결과를 성취하기 위해 클라이언트가 이미 갖고 있는 자원, 지식, 믿음, 행동, 증상, 사회관계망, 환경, 개인적 특성 등을 활용하는 것이다.

③ 클라이언트는 자기 삶의 전문가이다.

해결중심모델에서는 문제와 해결방법에 대한 전문가를 클라이언트 자신으로 바라본다. 사회복지사는 클라이언트의 문제를 객관적으로 사정하고 판단하는 전문가가 아니라 클라이언트의 삶과 그가 원하는 변화를 배우는 학습자가 되어야 한다(Anderson & Goolishian, 1992; 노혜련 · 김윤주, 2020). 사회복지사는 '알지 못함(Not-Knowing)'의 자세에서 출발하여 탈규범적인 태도를 유지하며 클라이언트의 준거틀과 견해를 존중하고 진정한 협력 관계를 형성하는 것이 중요하다. 사회복지사는 클라이언트의 준거틀을 중시하므로, 클라이언트가 그렇게 하는 데는 나름대로의 이유가 있다고 가정한다. 사회복지사는 클라이언트가 이미 하고 있는 것이 효과가 있다면 그것을 더 하도록 격려하고, 이미 하고 있는 것이 효과가 없다면 다르게 하도록 격려한다.

④ 문제와 해결방법은 별도로 존재한다.

해결중심모델의 핵심 가정은 문제해결접근과 달리 클라이언트의 문제와 그 해결방법을 별개로 보는 것이다. 사회복지사가 겪는 문제는 퍼즐처럼 하나로 완성된 정해진 그림만이 존재하는 것이 아니므로 해결방법에도 여러 가지가 있을 수 있다. 가령, 맞벌이 부모와 자녀 간 갈등 상황이라면 대개는 부모에게 일을 줄이고 자녀와 더 많은 시간을 보내라고 제안하겠지만 항상 이러한 접근이 맞다고 보기는 어렵다. 어떤 경우에는 부모가 일을 줄이면서 경제적 부담이 커져 가족 갈등이나 불안이 더 많아지고 가족 상호작용에 부정적인 영향을 주기 때문에 부모자녀 갈등의 감소나 해결에 전혀 도움이 되지 않을 수도 있기 때문이다. 그러므로 해결중심접근에서는 문제와 해결방법이 별도로 존재한다고 보고, 해결의 열쇠를 갖고 있는 것은 클라이언트 자신이라고 보는 접근을 하게 된다. 사회복지사는 클라이언트의 문제를 사정하기보다는 강점이나 예외를 알아보는 것이 문제해결능력 향상에 도움이 된다고 믿는다. 이를 위해 문제와 관련된 개인력, 사회력 조사를 최소화하고 문제가 해결되었거나 문제가 아예 없는 예외상황에 대해 관심을 갖고 질문을 통해 파악해 나간다.

⑤ 작은 변화를 해결의 출발점으로 본다.

해결중심모델에서는 변화란 불가피하며 클라이언트는 진정으로 변화하기를 원한다고 전제한다. 인간의 삶 속에서 변화는 끊임없이 일어나고 있으므로 그것에 개입하는 것은 자연스럽게 일어나는 변화를 확인하고 그 변화를 해결책으로 활용하는 작업이 된다. 또한 복잡한 문제라고 하여 반드시 그 해결방법이 복잡할 것이라고 보지 않는다. 작은 변화가 또 다른 변화를 가져오며 더 나아가서는 큰 변화를 가져올 수 있다고 믿는다. 어떤 작은 변화라도 파급효과를 가져온다고 믿기 때문에 개입은 가장 단순하고 쉬운 것부터 시작하며, 목표는 클라이언트가 달성할 수 있는 작은 것부터 수립해야 한다. 변화에 대한 이와 같은 신념은 클라이언트가 과거의 문제상황보다 현재와 미래의 희망적인 모습에 초점을 맞춤으로써 힘과 용기를 갖고 긍정적인 변화를 이끌도록 촉진한다(정문자 · 김은영, 2005).

⑥ 현재에 초점을 두며 미래 지향적이다.

해결중심모델은 과거를 깊이 연구하기보다는 클라이언트가 현재와 미래의 상황에 적응하도록 돕는 데 일차적인 관심을 갖는다. 그러므로 개입과정은 클라이언트가 과거와 문제에서 멀어지게 하고 미래를 향하도록 하며, 해결책을 찾아나간다.

⑦ 클라이언트와의 협력관계를 중시한다.

진정한 협력적인 치료관계는 클라이언트가 사회복지사에게 협력할 때뿐 아니라 사회복지사도 클라이언트에게 협력할 때 이루어진다고 믿기 때문에 사회복지사는 클라이언트가 치료에 협력하도록 시종일관 의식적으로 노력한다.

2. 해결중심모델의 개입목표 및 과정

1) 해결중심모델의 개입목표

해결중심모델에서의 목표는 클라이언트가 원하는 것을 구체화하는 것이다. 해결중심모델을 적용하는 사회복지사는 윤리적이고 효과적으로 클라이언트의 긍정적인 변화를 촉진하기 위해 치료과정의 문제 대신 해결책에 대한 책임을 클라이언트에게 부여한다(de Shazer, 1985). 그러나 클라이언트에게 해결책에 대한 책임을 묻는 것은 간단하지도 쉽지도 않다. 클라이언트는 대개 문제에 빠져 있기 때문에 문제는 잘 알지만 무엇을 원하는지에 대해서는 구체적으로 대답하기 어려워하거나 추상적으로 이야기하는 경우가 대부분이다. 변화에는 노력이 필요하고, 해결중심모델에서 목표 형태로 설정되는 '해결책' 구축에도 규칙과 노력이 필요하다. 클라이언트에게 도움이 되는 목표의 특성은 다음과 같다(Berg & Miller, 1992; Lee, 2007).

- 개인적으로 의미 있고 클라이언트에게 중요한 것
- 달성하기에 충분히 작은 것
- 성공의 지표를 설정하고 관찰할 수 있도록 구체적이고 행동 가능한 것
- 목표는 무언가의 부재가 아니라 원하는 행동으로 표현할 수 있는 것
- 클라이언트의 삶의 맥락 내에서 현실적이고 달성 가능한 것

사회복지사는 먼저 클라이언트가 원하는 변화가 무엇인지를 알아보면서 목표를 설정하여 그러한 변화를 만들어 가는 데 집중하는 것이 필요하다. 클라이언트가 자기 삶에서 무엇이 달라지기를 바라는지 알게 되면, 그렇게 되도록 무엇을 어떻게 해야 하는지, 어떤 것이 도움이 되는지를 구체적으로 찾아가기 쉽다. 클라이언트에게 도움이 되는 목표의 특성과 세부 내용을 노혜련과 김윤주(2020)의 목표 관련 내용을 바탕으로 〈표 5-1〉에 제시하였다.

표 5-1 클라이언트에게 도움이 되는 목표의 특성

목표의 특성	주요 내용
클라이언트에게 중요한 것	• 사회복지사에게 중요한 것이 아니라 클라이언트에게 중요한 것 • 그래야만 동기를 갖고 주체적으로 참여하기 쉬움
현실에서 할 수 있는 것	• 클라이언트가 원하고 할 수 있는 것을 이야기하면 그러한 일이 실제로 일어날 수 있는지 물으면서 현실에서 할 수 있는 것을 클라이언트 스스로 선택하고 결정하게 해야 함

마지막 결과가 아니라 시작점을 찾는 것	• 결과를 위한 첫걸음부터 차근차근 시작하는 것이 중요. 클라이언트가 달라지기 시작했다는 것을 무얼 보고 알 수 있는지를 물어서, 클라이언트가 시작할 첫 단계를 찾을 수 있게 도와야 함
작고 구체적이며 행동을 옮길 수 있고 보고 알 수 있는 것	• 작고 구체적인 행동에 관해 상세하게 이야기하는 것은 자기 삶의 변화를 위해 할 수 있는 행동을 간접적으로 예행연습하는 효과가 있음 • 가령 클라이언트가 원하는 변화가 자신감이 생기는 것이라고 했을 때 '얼굴을 보고 전보다 크게 이야기하는 것'처럼 비디오로 찍어 보는 것 같이 명료하게 알 수 있게 도와야 함
문제를 없애는 대신 원하는 행동으로 표현하도록 하는 것	• 예를 들어 술을 마시지 않겠다고 하는 것 대신 무엇을 하고 싶은지, 또는 이미 해봤던 것 중 도움이 되었던 것이 무엇인지 알아내서 표현하고 시도해 보도록 할 것 • "술을 마시지 않는 대신 무엇을 하고 싶으세요"라는 질문을 통해 동네 산책하기, 돈을 모아 선물 사주기 등의 바람직한 변화의 모습을 찾아낼 수 있음
상호작용의 모습으로 그려낼 것	• 클라이언트가 원하는 변화의 그림을 클라이언트의 변화를 감지할 수 있는 사람과 상호작용하는 모습으로 그려낼 것 • 클라이언트가 원하는 변화가 이루어졌을 때 자신에게 중요한 사람과 어떻게 다르게 지내게 될지, 그때는 지금과 무엇을 다르게 할지 등 구체적인 변화 모습을 그려나갈 것
변화과정에서 클라이언트가 할 수 있는 것	• 클라이언트에게 문제가 해결되면 무엇이 달라져야 하는지를 물으면 대다수는 본인이 아닌 다른 사람이 변화돼야 한다고 이야기함 • 그러나 변화가 이루어지려면 변화가 필요하다고 보는 사람부터 달라지는 것이 효과적이므로, 클라이언트의 말을 그대로 수용하면서 다른 사람이 클라이언트가 원하는 대로 달라지면 클라이언트 자신은 어떻게 달라질지를 구체적으로 이야기해 보도록 함 • "아이가 학교에 결석하지 않는 것이요."라고 말하면 "아들이 그렇게 한다면 우리는 어머니가 어떻게 다르게 하는 것을 보게 될까요?"라고 질문할 수 있음
변화는 쉽지 않은 일이라고 강조하는 것	• 클라이언트가 변화를 시도해도 잘 되지 않을 때가 많은데 이때 클라이언트에게 변화는 쉽지 않은 일이라고 강조하는 것이 중요. 그럼으로써 더디게 변화하는 것을 일반화할 수 있고 클라이언트가 거의 변화하지 못했더라도 실패했다고 보기보다는 계속해서 열심히 노력하는 것에 초점을 맞춰야 함

2) 해결중심모델의 개입과정

(1) 개입과정 개요

해결중심모델의 개입과정은 해결구축과정에 도움이 되는 '변화에 대한 대화'에 클라이언트를 참여시키는 것으로부터 시작된다. 이 대화에서 해결중심모델을 적용하는 사회복지사는 클라이언트를 '변화의 전문가'로 초대하며, 사회복지사와 클라이언트가 협력하여 문제가 해결되는 바람직한 미래를 함께 건설해 나가게 된다. 사회복지사는 집중적으로 경청하고 클라이언트의 자기 상황에 대한 인식의 의미를 탐구해 나간다.

사회복지사는 다음 절에서 소개할 척도질문, 예외질문, 기적질문, 대처질문, 관계성 질문 등을 포함한 해결중심질문기법을 활용하여 문제가 포함되지 않은 현실을 구성하고 확장해 나가도록 클라이언트를 돕는 역할을 수행한다. 사회복지사는 클라이언트의 능력에 대한 신뢰와 이에 대한 존중을 통해 클라이언트와의 긍정적인 관계를 형성하고, 클라이언트의 변화를 유발하는 기능적 요인을 발견하고 확대하며(최중진, 2019) 클라이언트의 변화를 구축해 나간다. 해결중심모델의 개입은 첫째, 질문을 통해 클라이언트의 준거틀을 확인하며, 둘째, 해결구축 대화를 확대해 가는 과정으로 볼 수 있다.

① 질문을 통해 클라이언트의 준거틀을 확인하기

일반적으로 해결중심모델을 적용한 상담은 사회복지사가 질문하고 클라이언트가 대답하며, 사회복지사가 클라이언트의 대답을 경청하고 또 다른 질문을 하는 순환과정으로 진행된다. 이때 질문은 단순히 클라이언트로부터 문제나 해결방법 또는 다른 주제에 관한 정보를 얻기 위한 수단이 아니다. 클라이언트는 질문에 대답하면서 자신이 인식하거나 발견하지 못했던 새로운 것을 깨닫고, 미래에 대한 가능성을 만들어 나가게 된다. 사회복지사가 질문을 잘 하기 위한 일반적인 원칙으로는 클라이언트의 바로 이전 대답에 이어지는 그 다음 질문을 연속적으로 이어가는 것이다. 이렇게 할 때 클라이언트는 자기 생각을 더 구체적으로 알게 되어 행동으로 옮길 가능성이 커지며, 해결구축을 더 쉽게 해 나갈 수 있게 된다. 또한 사회복지사가 클라이언트의 조금 전 대답이 궁금해서 더 알아보려고 후속 질문을 하고 이에 대해 클라이언트가 대답하는 과정은 자연스럽게 클라이언트의 준거틀 안에서 함께 작업하는 과정이 될 수 있다.

② 해결구축대화를 확대하기

해결중심대화란 사회복지사와 클라이언트가 자기 삶 속에서 달라졌으면 하는 것과 그러한 일이 일어나도록 할 수 있는 가능성에 대해 이야기하는 것이다. 상담을 진행하는 동안, 클라이언트는 희망과 의지보다는 무기력함과 지루함을 반복적으로 표현할 수 있다. 대부분의 클라이언트는 상담과정에서 자기 문제가 얼마나 심각하고 어려운지에 초점을 두는데, 그런 말을 할수록 무기력감과 비관적인 마음은 더 커질 수 있다. 해결중심대화를 확대하기 위해서는 클라이언트의 삶에서 달라지기를 원하는 것과 어떻게 하면 그렇게 될 수 있는지를 가능한 자세히 이야기해야 한다. 그렇게 하면 클라이언트는 그 가능성에 좀 더 희망을 느끼거나, 확신을 갖게 될 수 있다.

- 상황이(문제가) 조금 나아졌어요. 그때는 무엇을 다르게 하고 있을까요?
- (배우자, 친구, 부모 등)한테 물어보면 상황이(문제가) 나아지도록 당신이 무엇을 (어떻게) 했다고 이야기할까요? 아주 작은 것이라도요.

- 그럴 때 당신이 한 행동이 효과가 있었다는 걸 무엇을 보고 알 수 있습니까?
- 무엇을(어떻게) 하셨기에 상황이(문제가) 더 나빠지지 않았습니까?
- 그런 상황이 계속되려면 무엇을(어떻게) 하면 됩니까?

해결중심모델을 적용한 상담의 회기별 진행과정에 대해 살펴보면, 대개 첫 회기에서는 해결중심질문을 적용하여 클라이언드의 현재 어려움, 바라는 것, 예외상황 등에 대한 이야기를 나누고 함께 변화 목표를 설정하며, 이후로는 첫 상담 이후 조금이라도 나아진 것이나 변화된 것에 초점을 두어 이를 확장해가는 방법으로 진행된다. 이를 EARS라고도 하는데, 이것은 예외상황에 대한 발견 등 어떤 것이 나아졌는지를 이끌어내고(E: elicit), 긍정적인 변화에 대한 질문을 통해 조금이라도 나아진 것을 확장시키며(A: amplify), 클라이언트의 변화에 대해 관심과 가치를 부여하면서 이를 강화하고(R: reinforce), "또 좋아진 것이 무엇이지요?"와 같은 질문을 통해 또 다른 변화를 찾아나가기 시작하는 것(S: Start again)을 의미한다(정문자 외, 2017).

해결중심모델은 단기치료에서 발전했고 현재 문제에 초점을 두기 때문에 비교적 단기에 상담회기가 종료되는 경우가 많다. 정문자 등(2010)의 연구에서 해결중심단기가족치료를 적용한 290사례의 상담 횟수를 파악한 결과, 평균 상담 횟수는 2.3회였고, 상담 횟수로는 1회와 2회가 71.5%로 가장 많았으며, 6회 안에 종결되는 비율이 97.3%로 나타난 것도 이를 뒷받침한다.

(2) 개입과정 사례

다음의 예시는 다문화가족지원사업 전문위원회(2009)에 수록된 〈이혼소송 중인 부부의 관계 회복 사례〉의 일부를 제시한 것으로서, 사회복지사가 클라이언트의 문제에 압도되지 않고, 해결중심대화를 통해 면접의 목표를 구체화하는 과정을 볼 수 있다.

- 사회복지사: 상담에 오셔서 어떤 것이 달라졌으면 좋겠다고 생각하셨나요?
- 남편: 난 아내의 행동을 도저히 이해할 수가 없어요. 이혼해야겠어요.
- 아내: 나는 남편의 행동뿐 아니라 말하는 것도 이해할 수가 없어요. 도저히 같이 못 살겠어요.
- 사회복지사: 그러세요? 그럼 이혼을 하면, 지내시는 데에는 어떤 것이 도움이 되시나요?
- 남편: 일단 이 모든 복잡한 문제에서 벗어날 수 있어 홀가분하죠.
- 아내: 언어, 신체폭력을 당하지 않아도 되고 맘 편하게 무슨 일이든 할 수 있을 것 같아요.
- 사회복지사: 이혼을 원하시면 소송하시고 하면 되는 거니까…. 그럼 혹시 이런 점들이 좀 달라지면 이혼하지 않고 살아볼만 하겠다, 그런 것이 있으세요?
- 남편: 아내가 아이 기저귀, 분유값이라도 감당하면 좋겠고, 일요일이라도 아이를 봐 주면 뭐 이혼까지는 생각을 안 할 수 있죠.
- 아내: 저도 남편이 욕하고 때리지 않으면 좋겠어요.
- 사회복지사: 두 분 모두 서로 바라시는 대로 된다면 이혼 대신에 지금까지와 같이 함께 살 수도 있다, 그런 이야기이신 건가요? 아니면 상대방이 바라는 대로 되더라도 이혼은 꼭 하겠다, 그러신 건가요?
- 남편: 그럴 수 있으면 이혼하지 않죠.
- 아내: 나도 그래요. 남편이 욕하는 것만 고치면 이혼할 마음이 없어요.

3. 해결중심모델의 개입기법

1) 실천가의 태도: 알지 못함의 자세

'알지 못함의 자세(Not knowing posture)'는 해결중심상담의 전반에 걸쳐 등장하는 상담자의 가장 큰 특징 중 하나이므로(최중진, 2019) 개입기법으로서 구체적인 질문기법들을 소개하기에 앞서 이 내용을 간략하게 정리하고자 한다. 해결중심모델을 적용할 때 중요한 사회복지사의 자세는 '알지 못함의 자세'이다. 클라이언트가 자기 삶에 대한 전문가의 위치에 서서 힘을 갖게 하려면, 사회복지사는 가능한 한 자기의 준거틀을 버리고 클라이언트의 준거틀을 알아봐야 한다. 사회복지사가 클라이언트의 경험과 행동의 의미와 중요성을 알아내는 최선의 방법은 클라이언트를 '알고 싶어하는' 자세를 취하는 것이다. 클라이언트를 '알고 싶어하는' 자세는 사회복지사가 클라이언트에게 풍부하고 진심어린 호기심을 전달하는 태도로 전달된다(Anderson & Goolishian, 1992). 사회복지사의 행동과 태도는 클라이언트의 문제와 필요한 변화에 대한 자신의 의견과 기대보다 클라이언트의 생각과 기대를 더 많이 알고 싶어 한다는 것을 보여준다. 따라서 사회복지사는 항상 클라이언트에게서 '좀 더 많은 정보를 얻으려 하는(being informed)' 자세를 취해야 하며, 이를 위해 지속적으로 노력해야 한다(노혜련 · 허남순 공역, 2015).

그럼 이제 하나의 예시를 살펴보도록 하겠다. 한 어머니가 가족원 중 누군가 자살시도를 한 가운데 집을 떠난 상황에 대해서 사회복지사는 '알지 못함의 자세'를 갖고 "그렇게 하신 것이 (어머니에게) 어떻게 도움이 되었나요?"라고 질문했고, 어머니는 "전 거기에서 벗어나 의논을 할 수 있는 친한 친구에게 갔고, 친구가 제 편이 되어 주었어요."라고 답했다. 결과적으로 사회복지사의 태도와 질문이 해결구축에 도움이 되는 클라이언트의 특성과 자원을 더 알아내는 데 도움을 주었음을 볼 수 있다. 해결중심모델에서 클라이언트의 강점이나 예외를 탐색하고자 하는 일련의 질문들도 모두 클라이언트에 대해 좀 더 알고자 하는 구체적인 표현으로 볼 수 있다. 그러므로 '알지 못함의 자세'는 면접과정에서 계속되는 해결중심질문과 해결책 구축에 매우 중요한 기초가 된다.

2) 해결중심모델 질문기법

해결중심모델의 개입기법은 해결구축 대화에 도움을 주는 여러 가지 질문기법으로서, 질문은 클라이언트가 자신의 상황과 해결책에 대해 생각하고 스스로 평가할 수 있는 열린 공간을 만드는 더 좋은 방법으로 인식되었다. 이러한 질문에는 척도질문, 예외질문, 기적질문, 대처질문, 관계성 질문 등이 포함된다(노혜련 · 허남순 공역, 2015).

(1) 척도질문

척도질문은 숫자의 마력을 이용하여 클라이언트에게 자신의 문제, 문제의 우선순위, 성공에 대한 태도, 정서적 친밀도, 자아존중감, 치료에 대한 확신, 변화를 위해 투자할 수 있는 노력, 진행에 관한 평가 등의 수준을 수치로 표현하도록 하는 방법이다. 사회복지사는 척도질문을 통해 클라이언트가 자신이 과거에 한 경험을 어떻게 보고 있고, 미래에 어떤 변화가 가능하다고 예상하는지 이야기하도록 돕는다.

① 첫 면접 전 변화 척도

해결중심면접에서 사회복지사는 척도질문을 통해 클라이언트가 첫 면접을 하기 전에 일어난 변화에 주목한다.

- "이제 좀 다른 질문을 하겠습니다. 0부터 10까지 숫자가 있어요. 0은 저와 처음 만날 약속시간을 정한 그때처럼 불안감이 가장 심한 상태를 의미하고, 10은 좀 전에 제게 이야기한 기적과 같은 상태를 말한다면, 오늘은 어디쯤에 있나요?"
- "(놀라면서) 와~ 저는 2나 3 정도를 말씀하시지 않을까 했는데, 어쩌면 5일 수도 있다고 하시네요. 그러면 무슨 일들이 일어나고 있기에 그렇게 높을 수 있지요?"

② 동기와 자신감 척도

클라이언트가 해결방법을 구축할 동기가 어느 정도 있는지 아는 것은 사회복지사나 클라이언트 모두에게 유용하다. 클라이언트가 얼마나 열심히 노력할 의지가 있는지를 묻는 척도질문에 대한 답은 면접 마지막에 클라이언트에게 전하는 피드백을 작성하는 데 도움이 된다. 노력할 의지가 강한 클라이언트는 일반적으로 과거에 자신에게 도움이 됐던 일을 계속하고, 도움이 될 만한 새로운 방법을 시도할 가능성이 높다.

- "또 다른 질문을 하겠습니다. 이번에는 문제를 해결하려는 마음이 얼마나 많은지에 관한 것입니다. 10은 해결방법을 찾기 위해 무슨 일이라도 기꺼이 할 의지가 있다는 걸 의미하고, 0은 아무것도 할 의지가 없다는 것, 그러니까 지금 아무것도 할 만한 에너지가 없으니까 그저 앉아서 좋은 일이 일어나기만을 기다리는 것을 의미합니다. 그렇다면 당신이 지금 노력할 의지는 0부터 10 중 어디쯤 해당이 될까요?"

③ 현재 대처능력 척도

"만약 0이 해결방법을 찾을 거라는 자신감이 전혀 없는 걸 의미하고, 10은 모든 면에서 자신감이 있는 걸 의미한다면, 불안한 마음에 대한 해결방법을 찾을 거라는 자신감은 지금 어디쯤인가요?"

④ 다음 단계 척도

- "지금 상태가 3 정도라고 하셨는데, 3을 유지하려면 꼭 기억해서 계속해야 할 가장 중요한 일은 무엇인가요?"
- "당신이 4에 있을 때는 지금은 하지 않는 어떤 걸 하고 있을까요?"
- "당신 친구는 당신이 어떻게 다르게 행동하는 걸 보면 지금보다 조금 더 잘 지내고 있다는 걸 알 수 있을까요?"
- "그런 일이 일어나는 데 필요한 건 무엇인가요?"

(2) 예외질문

예외란 클라이언트의 과거 생활에서 일어났던 경험으로, 문제가 당연히 발생하리라 예상했지만 발생하지 않은 상황을 말한다(de Shazer, 1985). 일단 클라이언트가 예외를 이야기하면, 어떻게 그렇게 할 수 있었는지를 포함해 예외를 가능한 한 자세하게 알아보아야 한다. 그렇게 하면서, 예외가 일어난 상황이 문제가 일어난 상황과 어떻게 다른지에 주목해야 한다. 예외와 관련해 '누가, 무엇을, 언제, 그리고 어디서'를 알아보는 데 관심을 기울여야 한다.

클라이언트는 예외를 알아보는 질문을 통해 자기가 원하는 변화와 관련해서 자신이 현재와 과거에 성공한 경험을 더 잘 알아가게 된다(De Jong &

Miller, 1995). 예외상황을 찾을 때마다, 사회복지사와 클라이언트는 둘 다 클라이언트 생활에 좋은 일이 일어나고 있다는 사실을 알게 되고, 미래에 좀 더 희망을 품게 된다. 또한 예외를 발견하면, 해결구축에 대한 클라이언트의 관심이 높아진다.

- "지난 2주 동안 문제가 일어나지 않았거나, 적어도 문제가 덜 했던 때가 있었습니까?"
- "그 날은 뭐가 달랐습니까?"
- "그렇게 한 게 처음이신가요?"
- "그렇게 하는 게 도움이 될 것이라는 걸 어떻게 아셨나요?"

(3) 기적질문

기적질문은 클라이언트의 발상을 전환해서 문제가 해결되면 생활이 어떻게 달라질지를 상상하게 한다. 이것은 쉬운 일이 아니다. 클라이언트는 문제에 몰두하는 대신 해결방법으로 초점을 옮겨가는 획기적인 전환을 해야 한다. 클라이언트 대부분은 이렇게 전환하는 데 시간과 도움이 필요하다. 그러므로 질문을 할 때도 클라이언트가 질문에 대해 생각하며 생각을 전환해 나갈 수 있도록 한숨 돌리며 천천히 진행하는 것이 바람직하다. 아래에 기적질문의 예시는 클라이언트 가족이 목표설정에 관한 대화에 참여하지 못하며 계속해서 문제에 대해 불평을 토로하던 시점에서 사회복지사가 제시한 것으로, 최중진(2019: 111)의 내용 일부를 수정 · 요약하여 제시하였다.

- 사회복지사: 제가 아주 이상한 질문을 하나 드릴게요.
- 아버지: 저한테요?
- 사회복지사: 아버지, 어머니 두 분께 다요. 오늘 저녁 어느 때쯤 잠자리에 드시겠죠. 잠이 드신 사이에 기적이 일어납니다. 그 기적은 두 분이 자녀분들에 대해서 걱정하시는 문제에 대한 것이에요. 말씀하셨던 지난 8개월 동안 일어난 모든 문제가 다 없어지는 겁니다. 내일 아침에 일어나서 '어! 지난밤 우리가 자고 있는 사이 무슨 일이 일어났나 봐.'라고 궁금해 할 첫 번째 작은 단서는 뭐가 될까요?

기적질문을 묻는 과정에서 사회복지사는 밝은 표정으로 가족을 바라보며 구성원들이 위와 같은 상황을 상상해 볼 수 있도록 비교적 느리게 기적질문을 전달하였다. 그러나 아버지가 이러한 일이 일어난 지가 너무 오래되었다고 계속 문제중심의 대화로 전환하자, 사회복지사는 아버지에게는 생각할 시간을 주고, 어머니에게 같은 질문에 대한 대답을 들으려 한다.

- 어머니: 아이들의 태도요.
- 사회복지사: 좋습니다. 그게 어떻게 다를까요?
- 어머니: 우리에 대한 존경심을 다시 갖겠죠.
- 사회복지사: 좋습니다. 아드님이 어머니에게 존경하는 마음을 어떻게 보여줄까요? 어머님이 아시도록 아드님이 뭘 할까요?
- 어머니: 제게 부드러운 말투로 얘기하겠죠.

(4) 대처질문

이 질문은 자신의 미래를 매우 절망적으로 보아 아무런 희망이 없다고 하는 클라이언트에게 주로 사용한다. 이런 절망적인 상황에 빠져 있는 클라이언트에게 희망을 심어 주기란 결코 쉬운 일이 아니다. 대처방안에 관한 질문을 통해서 사회복지사는 클라이언트의 신념 체계와 무력감에 대항해 보는 동시에 클라이언트에게 약간의 성공을 느끼게 할 수 있다. 이러한 질문을 통해서 사회복지사가 클라이언트에게 심어 주고자 하는 것은 클라이언트 자신이 바로 대처방안의 기술을 가졌음을 깨닫게 하는 것이다.

- "오늘 아침 어떻게 일어날 수 있었나요?"
- "여기에 올 수 있을 정도로 어떻게 그렇게 오래 견딜 수 있었나요?"
- "이러한 생각을 얼마나 자주 하나요?"
- "어떻게 그렇게 오랫동안 잘 해 올 수 있었나요?"
- "상황이 더 나빠지지 않게, 어떻게 그렇게 할 수 있나요?"

(5) 관계성 질문

이 질문은 클라이언트에게 중요한 다른 사람들에 대한 질문이다. 사람이 자신의 희망, 힘, 한계, 가능성 등을 지각하는 방식은 자신에게 중요한 타인이 자신을 어떻게 바라보고 있을 것이라는 생각과 밀접한 관계가 있다. 때때로 클라이언트는 문제가 해결되었을 때 자신의 생활에 무엇이 달라질 것인지에 대하여 전혀 예측하지 못하는 경우가 있다. 그러나 클라이언트가 자신의 입장에서만 바라보다가 중요한 타인의 시선으로 자신을 바라보게 될 때 이전에는 없었던 가능성을 만들어낼 수도 있다.

- "아이들은 어떨까요? 아이들은 엄마가 기분이 좀 나아졌다는 걸 뭘 보고 알 수 있을까요?"
- "당신이 기분이 나아졌을 때, 남편은 당신 기분이 나아졌다는 걸 뭘 보고 알 수 있을까요?"
- "그렇죠. 집에 가는 게 매우 중요하군요. 부모님도 그걸 알고 계십니까?"
- "엄마는 당신이 어떤 모습을 보일 때 잔소리하는 걸 좀 참으실 수 있을까요?"

지금까지 해결중심모델에 대해 살펴보았다. 그러나 여전히 다수의 사회복지사와 클라이언트는 해결중심보다 문제중심 사고와 접근에 익숙할 수 있다. 문제중심 패러다임과 해결중심 패러다임은 완전히 다른 것이지만 사회복지사는 문제중심 패러다임을 갖고 가끔 해결중심질문을 사용하는 것만으로 자신이 해결중심접근을 사용한다고 오해할 수 있다. 해결중심모델의 적용은 기적질문과 같은 특별한 질문기법 사용을 의미하는 것이 아니라 클라이언트에 대한 수용과 존중, 협동적 해결과정의 철학이 전제되어야 함을 기억할 필요가 있다. 그러므로 해결중심모델을 적용하려는 사회복지사는 앞서 설명한 이 모델의 철학과 원리를 충분히 이해하고 그것을 실천하기 위한 바탕으로 질문기법을 사용하면서 어려움과 해결방향에 대한 이야기가 지속될 때까지 충분한 시간을 갖고 경청과 질문을 이어가는 과정을 반복해야 한다.

연습문제

1. 나의 강점과 자원 찾기

1) 나의 강점과 자원에는 무엇이 있을까? 천천히 생각해 보고 적어 보시오.
2) 나의 강점과 자원을 주변 친구들과 이야기해 보시오. 이야기한 후의 소감을 서로 말해 보시오.

2. 해결중심접근을 통해 나의 미래를 그려 보고 변화 목표를 구축해가기

1) 내가 원하는 미래의 모습에 대해 가능한 자세히 생각해 보시오. 예를 들어 몇 년 후인지, 거기가 어디인지, 누구와 함께 있는지, 나는 무엇을 하고 있는지 등에 대해 그려 보시오.
2) 내가 원하는 미래의 모습이 그려지면, 그때의 나와 지금의 나는 어떻게 다른지, 그렇게 되기 위해서 내가 지금 할 수 있는 가장 작은 일은 무엇인지 생각해 보시오.
3) 내가 생각한 것을 친구들과 이야기해 보고 소감을 나눠 보시오.

3. 문제중심접근 vs 해결중심접근 적용해 보기

1) 현재 가장 고민이 되는 일을 한 가지 생각해 보시오. 고민의 크기와 내용을 고려하지 말고 편안하게 떠올려 보시오.
2) 문제중심접근에 따라 나의 고민을 자세하게 분석해 보시오. 예를 들어 언제부터 시작되었고, 주된 원인이 무엇인지, 관련된 사람은 무엇인지, 그 결과가 어떠한지, 무엇이 가장 걱정되는지 등을 문제중심접근에 따라 파악하고 얘기해 보시오. 이 과정을 통해 알게 된 것은 무엇인지 느낌과 생각을 나눠 보시오.

3) 같은 문제를 해결중심접근에 따라서 자세하게 생각해 보시오. 그 어려움의 예외 상황은 언제인지, 그런 어려운 상황에서도 어떻게 대처했는지, 기적이 일어난다면 어떻게 다른 모습일지, 내가 원하는 미래의 모습은 어떻게 다른지 등에 대해서도 이야기해 보시오. 이 과정을 통해 알게 된 것은 무엇인지 느낌과 생각을 나눠 보시오.

4. 두 가지 접근이 어떻게 다르게 경험되었는지 함께 이야기해 보시오.

Essential Skills of Social Work Practice

CHAPTER 06

동기강화모델

chapter 06

동기강화모델

1. 동기강화모델의 철학과 기본 개념

1) 동기강화모델의 인간관과 기본 가정

(1) 동기강화모델의 인간관

동기강화라는 이름이 말해 주듯이 이 접근은 변화를 위하여 준비가 되어 있지 않거나 변화의지가 없는, 또는 변화에 대한 양가감정 속에서 혼란스러워하는 사람의 변화 이슈를 다루며, 그 사람의 변화동기에 대한 투쟁에 의도적으로 초점을 두는 모델이다(신성만 외 공역, 2006). 동기강화모델은 Carl Rogers의 인간중심이론에 기초하여 개발되었는데, 인간중심이론에서는 모든 인간은 긍정적인 성장을 위해 노력하고 그 자신이 자기 삶을 가장 잘 알고 있다고 본다(이채원 외 공역, 2014). 동기강화모델 또한 인간은 자신에게 중요한 것이 무엇인지를 알고, 그것을 실천해 나갈 수 있는 자율성을 가진 존재로 바라본다. 이 모델에서는 개인의 강점과 약점을 포괄하는 전인적인 인간에 초점을 두면서, 인간의 존엄성을 토대로 변화동기를 가진 클라이언트와의 협력을 강조한다(신성만 외 공역, 2017). 그러므로 동기강화모델을 적용하는 사회복지사에게 요구되는 것은 클라이언트의 관점을 존중하고 파트너 관계를 통해 함께 변화의 과정을 만들어가는 것이다.

동기강화정신에 해당되는 대표적인 요소로는 협력관계(partnership), 수용(acceptance), 연민(compassion), 유발성(evocation)을 들 수 있다(신성만 · 권정옥, 2008).

첫째, 협력관계는 클라이언트의 관점을 존중하고, 파트너 정신을 갖고 클라이언트와 함께 변화의 과정을 진행해 나가는 것을 말한다. 사회복지사는 클라이언트를 억지로 변화시키려 하기보다는 클라이언트 스스로 변화를 선택하고 변화행동을 시작하도록 분위기를 조성하는 데 초점을 둔다. 그러므로 사회복지사의 역할은 클라이언트와 동등한 관계로 의사소통하는 것이다. 이러한 협동정신은 클라이언트가 자기 삶의 역사와 상황, 변화를 위한 이전의 시도와 함께 자기 삶의 전문가는 자기 자신이라는 사실을 인식하도록 돕는다.

둘째, 수용은 클라이언트에게 행동 선택의 자유와 그것을 유지해 갈 능력이 있다고 보는 것이다. 그러므로 사회복지사는 클라이언트의 변화에 대해서 의견을 제시할 수는 있지만 그것을 강요할 수는 없다. 클라이언트의 진정한 변화는 내면에서 자율적으로 발생하여 일어날 때 가능하고, 밖에서 강제로 부과되는 것으로부터의 영향은 제한적이기 때문이다.

셋째, 연민은 클라이언트의 관심과 열망에 대해 사회복지사가 관심을 갖고 심사숙고하는 노력을 의미한다. 사회복지사는 이를 통해 클라이언트가 자신에게 적합한 변화방법을 찾을 수 있도록 안내하는 역할을 수행한다.

넷째, 유발성(evocation)은 클라이언트의 내면에 이미 변화동기가 내재되어 있다고 보는 관점을 뜻한다. 그래서 동기를 주입하거나 억지로 만들려 하기보다는 클라이언트와 함께 관점, 가치관, 인생 목표, 느낌 등을 탐색하게 될 때 클라이언트 내면에 있는 변화동기를 자연스럽게 끌어내고 강화할 수 있다고 본다. 이때 사회복지사의 역할은 클라이언트가 변화해야 할 이유를 찾게 하고, 변화방법을 끌어내어 변화를 향해 가도록 하는 것이다. 그러므로 사회복지사는 지혜, 통찰, 현실감 등에 관한 정보를 제공하되, 교훈적으로 가르치는 태도가 아닌 협력관계와 일치하는 태도와 표현을 사용하는 것이 중요하다.

표 6-1 동기강화정신의 주요 상호 요소

협력관계	변화의 자원과 동기 측면에서 사회복지사가 클라이언트와 협력하는 것
수용	각자 개인 안에 내재된 가치를 높이 평가하고, 공감하며, 자율성을 존중하고 인정함. 단, 여기에서의 수용은 클라이언트의 모든 행동을 반드시 허용해야 한다거나 현재 상태로 머물러 있으려는 상태를 반드시 묵인해야 한다는 의미는 아님
연민	타인의 복지와 이익을 위해 심사숙고하는 노력, 즉 타인의 복지를 위해서 적극적으로 노력하고 타인의 필요에 우선적으로 관심을 가지는 것
유발성	사람들은 자신이 필요로 하는 많은 것들을 스스로 이미 많이 갖고 있으므로, 전문가가 해야 할 일은 그 사실을 환기시키고 그것을 불러일으키는 것임

(2) 동기강화모델의 기본 가정

동기강화모델은 Carl Rogers의 인간중심이론을 기초로 개발되었으므로(신성만 외 공역, 2017), 인간은 기본적으로 긍정적인 성장을 위해 노력하며, 자율성과 유능감, 타인과의 관계에서 만족할 때 더 적극성을 발휘할 수 있다고 가정한다. 또한 클라이언트를 바라볼 때 결핍되었거나 병리적인 상태나 존재로 보지 않고 책임감 있는 성인으로서 합리적인 결정과 올바른 선택을 할 수 있는 사람으로 가정한다. 동기강화모델에서는 인간은 자신의 내적인 동기뿐 아니라 외부로부터 동기화될 때 특정 활동에 더 적극적으로 참여하게 될 것이라는 가정을 갖기 때문에 비자발적인 클라이언트라도 자신의 자율성, 유능성, 관계성의 욕구가 충족되면 서비스 과정에 더욱 열심히 참여하게 될 것으로 생각한다(이채원 외 공역, 2014). 그러므로 동기강화모델에서 클라이언트와의 관계가 중요하게 상정되는데, 클라이언트가 실천과정에서 자기 가치를 인정받고 자기효능감을 경험하는 것은 어떤 변화에 대해 열린 태도를 갖고 자신감을 높이는 데 중요한 요소이기 때문이다.

2) 동기강화모델의 기본 개념

동기강화모델의 기본 개념으로서 동기강화모델의 4가지 기본 원리를 소개한다. 동기강화모델의 기본 원리는 ① 공감 표현하기, ② 불일치감 만들기, ③ 저항과 함께 구르기, ④ 자기효능감 지지하기이며, 구체적인 내용은 다음과 같다(Miller & Rollnick, 1991; 신성만 외 공역, 2006; 이채원 외 공역, 2014).

(1) 공감 표현하기

사회복지사는 충분한 공감을 통해 자신이 클라이언트를 존중하고 있다는 점을 전달해야 한다. 동기강화모델을 적용한 개입에서 사회복지사의 역할은 말하기보다는 듣기에 가깝다. 사회복지사는 클라이언트에게 비난이나 꾸지람을 하기보다는 칭찬하는 방법을 사용해야 하고, 자존감을 허물기보다는 하나씩 쌓아가는 방식을 추구해야 한다. 설득은 부드러운 형태로, 변화의 발생은 항상 클라이언트에게 달려 있다는 전제하에 진행되어야 한다. 공감과 더불어 이런 부드럽고 공격적이지 않은 설득이 동기강화모델에서는 일관되게 강조되어 왔다. 그래서 공감 또는 반영적 경청은 다른 실천기법과 마찬가지로 동기강화모델에서도 중요한 기술로 간주된다.

(2) 불일치감 일으키기

사람들이 변화의 동기를 갖게 되는 것은 자신의 현재 상태와 기대하는 미래의 모습 간에 불일치를 인식하면서부터이다. 이러한 측면에서 불일치감의 자각은 매우 중요하다. 가령, 음주문제를 가진 사람과 일할 경우, 클라이언트가 문제 음주의 결과에 대해 깨닫도록 만들고, 그 안에서 자신이 바라는 삶과의 모순이나 불일치감을 인식하게 함으로써 변화동기를 형성해 나갈 수 있다. 클라이언트는 사회복지사가 적절하게 제시하는 이런 정보들을 통해 현재 상황에서의 불일치감을 자각하게 된다. 그리고 불일치감을 줄이고 정서적 평형을 되찾기 위해서 변화를 위한 행동을 선택하며, 변화과정에 참여하게 될 것이다.

(3) 저항과 함께 구르기

클라이언트의 저항을 다루는 방법은 동기강화모델만이 아니라 대부분의 실천과정에서 중요하게 고려된다. 동기강화모델에서는 개인이 어떤 문제나 어려움을 갖고 있을 때, 외부로부터 자기 가치를 공격받게 되면 저항적이고 부정적인 태도가 강화되어 변화 목표를 향해 나아가는 것이 더 어렵다고 본다. 그러므로 저항을 정면으로 직면시키지 않고 클라이언트의 인식 변화의 추진력으로 사용하는 방식을 택한다. 예를 들어, 클라이언트가 음주문제를 부인하거나 치료를 거부하는 경우에도 이에 대해 반대하는 입장에 서서 논쟁하거나 치료를 강요하지 않고, “좋은 아빠가 되기 위해 노력하는 과정이 정말 힘들어 보이고, 그 스트레스를 다루기 위해 술을 마시는 것 같다. 그런데 지금은 오히려 술 때문에 좋은 아빠에서 멀어지고 있는 것 같아서 걱정이 된다.”는 식으로 표현하면서 클라이언트의 저항과 함께 구르거나 흘러가는 방식을 택한다. 즉, 클라이언트가 자신의 문제를 새로운 방식으로 생각하도록 격려하지만 이를 강요하지는 않는 것이다. 사회복지사는 클라이언트가 자기 문제에 대해 겪게 되는 양가감정을 병리적이 아닌 정상적인 것으로 강조하면서 이를 진솔하게 다루며, 이 과정을 통해 클라이언트가 자발적으로 변화에 대한 해결책을 떠올릴 때 변화 또는 치료적인 효과가 증대된다고 본다.

(4) 자기효능감 지지하기

자기효능감은 특정 행동을 수행하거나 특정 과제를 완수할 수 있다는 신념으로서 행동 변화를 가져오는 중요한 결정 요인으로 알려져 왔다. 개인 스스로 심각한 문제를 갖고 있음을 알더라도 성공이나 변화에 대한 희망과 자신감이 없다면 좌절감과 무기력감만 커지고 아무것도 하려 하지 않을 것이다. 클라이언트 또한 바뀔 수 있다는 약간의 희망이라도 있을 때 문제를 직면해야 할 이유를 찾기 쉽다. 만약 자기효능감이 없거나 부족한 사람이라면 자기가 그리는 미래와 현재 상황에 대한 불일치를 인식하더라도(예: 좋은 아빠가 되려는 마음과 음주문제로 자녀를 힘들게 하는 것), 행동 변화를 위한 노력보다는 불편감을 줄이기 위한 방어적 대응(예를 들어, 합리화, 부인)을 주로 하게 될 것이다. 그러므로 사회복지사는 변화를 선택하고 이를 실천할 책임은 클라이언트에게 있다는 것을 항상 기억하고 클라이언트의 자기효능감을 찾아내고 지지해 주기 위한 노력을 기울여야 한다.

2. 동기강화모델의 개입목표 및 과정

1) 개입목표

동기강화모델의 개입목표는 클라이언트가 현재 일어나고 있는 상황과 자신이 기대하고 있는 상황 간의 불일치감을 인식하여 개인 안에 내재된 변화의 힘을 느끼게 하고, 동기를 갖고 변화를 향해 나아가도록 돕는 것이다(신성만 · 권정옥, 2008).

동기강화모델을 적용하는 과정에서 '변화대화'를 강조하는 배경에는 자기충족의 예언과 불일치 개념이 그 바탕에 깔려 있다. 클라이언트가 스스로 변화대화를 지속적으로 하다 보면 그 말이 일종의 자기충족적 예언이 되고 클라이언트는 스스로의 말에 설득을 당하며, 결국 그 말을 자신이 믿는 것처럼 느끼게 된다는 것이다. 클라이언트로 하여금 자기의 현재 행동과 자신의 인생목표나 가치관 사이에 불일치를 유발시키게 되면, 클라이언트는 내면의 불일치에 대해 균형을 잡으려고 할 것이고, 자기의 가치관에 부합되는 삶을 향하고 싶어 하는 동기가 유발될 것이다(신성만 · 권정옥, 2008). 이때 삶을 변화시키는 대화 기술을 통해 변화대화를 유발하고, 저항을 다루면서 목표를 향해 나아가는 과정이 동기강화모델의 핵심이라고 할 수 있다.

2) 개입과정

동기강화모델의 개입과정은 일반적으로 관계형성하기(engaging), 초점 맞추기(focusing), 유발하기(evoking), 계획하기(planning)로 이루어진다. 이러한 과정은 고정된 것이 아니라 순환적인 과정으로 이해되어야 한다. 동기강화모델의 개입과정을 구체적으로 설명하면 다음과 같다(정구철, 2013; 신성만 외 공역, 2015).

(1) 관계형성하기: 가치 및 목표 탐색하기

관계형성(engagnig)은 사회복지사와 클라이언트 간에 서로 신뢰하고 존중하는 전문적 관계를 수립하는 것을 의미하며, 이때 사용할 수 있는 핵심기술은 OARS(열린 질문, 인정하기, 반영하기, 요약하기)[1]이다.

초기 관계에서 클라이언트가 세상을 바라보는 시각과 생각을 인정하는 과정은 그들의 핵심 가치와 목적을 이해하는 핵심적인 과정이다. 초기 만남을 통해 그 사람이 가치 있게 생각하는 것이 무엇인지를 이해하게 되면 어떤 것이 그들을 동기화시키는지도 알 수 있다. 이를 위해 사회복지사는 클라이언트의 가치를 탐색하는 질문을 던질 수 있으며, 질문의 예시는 다음과 같다.

- "당신이 삶에서 가장 중요하게 생각하는 것에 대해 말씀해 주실 수 있습니까? 무엇이 가장 중요합니까?"
- "지금으로부터 몇 년 후에 자신의 삶이 어떤 모습으로 바뀌어 있기를 원하십니까?"

이와 같이 열린 질문을 던진 후에는 항상 반영적 경청이 뒤따라야 하며, 클라이언트가 말한 의미가 무엇인지를 잘 생각해 보아야 한다.

---

1) 핵심기술 OARS(열린 질문하기, 인정하기, 반영하기, 요약하기)에 대한 설명은 '3. 동기강화모델의 개입기법'에서 자세하게 다루고 있다.

(2) 초점 맞추기: 의제 설정하기

클라이언트와의 모든 만남에서는 관계형성, 안부 묻기, 알아가기 이상의 목표가 필요하다(신성만 외 공역, 2017). 함께 만나서 하게 될 작업에 대한 전반적인 목적을 정의하는 것 외에도 각 회기마다 만남의 목적을 정확하게 명시해야 한다. 특히 서비스 참여를 의무적으로 이행해야 하는 클라이언트의 경우(예: 법적 조치에 따라 아동학대 부모교육에 참석해야 하는 행위자), 만남이 시간 낭비라고 생각하면 불만이 커질 수 있으므로 만남의 목적을 상기시키는 것이 중요하다. 동기강화모델을 사용하는 사회복지사는 의제 설정을 돕고 생산적인 토론을 촉진하기 위해 특정 상황과 밀접한 주제마다 그림이나 표를 제시하여 이해를 도울 수도 있다. 의제 설정의 예는 다음과 같다.

- 80세의 혼자 사는 김영희 어르신은 최근 집에서 넘어져 긴급 수술한 후 거동이 불편한 상황이나 연락하는 가족이 없어 어려움이 많은 상황이다. 이에 사회복지사는 첫 만남에서 다음의 의제를 제시하였다. "안녕하세요, 어르신. 저는 00사회복지관에서 나왔는데요. 기존에 전달해드리던 도시락을 잘 드시고 계신지랑 지금 어떻게 지내시는지 여쭤보려고 해요. 특히 지금 이 시간엔 수술 후 현재 상황에 초점을 맞춰 보려고 해요. 수술 후 회복 중이시라, 혼자 일상생활을 하시는 데 어려움이 있으실 것 같은데요. 이 부분에 대해 좀 더 말씀해 주실 수 있을까요?

(3) 유발하기: 변화대화를 끌어내는 방법

유발하기는 양가감정을 활용하고, 내적 동기를 유발하며, 변화대화에 반영하면서 불일치감을 만드는 일련의 과정을 포함한다. 사회복지사가 클라이언트의 문제상황에 직면하는 것은 변화를 일으키기보다 자기방어적 행동을 강화시키는 역효과를 가져올 수 있다. 클라이언트는 비심판적이고 안전한 분위기 속에서 자신의 가치와 행동들을 되돌아볼 때 자신의 불일치를 잘 깨달을 수 있다. 다음은 변화대화를 끌어내는 구체적인 방법들을 소개한 것이다.

① 유발 질문

유발 질문은 변화대화를 이끌어내는 방법 중에 가장 간단하고 실천이 쉬운 것으로 사회복지사가 클라이언트에게 직접 질문하는 것이다. 핵심 질문(key question)을 통해 특정 형태의 변화대화를 말하도록 이끄는 것이다. 유발 질문의 예는 다음과 같다.

- "만약 당신이 변화하기로 했다면, 그렇게 할 수 있다고 생각하게 만든 것은 뭐죠?"
- "상황이 어떻게 달라졌으면 하나요?"
- "그래서 모든 것을 고려해 볼 때, 다음 단계는 무엇이죠? 당신은 어떤 것을 할 것입니까?"

② 결정 저울 탐색하기

양가감정을 설명하는 데 도움이 되는 방법은 저울이나 시소에 비유해 보는 것이다. 갈등의 양 측면이 다 이득이나 손실과 관련되므로, 갈등상황에 있는 사람은 한쪽을 택하고 싶다가도 또 다른 쪽을 택하고 싶은, 그런 왔다 갔다 하는 마음을 계속 갖게 된다. 가령 어떤 사람이 혈압약을 복용하고 있을 때, 그로 인한 이득과 함께 감수해야 할 불편이나 손실도 분명 있을 것이다. 이러한 것들을 결정 저울표를 이용하여 정리함으로써, 클라이언트는 자기의 행동과 관련된 이득과 손실을 구체적으로 파악할 수 있다.

표 6-2 결정 저울표

계속적인 음주		금주	
이득	손실	이득	손실
• 기분이 편안해짐 • 친구와 함께 하는 즐거움	• 건강에 해로움 • 돈 낭비가 많음 • 정신력이 흐려짐 • 직장을 잃을 수 있음 • 가정이 깨질 수 있음 • 자녀에게 나쁜 본보기가 됨 • 시간/인생의 낭비	• 가족갈등이 적어짐 • 자녀와 보내는 시간의 증가 • 몸 컨디션이 좋음 • 돈 문제해결에 도움	• 짜릿함의 상실 • 술친구와 같이 어울릴 방법이 없음 • 스트레스를 다룰 방법이 없음

출처: 신성만 외 공역 (2015). p.23의 표.

③ 정교화하기

클라이언트가 변화의 이유를 언급하면 사회복지사는 이를 더 자세하게 설명하도록 돕기 위해 클라이언트에게 변화대화의 예가 될 수 있는 실제 상황을 질문한다. 정교화의 목적은 클라이언트가 어떤 상황을 더욱 자세하게 들여다보도록 돕기 위한 것이다. 정교화하기의 예는 다음과 같다.

- "당신은 그때가 좋았다고 말했는데요, 그렇게 잘 지냈던 시간에 대해 더 자세하게 말해 주시겠어요?
- "당신이 다른 것이 필요해서 최근 도박에 돈을 썼던 일에 대해 이야기해 주시겠어요?"

④ 극단적 질문하기

이는 클라이언트에게 극단의 상황, 즉 주위 사람들이 가장 염려하거나 결과적으로 일어날 수 있는 최악 또는 최상의 상황에 대해 질문하는 것이다. 이를 통해 행동의 변화나 지속을 통해서 그들이 추측할 수 있는 최악의 결과와 변화가 일어난다면 얻게 될 가장 바라던 이득을 확인할 수 있다. 극단적 질문하기의 목표는 클라이언트의 조망을 펼쳐 보게 한 후에 덜 극단적인 요소를 탐색하는 방향으로 돌아가게 하는 것이다. 극단적 질문하기의 예는 다음과 같다.

- "변하지 않고 이때까지 살아온 그대로 계속 산다고 기정해 봅시다. 만약 그럴 때 당신에게 일어날 수 있는 최악의 일을 떠올려 본다면 어떤 것이 있을까요?"
- "원하는 대로 변화가 완벽하게 성공적으로 이루어진다면 뭐가 달라질까요?"

⑤ 과거 회상하기

과거 회상하기는 현재의 문제가 나타나기 이전을 회상하게 하여 현재 상태와 이전 상황을 클라이언트 스스로가 비교해 보도록 만드는 것이다. 클라이언트로 하여금 과거를 돌아보게 하면 문제가 생기기 전인 과거의 어느 시기를 회상하게 되어, 현재 상황의 안 좋은 면과 더 나은 삶이 될 가능성 둘 다를 부각시켜 생각할 수 있게 된다.

- "담배를 피기 전의 상황을 기억하세요? 그때 당신은 어떤 사람이었나요?"
- "10년 전 자신과 지금 자신의 모습은 어떤 차이가 있죠?"

⑥ 미래 예상해 보기

클라이언트에게 변화된 미래를 상상해 보도록 하는 것이다. 아무런 변화가 일어나지 않는다면 미래의 상황이 어떻게 될지, 또는 변화가 일어난 후에는 미래의 상황이 어떻게 될지에 초점을 맞춘다. 미래 예상해 보기는 클라이언트가 어느 정도 염려하고 있지만 그것을 그다지 심각하게 생각하지 않는 상황에서 유용하게 사용될 수 있다.

- "정말로 변한다면 무엇이 변하기를 바라십니까?"
- "지금부터 10년 뒤에 어떤 상황이 당신을 기다리게 하고 싶습니까?"

⑦ 목표와 가치관 탐색하기

이 방법은 클라이언트에게 자신의 삶에서 가장 중요하게 생각하는 목표가 무엇인지를 물어보는 것이다. 모든 사람들은 나름대로의 삶의 목표를 가지고 동기화되어 있다는 가정 아래, 클라이언트의 목표를 탐색하다 보면 클라이언트 또한 지금 현 상태와 자기 목표 사이의 불일치감을 느끼게 될 것이다.

- "당신은 인생에서 어떤 것을 가장 중요하게 여깁니까? 그리고 현재 음주 생활과 그것이 어떻게 연결되는 것 같습니까?"
- "당신은 자녀들에게 어떤 부모가 되길 원하시나요?"

(4) 계획하기

면담이 진행되면서 클라이언트에게 다음의 신호들이 발견된다면 이는 클라이언트의 마음을 다지는 방향으로의 변화가 필요한 시기임을 알려주는 것이다. 일단 클라이언트가 변화의 필요성과 중요성을 느끼고 이를 행동을 옮길 준비가 되었으면 변화 실행을 위한 열정을 강화하면서 그동안의 요점을 반복하고, 적절한 정보와 조언을 제공하면서, 변화 계획으로의 합의를 향해 나아가야 한다.

표 6-3 변화 준비를 알려주는 신호들

1. 저항감소	사회복지사와 클라이언트 사이의 삐걱거림이 줄고 저항이 감소됨
2. 문제 논의 감소	클라이언트가 자신의 걱정거리를 충분히 얘기한 것처럼 느끼고 이 문제와 관련된 질문이 줄며 다음 단계를 기다리게 됨
3. 결심	클라이언트가 어떤 결심을 한 것처럼 보이고 보다 평화로워 보이거나 체념한 느낌을 보이기도 함
4. 변화대화	저항이 감소하므로 변화대화는 증가함. 변화의 장점과 단점, 자신감 등의 표현이 많아짐
5. 변화질문	클라이언트가 내 문제를 어떻게 풀이야 하느냐, 사람들은 결심 후 어떻게 변하느냐 이런 것들을 묻기 시작함
6. 미래에 대한 비전	자신이 변한 뒤의 삶에 대해 이야기하기 시작함. 변화가 생기면 어려움이 있을 것으로 생각하거나 이야기할 수도 있음
7. 실험해 보기	변화를 위한 어떤 가능한 행동을 실험해 보기도 함

출처: 신성만 외 공역 (2006). p.181의 표.

① 목표 정하기

클라이언트가 어느 방향으로 움직일 것인가에 대한 목표를 정하기 위해서 다음과 같이 질문할 수 있다.

- 상황이 어떻게 달라지면 좋겠습니까?
- 한 번에 하나씩 해나가기로 합시다. 제일 먼저 무엇부터 할까요?

사회복지사는 자신이 생각하는 목표를 클라이언트에게 목표 삼으라고 할 수 없으며 이것을 가지고 실랑이를 해서는 안 된다. 보다 넓은 관점으로 바라보면서, 그 목표가 현실적인 것인가를 판단하는 것이 중요하다.

② 방법 고르기

목표가 정해지면 그 다음으로 그 목표에 도달 가능한 방법들을 찾아보는 것이 필요하다. 이때 클라이언트를 참여시켜 여러 가지 아이디어를 즉각 생각해보게 하고, 일단 아이디어에 대한 평가를 잠시 뒤로 미룬 채 클라이언트를 격려하며 목록을 만들어볼 수 있을 것이다. 만약 사회복지사가 아이디어를 제공해야 하는 상황이라면 한 번에 하나씩 하기보다 많은 아이디어를 한꺼번에 제시하여 함께 선택하는 방향으로 나아가는 것이 바람직하다.

- "다른 사람들이 성공적으로 사용해왔던 많은 방법들이 여기에 있습니다. 이 중에 혹시 마음에 드는 것이 있으세요? 당신에게는 어떤 방법이 효과적일 것 같습니까?

③ 계획 짜기

클라이언트와 직접적으로 타협하여 변화계획을 이끌어내는 것이 중요하다. 변화계획을 끌어내는 데 도움이 되는 질문은 다음과 같다. 또한 어떤 사람에게는 보다 구체적인 변화계획서를 만들어 적어 나가도록 해볼 수 있다.

- "그러니까 계획을 하고 있는 것은 구체적으로 무엇입니까?"
- "제일 먼저 무엇을 하려고 합니까?"

3. 동기강화모델의 개입기법

동기강화모델을 적용한 개입은 MI(Motivational Interviewing) 정신을 갖고, 이 원리를 구현하기 위해 클라이언트 중심의 상담기법인 OARS(Open questions, Affirming, Reflecting, Summarizing)를 적용하여 변화대화(change talk)를 이끌어 내는 과정으로 정리될 수 있다. 이와 같이, 동기강화모델의 개입기법으로 소개할 다섯 가지는 열린 질문(open questions), 인정하기(affirming), 반영하기(reflecting), 요약하기(summarizing), 변화대화 이끌어내기(eliciting change talk)이며, 각 요소의 첫 글자를 따서 OARS-E라 부르기도 한다(이상규, 2019). 앞의 첫 네 가지 기술은 클라이언트 중심 상담에서 차용한 개념으로, 클라이언트가 자신의 양가감정과 변화 이유들을 탐색하도록 돕는다. 마지막의 변화대화 이끌어내기는 특정 목표(변화대화 유발)를 달성하기 위해 분명한 지향점을 가지고 OARS 방법을 활용하는 동기강화치료만의 특별한 상담기술이다. 이 기법들은 상담 첫 회기에서뿐만 아니라 동기강화상담의 전반에 걸쳐 유용하게 사용할 수 있다. 이 장에서는 OARS와 기타 상담기법들(피드백 제시하기, 저항 다루기, 재구조화, 계획 논의하기, 음주의 결과 비교하기, 금주 강조하기, 자유로운 의사소통, 정보와 조언 등)에 대해 간략하게 설명할 것이다.

1) OARS-E

OARS는 클라이언트들의 양가감정을 탐색하고 변화하는 동기를 유발시키는 것을 도와주는 클라이언트 중심의 상담기법이다. OARS는 열린 질문(Open questions), 긍정해 주기(Affirming), 반영하기(Reflecting), 요약하기(Summarizing)를 의미한다. 이것에 변화대화 이끌어내기(Eliciting change talk)를 더하여 OARS-E로 지칭한다.

(1) 열린 질문

열린 질문(Open questions)은 흔히 개방형 질문으로 알고 있는 것이다. 동기강화상담의 초기단계 동안에는 클라이언트가 문제행동을 인식하고 있거나 변화에 대한 준비가 되어 있는 경우가 흔치 않다. 그렇기 때문에 수용과 격려를 통해 클라이언트가 자신의 관심사를 편안하게 탐색할 수 있도록 신뢰감 있는 분위기를 형성하는 것이 중요하다. 이 단계에서 사회복지사는 주의 깊게 경청하고 짧게 격려의 말을 하므로 대부분의 얘기는 클라이언트가 하게 된다. 이때 클라이언트가 마음속의 얘기를 최대한 많이 할 수 있도록 촉진시키는 방법 중의 하나가 열린 질문이다. 열린 질문이란 짧은 대답이 아닌 상세한 대답을 이끌어 내는 질문이다. 닫힌 질문이 필요할 수도 있지만 동기강화모델 초기단계에서는 거의 사용하지 않고 사용한다고 하더라도 아주 가끔이어야 한다.

- "오늘 무슨 일로 여기 오셨습니까?"
- "과거에는 인생의 중요한 고비를 어떻게 넘기셨습니까?"
- "주사 맞는 것을 중단하고 싶어하는 가장 중요한 이유는 무엇입니까?"
- "당신의 음주습관은 어떻습니까?"

클라이언트가 탐색의 문을 열도록 이끌어주는 질문으로 상담을 시작하고 이후에도 이런 질문을 계속 사용하는 것이 좋다. 클라이언트가 여러 가지 할 얘기를 갖고 오는 경우에는 사회복지사가 간단한 질문만 하여도 쉽게 자신들의 얘기를 하게 된다. 하지만 어떤 클라이언트는 말수가 적어서 많은 격려와 지지가 필요할 수 있다. 클라이언트의 초기 대답들에 대해 사회복지사가 반응하는 방식은 다음에 발생할 클라이언트의 반응에 영향을 미친다. 보다 양가적인 모습을 보이는 클라이언트를 대상으로 핵심 문제에 대해 토론할 때에는 문제의 긍정적인 점과 부정적인 점 모두에 대해 질문하거나 혹은 비교적 가치중립적(즉, 양면 중 어느 쪽도 지지하지 않는)이면서도 서로 연결되어 있는 열린 질문들을 하는 것이 유용할 수 있다. 어떤 사회복지사는 현재 문제가 되는 행동이나 상황의 이득에 대해 먼저 질문하고 그 후에 손실이 무엇인지를 질문하는 순서를 선호한다. 열린 질문은 바로 상담의 문을 여는 도구로써, 나머지 방법들(인정하기, 반영하기, 요약하기)을 사용할 수 있는 기회를 제공한다. 분명 클라이언트가 이와 같은 열린 질문에 대해 반응하는 방식은 다양할 것이다. 사회복지사는 이러한 각기 다른 방식에 따라 다르게 대처해야 한다.

(2) 인정하기

인정하기(Affirming)는 개입과정 동안 클라이언트를 직접적으로 인정해 주고 지지하는 것으로서, 라포(Rapport)를 형성하고 초기 자기탐색을 강화시키기 위한 또 다른 방법이다. 인정하기는 클라이언트와 그의 강점을 긍정해 주는 진수로서 이해와 칭찬의 형태로 이루어질 수 있다. 반영적 경청의 과정은 그 자체로 인정하기 반응일 수 있으며, 인정하기의 적절한 수준과 빈도는 사회문화적 맥락에 따라 다를 것이다. 중요한 점은 클라이언트의 강점과 노력을 알아차리고 적절하게 긍정해 주는 것이다. 인정하기의 예로는 클라이언트가 제시한 계획에 대해 "정말로 좋은 생각이군요!"라고 칭찬하거나, "그렇게 하는 것은 매우 용기가 필요했겠군요." 등의 이해를 표현해 주는 것 또는 감사의 표현을 하는 것 등이 있다.

- "정말로 좋은 생각이군요!"
- "그렇게 하는 것은 매우 용기가 필요했겠군요."
- "저라도 그 엄청난 스트레스를 견디기 힘들어했을 겁니다."
- "여기 오는 것에 대해 걱정하는 것은 당연합니다. 그럼에도 불구하고 힘든 결심을 하셨습니다."

(3) 반영하기

반영하기(Reflecting)는 동기강화모델의 접근에서 가장 중요하고 필요한 기술 중 하나이다. 일반적인 개념으로 설명한다면, 단순한 듣기는 침묵하면서 상대방이 무슨 말을 하는지를 듣는 것이다. 그러나 반영하기에서 중요한 요소는 클라이언트가 말하는 내용에 대한 사회복지사의 반응방식이다. 이러한 반응들은 면담의 진행을 방해하는 경향이 있기 때문에 '장애물'로도 불릴 수 있다. 장애물 반응은 클라이언트가 하나의 방향으로 계속 탐색해 나가는 것을 방해한다. 다시 말해서 장애물 반응은 면담의 방향을 방해하거나, 차단시키거나 혹은 다른 방향으로 바꾸어 버리는 결과를 초래한다.

반영하기의 본질은 반영하기를 사용하게 되면 클라이언트가 전달하려는 뜻이 무엇인지에 대한 추측이 가능해진다는 점이다. 반영적 경청자는 클라이언트의 원래 뜻(의미)이 무엇이었는지에 대해 합리적인 추측을 한 후, 이렇게 추측한 내용을 진술문 형태로 만들어서 클라이언트에게 전달한다. 이것이 반영적 경청반응이다. 반영하기는 일반적인 규칙에 따라 몇 가지 유형으로 나누어지는데 사회복지사는 반영의 깊이를 변화시킴으로써 상담과정에서 친밀 수준을 증가시킬 수 있을 것이다. 일반적 규칙에 따른 반영하기의 구분은 단순반영, 복합반영, 확대반영, 축소반영이 있다.

(4) 요약하기

동기강화모델의 처음부터 끝까지 사용하게 되는 네 번째 OARS 방법은 요약하기(summarizing)이다. 요약진술은 이미 논의된 얘기들을 함께 연결시키고 강화하기 위해 사용될 수 있다. 사회복지사가 대화내용을 정기적으로 요약해 주면, 클라이언트는 사회복지사가 자기 말을 주의 깊게 듣고 있다는 것을 알게 되고, 이것은 더 자세한 이야기로 나아가게 하는 격려의 기제로 작동한다.

(5) 변화대화 이끌어내기

변화대화의 개념은 점점 발전해 왔는데, 변화대화의 4요소는 다음과 같다.

첫째, 변화대화는 변화에 대한 진술을 나타낸다. 즉 클라이언트의 진술에는 변화에 대한 열망, 변화할 수 있는 능력, 변화의 이득, 문제행동 유지의 단점 등이 포함되어 있다.

둘째, 변화대화는 특정 행동이나 일련의 행동과 관련이 있다. 행동과 관련된 측면은 동기강화상담의 지시적 부분과 연관성이 있는데, 변화대화는 매 회기에 고려하는 특정 목표와 관련되어 나타난다.

셋째, 변화대화는 일반적으로 클라이언트로부터 나오지만 꼭 그래야만 하는 것은 아니다. 사회복지사가 자신이 들은 것을 변화대화로 바꾸어 반영해 주고, 클라이언트가 사회복지사의 진술의 정확성을 인정하고 지지한다면 이 또한 변화대화로 간주할 수 있다.

넷째, 변화대화는 보통 현재 시제를 사용한다. 클라이언트들은 자신의 현재 상황에서 나타나는 것들을 언급한다. 예를 들어, 만약 클라이언트가 "과거에 음주문제가 있었어요."라고 말한다면 이것은 변화대화일 수도 있고 아닐 수도 있다. 그러나 그 이후에 클라이언트가 "여전히 문제가 있는 것 같아요."라는 말을 덧붙인다면 이것은 변화대화라고 볼 수 있다(Rosengren, 2017).

2) 기타 상담기법들

동기강화모델 적용과정에서 사용하는 기본적인 개입기법 외에 앞에서 설명했던 상담기법을 포함하여 자주 사용되는 여러 상담기법을 정리하면 〈표 6-4〉와 같다.

표 6-4 동기강화모델의 여러 상담기법들

기법	주요 내용
피드백 제시하기	• 첫 회기는 항상 클라이언트의 개입 시작 전 평가에 대한 피드백이 수반됨 • 피드백 동안 클라이언트의 반응을 면밀히 관찰하는 것이 중요함 • 클라이언트가 피드백에 대하여 응답할 시간을 줘야 함
저항 다루기	• 클라이언트의 저항은 사회복지사의 문제일 수 있음 • 저항을 정면으로 직면시킬 경우 사회복지사의 반응(논쟁, 비동의, 판단, 비평 등)은 클라이언트로부터 저항을 심화시킴 • 단순히 반영하기, 양면성 반영하기, 논점 바꾸기가 저항을 다루는 데 효과적임
재구조화	• 클라이언트가 새로운 견해나 관점으로 자신의 문제를 조사하도록 초청하는 전략임 • 음주문제를 가진 클라이언트의 경우, 재구조화를 적용할 때 음주에 대한 클라이언트의 관점, 단어, 자각을 이용하는 것이 중요함
계획 논의하기	• 클라이언트로부터 변화에 대한 아이디어와 궁극적으로 클라이언트의 문제(예: 음주)에 대해 무엇을 할지에 관한 계획을 이끌어내는 것 • "이에 대해 어떻게 생각하세요? 무엇이 도움이 될까요?"와 같은 추가적인 질문이 계획을 논의하는 데 도움이 됨

행동의 결과 비교하기	• 클라이언트에게 이전처럼 음주를 계속 한다면 그 결과가 어떨지를 예측하도록 요청하는 것임 • 변화하지 않아서 생길 수 있는 부정적 결과 목록 및 변화로 인해 예상되는 긍정적 결과 목록 작성하기 • 클라이언트가 변화에 대해 무엇을 두려워하는지를 논의하기
자유로운 선택의 의사소통	• 클라이언트에게 치료 동안 끊임없이 전달되어야 하는 중요한 메시지는 선택에 대한 책임과 자유임 • 이 주제에 대해 자주 상기시켜야 함
정보와 조언	• 사회복지사는 클라이언트가 묻는 질문에 대해 구체적인 정보를 제공해야 함 • 제공한 정보에 대해 클라이언트가 어떻게 생각했는지에 대한 반응을 나중에 물어보는 것이 개입과정에 도움이 됨 • 클라이언트가 조언을 요청을 할 경우 몇 가지 주의사항을 제외하고 사회복지사의 관점을 제공할 수 있으며, 질문에 대한 답을 모르는 경우 찾아보고 다음에 알려주겠다는 식으로 대답하는 것이 적절함

출처: 정구철 (2013). "보호관찰 대상자의 중독적 행동교정을 위한 동기강화상담"의 내용 일부를 요약하여 표로 구성함.

연습문제

1. 나의 변화계획서를 작성해 보시오.

1. 내가 이 변화를 원하는 가장 중요한 이유들:

2. 이 변화를 하기 위한 나 자신의 목적

3. 이 목적을 달성하기 위한 계획들
   1) 구체적 행동
   2) 언제?

4. 다른 사람들로부터 받아야 할 도움들
   1) 사람
   2) 가능한 도움들

5. 생길 수 있는 방해들과 이를 다룰 방법들
   1) 방해물들
   2) 다루는 방법들

6. 계획이 효과가 있음을 알려주는 결과 징표들

2. 다음 제시된 인터넷중독 청소년을 위한 동기강화상담 프로그램(신성만 외, 2015)을 읽고, 지금까지 배운 동기강화모델이 잘 적용된 것인지를 생각해 보시오.

1) 자신이 참여한다면 가장 흥미로운 것 같은 한 세션을 선택해 보시오. 왜 그러한지의 이유에 대해 설명해 보시오.

2) 내가 진행할 수 있을 것 같은 세션은 몇 회기인지 두 개 정도를 골라 보시오. 이 세션을 더 흥미롭고 효과적으로 진행하기 위해서는 어떻게 하면 좋을지 이야기해 보시오.

	제목	목표 및 활동
1	변화하는 내 모습 (변화단계 인식하기)	• 변화단계에 대한 이해를 통해 인터넷 사용에 대한 변화를 스스로 인식하고 조절할 수 있는 기반 구축 • 활동: 변화단계 퀴즈게임, 사전평가
2	변화가 필요해 (변화 필요성 인식하기)	• 인터넷중독으로 소외되었던 자신의 주요 영역 및 감정과 접촉하면서 변화에 대한 본질적인 갈망과 동기 인식 • 활동: 감정 퀴즈, 내 삶의 주요 영역과 감정 파이 만들기
3	행복의 무게 달기 (변화욕구 명료화하기)	• 변화에 대한 이득과 손실에 대한 무게 달기 • 변화에 대한 욕구를 인지적으로 명료화하면서 변화대화 표현 • 활동: 장판 뒤집기 게임, 나의 바닥 경험, 이득과 손실, 10년 후 나의 모습, 작은 실천
4	풍성한 나의 삶 (변화 효능감 강화하기)	• 자신의 흥미를 고려한 대안활동을 탐색 선택한 대안활동 실천계획 세우기 • 활동: 흥미검사, 대안활동 선택 및 계획
5	나는 어떤 스타일? (불일치를 통한 변화열망 강화하기)	• 자신의 삶에 내면화된 부적응적인 가치관 파악 자신이 원하는 적응적인 가치관 탐색 및 선택 • 활동: 머리띠 게임, 적응적인 삶의 가치 선택
6	Bravo my life~! (변화 가능성 강화하기)	• 약속문 발표를 통해 변화동기 다짐 • 활동: 약속문 발표, 사후평가 및 차후 자조모임 교육

3. 동기강화 상담 진행하기

옆 친구와 두 명이 짝을 이루어 동기강화 상담을 실시해 보시오. 단, 다음의 규칙을 꼭 지켜서 5분의 시간 동안 진행해 보고, 클라이언트 역할을 한 친구로부터 아래의 세 항목에 대해 피드백을 받아보시오.

- 클라이언트보다 말을 적게 하기
- 클라이언트에게 질문을 할 때마다 그 답에 대해 2개 내지 3개의 반영 반응을 해보기
- 닫힌 질문보다 열린 질문을 두 배로 하기

CHAPTER 07

현실치료

chapter 07

현실치료

1. 현실치료 접근의 철학과 기본 개념

현실치료는 초기 프로이트식 모델을 거부한 정신과의사 Glasser에 의해 창안된 것이다. Glasser는 비행소녀들을 위한 벤추라 여학교의 상담정신과 의사로 활동하면서 현실치료의 이론과 개념을 발전시켰다. 현실치료모델은 심리상담센터뿐 아니라 사회복지, 위기 중재, 교정기관, 학교에서 많이 활용된다.

1) 철학과 기본 개념

(1) 인간관

현실치료의 창시자인 Glasser는 Rogers와 마찬가지로 인간의 본성에 대해 낙관주의적인 견해를 가지고 있다. 따라서 현실치료모델에서는 인간을 무력한 우울의 희생자로 보지 않는다. 인간은 자신의 욕구를 충족시키기 위해 학습할 수 있고 스스로 자신의 행동을 선택하고 자기 자신의 행동에 대해 책임질 수 있는 능력이 있다고 본다. 또한 사람들은 할 수 있는 한 자신들이 희망하는 선택을 하고 최대한의 노력을 하여 자신들의 욕구를 스스로 만족시키는 결과를 만들어낼 수 있다는 것을 전제한다. Glasser는 책임감 있는 사람, 다른 사람의 욕구나 권리를 침해하지 않고 자신의 욕구를 충족시킬 수 있는 사람을 적응적인 개인으로 보았다.

(2) 인간의 기본 욕구

현실치료모델은 선택이론(choice theory)에 근거한다. Glasser는 Maslow의 욕구단계설을 기초로 하여 인간은 생존의 욕구, 사랑과 소속의 욕구, 힘의 욕구, 자유의 욕구, 재미의 욕구라는 다섯 가지 욕구를 가지고 태어난다고 하였다. 소속과 사랑의 욕구는 사람들에게 속하고 다른 사람을 사랑하고 사랑받고자 하는 욕구이다. 힘의 욕구는 성취와 완수에 관한 욕구이며 자신의 인생을 변화시키는 데 있어서의 자신감에 대한 욕구이다. 자유의 욕구는 자신의 사고와 행동을 선택하는 데 구속받지 않으려는 욕구이며, 재미의 욕구는 인생을 즐기는 것과 관련된 것으로 배움에 대한 욕구가 여기에 속한다. 생존에 대한 욕구는 자신의 생명과 건강을 유지하려는 욕구이다. 사랑과 소속의 욕구는 다섯 가지 욕구 중 가장 기본적인 욕구로 다른 네 가지 욕구를 충족시키는 기본이 되며, 사랑과 소속의 욕구를 위해 다른 사람이 필요하다(김영숙 · 이재연 편역, 1993; Corey, 2010). 사람은 누구나 기본적으로 이 다섯 가지 욕구를 가지고 있으나 개인이 가지고 있는 각 욕구의 강도에는 차이가 있다. 우리의 뇌는 욕구의 통제체제 기능을 한다. 뇌는 끊임없이 이 욕구들을 충족시킬 방법을 결정하기 위해 느낌을 탐색한다(Corey, 2010). Glasser에 의하면 개인의 심리적인 문제는 다섯 가지 욕구 중 하나 이상의 욕구를 충족시키지 못해서 나타나며, 자기 주변의 현실세계를 부정하는 데서 오는 것이다. 현실치료모델을 사용하는 사회복지사는 클라이언트에게 이 다섯 가지 욕구에 대해 가르친다. 이를 통해 클라이언트는 자신의 좌절된 욕구를 알고 그 욕구를 만족시키기 위해 노력할 수 있으며 노력의 결과로 좋은 감정이라는 보상을 받는다.

(3) 행복세상

선택이론에 의하면 인간은 자신의 욕구를 직접 충족시키지 않는다. 인간을 출생 때부터 자신을 기분 좋게 해주는 어떤 것과 가까이 하고자 하며 이것들을 뇌에 저장하게 되는데 이것이 행복세상(Quality World)이다. 이 행복세상에는 사람, 물건, 상황, 종교, 정치, 신념 등이 포함된다. 행복세상은 삶의 핵심으로써 자신을 살고 싶게 하는 자신만의 것으로 개인마다 다르며 구체적이다. 행복세상의 가장 중요한 구성요소는 사람인데, 문제를 가지고 있는 클라이언트들은 대개 행복세상에 아무도 없거나 누군가 있더라도 만족스런 방식으로 관계를 맺지 못하고 있다. 현실치료를 활용하는 사회복지사는 클라이언트의 행복세상 속으로 들어가 행복세상 속 사람이 되어야 하며, 클라이언트는 이를 통해 원하는 사람들에게 더 가까이 다가갈 수 있는 방법을 배운다(Corey, 2010).

(4) 선택과 책임

선택이론에서는 우리는 태어나서 죽을 때까지 행동하며, 우리의 행동은 내적 동기와 선택의 결과라는 사실을 강조한다. 개인의 모든 행동은 자신이 만족시키고자 하는 것을 얻기 위한 최선의 시도들이며 바라는 것과 실제로 얻는 것 간의 차이를 줄이기 위해 우리가 선택함으로써 발생하는 것이다. 따라서 현실치료모델의 핵심은 '무엇을 선택하든 선택의 책임은 전적으로 자기 자신에게 있다'는 것이다. 우리의 현재는 과거에 의해 만들어진 것이지만 우리가 스스로 과거의 희생자가 되기로 선택하지 않는 한 우리는 과거의 희생자가 아니며 모든 문제는 현재에 있다는 것을 전제로 한다. 그래서 현실치료에서는 과거를 중점적으로 다루지 않는다(Corey, 2010).

현실치료는 합리적-정서 행동치료와 마찬가지로 주로 교훈(교육)적이다. 현실치료 접근을 사용하는 사회복지사는 클라이언트에게 자신의 현재 행동을 스스로 보게 하고 자신이 효율적으로 행동하고 있는지 어떤지를 결정하도록 도우며 욕구를 충족시키는 더 좋은 방법을 가르친다. 자신의 행동을 변화시키기를 원하는지, 만약 그렇다면 무엇을 수정하고자 하는지를 결정하는 것은 오롯이 클라이언트의 책임이다. 이를 위해 계획을 세우고 이런 계획을 세우기 위해 노력하도록 돕는 과정이 치료의 핵심이다. 사회복지사는 클라이언트가 약속한 것을 이행하지 않는 것에 대한 어떤 변명도 용납하지 않으며, 자신에게 어떠한 변화를 원하는지 재평가해 보도록 한다(안창일 · 박경 공역, 2003).

(5) 전행동

전행동(total behavior)이란 활동하기, 생각하기, 느끼기, 반응하기로 구성되는데, 이 네 구성요소는 구별되기는 하되 분리될 수 없는 것으로 행위는 사고와 감정을 동반한다. Glasser는 행동 선택을 자동차에 비유했는데, 기본적인 욕구는 엔진에 해당하며 활동하기, 생각하기, 느끼기, 반응하기는 네 개의 바퀴에 해당된다. 핸들은 우리가 가고자 하는 행복세상으로 우리를 이끌며, 분명하게 선택된 활동하기와 생각하기는 앞바퀴로서 자동차를 이끌고, 느끼기와 반응하기는 뒷바퀴로서 앞바퀴를 따라간다. 통증을 느끼거나 땀을 흘리는 반응은 부딪치거나 달리기 등의 행동을 선택하면 당연히 따라오는 것과 마찬가지이다.

Glasser는 '우울해진', '불안해진' 등의 말은 개인의 책임성을 부정하는 적절하지 못한 표현이라고 한다. 대신에 '우울행동을 하는', '불안행동을 하고 있는'이라는 표현이 적절한 표현이라고 한다. 왜냐하면 사람은 그 행동을 능동적으로 직접적으로 선택했기 때문이다.

Glasser는 다음과 같이 우리가 우울행동을 선택하는 이유를 설명한다(Corey, 2010).

첫째, 좌절된 관계에 처해 있을 때 일반적으로 분노를 선택한다. 분노는 다른 사람을 다치게 하기 때문에 분노를 억제하기 위해 우울행동을 선택하게 된다.

둘째, 우울행동은 구걸하지 않고도 사람들로부터 도움을 받을 수 있는 매우 일반적인 방법이다. 우리가 괴로워하면 구걸하지 않아도 힘에 대한 욕구를 만족시켜주기 때문에 우울을 선택한다.

셋째, 우울행동은 하기 싫어하는 일을 피하도록 해준다. 어떤 일을 할 자신이 없거나 거절당하고 싶지 않을 때 난관을 피할 수 있는 방법으로 우울을 선택하게 된다.

또한 현실치료의 관심은 불만족스러운 관계 혹은 관계의 결여이다. 현실치료는 관계상의 문제를 찾아내는 데 관심을 두는 것에 그치지 않고 관계를 통제할 수 있도록 하는 것에 관심을 둔다. 하지만 통제할 수 없는 일에 대해 말하는 것은 아무 의미가 없으며 불가능하다고 한다.

2) 현실치료의 특징

현실치료 접근의 기본이 되는 것은 3R, 즉 책임감(Responsibility), 옳고 그름(Right and wrong), 현실성(Reality)이다. 여기에 관계성(Relatedness)과 존중(Respect)의 2R을 추가하여 상호적인 존중과 관계를 중시한다(김영숙 · 이재연, 1993). 현실치료의 구체적인 특징을 살펴보면 다음과 같다(Corey, 2010).

(1) 책임능력의 강조

우리의 행동이 선택에 의한 것이라면 선택에 대한 책임을 져야 한다. 현실치료에서는 정신질환의 개념을 버리고 책임감의 개념을 사용하여 클라이언트가 자신의 행동에 대한 책임을 직시하도록 한다. 클라이언트는 현재의 당면문제가 자신의 책임이라는 것을 받아들이기 어려울 수 있다. 이럴 때 전문가는 클라이언트와 논쟁하지 않는다. 논쟁은 클라이언트로 하여금 자신은 아무것도 할 수 없다고 사회복지사를 설득하기 위해 점점 더 자기패배적인 행동을 하게 된다. 사회복지사는 클라이언트가 선택할 수 있는 것에만 관심을 가진다.

(2) 전이의 거부

전통적인 정신분석에서는 전이(transference)를 해결되지 않은 갈등을 견디어내기 위한 치료적 기제로 사용했다. 하지만 현실치료에서는 전이를 클라이언트나 사회복지사로 하여금 현재에 대한 책임을 회피하도록 하는 방법이라고 보고 거부한다. 대부분의 클라이언트들이 자신의 행동에 대해 책임을 회피하고 무책임하게 행동하려는 경향이 강하기 때문에, 이를 거부하는 의미를 강조하여 현실치료라는 이름 자체가 붙여진 것이다. 현실치료 전문가는 클라이언트와 관계되는 어떤 인물도 아닌 전문가로서, 클라이언트가 실제 삶에서 타인과 관계를 맺어 나가는 새로운 방법을 가르치는 것이 그의 역할이다.

(3) 현재 시점 강조

기존의 많은 치료자들은 클라이언트의 문제는 과거에 생겼고 현재 기능을 잘하기 위해서는 과거를 되돌아보고 이해해야 한다고 생각한 반면, Glasser는 우리가 과거의 영향을 받는 것은 인정하지만 우리의 과거를 변화시킬 수는 없다고 한다. 그는 현재의 문제를 과거와 연결하는 것은 현실문제에서 잠시 피할 수 있는 기회를 제공할 뿐이며, 이미 발생한 것은 바뀔 수 없다. 과거 사건으로 인해 우리가 마음의 상처를 입었지만 우리가 과거의 희생자가 되기로 선택하지 않는 한 더 이상 과거의 희생자가 아니라고 한다. 전문가와 클라이언트가 할 수 있는 것은 현재 행동을 변화시키기 위해 노력하고 우리가 지금 필요로 하는 사람들과의 좋은 관계를 형성하는 것이다(Corey, 2010).

현실치료 전문가의 일차적 기능은 클라이언트가 현재를 다루도록 돕는 것이다. 현실치료 전문가들은 현재를 다루기 위해 다음과 같은 질문으로 시작한다.

- "당신이 선택한 전(全)행동(total behavior)이 당신이 원하는 것을 얻는 데 도움을 줍니까?"
- "이 선택이 현실적입니까?"
- "이 선택이 당신이 필요로 하는 것이거나 또는 알고 싶은 사람과 가까워지도록 해줍니까?"

(4) 고통에만 관심을 기울이지 말 것

Glasser는 클라이언트가 선택한 고통과 증상에 대해 많은 시간과 노력을 들이는 것에 반대한다. 전문가가 증상에만 관심을 가지면 클라이언트는 자신의 증상에 대해 끊임없는 불평만 이야기할 것이기 때문이다. 클라이언트에게 현재의 현실을 직면하도록 초점을 맞춤으로써 치료기간을 단축시킬 수 있다. 종종 클라이언트는 관계의 문제를 야기한 상대를 비난하는 특성이 있는데, 현실치료에서는 클라이언트로부터 불평, 비난, 비판행동을 듣는 것에 초점을 두지 않는다. 사회복지사는 이런 클라이언트에게 "당신을 변화시킬 수 있는 사람은 당신뿐이다. 불평은 전혀 효과가 없는 행동이다."라고 말한다. 현실치료 전문가들이 클라이언트의 불평, 비난 등 자기패배적 전(全)행동에 관심을 기울이지 않으면 이 행동들은 감소하게 된다.

2. 현실치료 접근의 개입목표 및 과정

1) 개입목표

현실치료 접근은 비교적 단기적 접근이다. 이 접근은 의식적인 행동문제를 다루고 적극적이고 지시적이며 교훈적이다. 행동계획과 클라이언트의 자기평가와 실천의지가 접근과정의 핵심이다.

이 접근은 클라이언트의 현재 행동방식이 그의 삶에서 원하는 것을 얻게 하는 것인지 아닌지를 스스로 판단하여 자신의 행동을 평가하도록 하는 것이다.

즉, 전문가는 클라이언트를 도와 비효율적인 특정 행동의 변화 계획을 세우도록 하는 것이 이 접근의 목표이다. 이 목표를 달성하기 위하여 전문가는 클라이언트가 자신의 행복세상에서 자신이 선택한 사람들과 관계를 맺도록 선택이론을 가르친다. 현실치료의 클라이언트는 종종 과격한 행동이나 반사회적 행동에 빠져 있는 경우가 많은데 이 경우 사회복지사는 우선 일반적인 치료의 목적은 포기하고 이들과 관계맺는 일에 초점을 둔다.

2) 현실치료 접근의 과정

현실치료모델의 적용과정은 다음의 두 가지 요소로 구성되어 있다.: ① 치료 환경의 창조, ② 행동변화를 이끄는 구체적인 절차 이행.

(1) 치료 환경의 창조

현실치료에서는 클라이언트와 전문가 간의 충분한 관계형성이 이루어져야 효과를 얻을 수 있다. 현실치료의 기반 이론인 선택이론에서는 강요가 없는 자유로운 분위기가 필수적인데 이러한 환경은 클라이언트를 창조적이 되게 한다. 전문가는 클라이언트에게 보살핌과 수용의 분위기를 만들어 주고 무비판, 무비난, 무불만의 환경적 경험을 제공해 줌으로써 클라이언트는 성공적인 관계를 위한 환경을 가꾸어가는 방법을 배우게 된다. 전문가는 따뜻함, 이해, 수용, 관심, 존중, 개방성 등의 자세를 보여줌으로써, 클라이언트로 하여금 자기는 충분한 관심과 수용을 받고 있으므로 현실세계에서 자신의 욕구를 충족시킬 것이라는 확신을 갖게 해주어야 한다. 관계형성은 경청에서부터 시작된다. 관계형성을 통해 클라이언트는 삶에서의 중요한 타인과의 진정한 관계맺음을 배우게 된다.

(2) 행동변화를 이끄는 구체적인 절차 이행

관계형성 후에는 전문가는 클라이언트에게 그들이 얻고자 하는 것을 물어보고 현실이나 현재 행동의 결과를 클라이언트에게 직면시킴으로써 행동변화과정을 이끌어 나간다. 관계형성 이후 현실치료 전문가가 보여주어야 하는 능력과 특성은 역설적 감각, 재구성의 능력, 의사소통, 희망을 전달하는 능력, 해결 가능한 문제에 대한 정의를 내리는 능력, 은유를 사용하는 능력, 윤리성과 문화적 민감성 등이다(Wubbolding & Brickell, 1998).

위의 두 가지 요소로 구성되어 있는 현실요법을 사례에 적용할 때는 다음과 같은 8단계 원칙에 따라 진행한다(김영숙 · 이재연, 1993; 안창일 · 박경, 1995).

- 1단계: 클라이언트와의 좋은 관계를 형성한다. Glasser는 이 1단계를 전문가가 클라이언트에게 몰두하는 단계라고 하였다(이 단계는 앞의 첫 번째 구성요소인 치료환경의 창조에 해당된다).
- 2단계: 클라이언트를 비난하지 않으면서 현재 행동을 검토하는 일이다.
- 3단계: 전문가는 클라이언트에게 자기가 원하는 것을 얻기 위해 행동하고 있는지 묻고, 만약 그렇지 않다면 어떠한 변화를 원하는지 묻는다.
- 4단계: 전문가는 클라이언트에게 자신이 원하는 바를 얻기 위한 대안을 찾도록 한다. 이 단계에서는 브레인스토밍을 통하여 대안 중 가장 좋은 방법을 찾아보도록 한다.
- 5단계: 클라이언트는 목표에 도달하기 위한 대안을 선택하고 이를 행동으

로 실행하겠다는 서약을 받아낸다.

- 6단계: 전문가와 클라이언트는 실행의 결과를 알아본다. 만약 클라이언트가 실행에 실패한다고 해도 이유를 대거나 변명을 하지 않도록 한다. 실행하지 못한다 해도 비난하지 말고 현실성 있는 새로운 계약을 한다.
- 7단계: 자연스럽고 논리적인 귀결을 받아들이도록 한다. 예를 들어, 과제를 이행하지 않으면 처벌이 아닌 낮은 점수를 얻게 되는데 이를 자기 행동에 대한 책임으로 수용하도록 한다.
- 8단계: 실행에 실패하더라도 실망하지 말고 너무 쉽게 포기하지 않는다.

3. 현실치료 접근의 개입기법

Glasser와 Wubbolding(1995; Wubbolding & Associates, 1998)은 WDEP라는 용어를 사용하여 변화를 이끄는 과정에서 사용할 수 있는 중요한 중요 절차와 기법들을 설명한다. WDEP는 다음과 같은 내용을 의미한다.

W = 욕구(What do you want?)
D = 현재의 행동(What are you doing?)
E = 평가(Evaluate)
P = 계획과 계약(Plan)

1) 욕구 탐색하기

클라이언트의 욕구를 탐색하기 위하여 현실치료 전문가는 “당신이 원하는 것은 무엇인가요?”라고 묻는다. 이 질문을 통하여 클라이언트는 자신이 가족, 친구, 직장에 대해 원하는 것을 포함하여 모든 국면을 탐색할 기회를 가지게 되며, 자신의 욕구를 만족시킬 수 있는 방법을 인식하게 된다.

클라이언트가 원하는 것을 정확히 인식하게 도와줄 수 있는 질문은 다음과 같다.

① “당신이 되고 싶었던 사람이 되었다면 어떤 사람이 되어 있을까요?”
② “당신과 가족들이 원하는 것이 다 이루어졌다면 지금 당신의 가정은 어떤 모습일까요?”
③ “당신이 원하는 방식대로 살고 있다면 당신은 지금 무슨 행동을 하고 있겠습니까?”
④ “진정으로 당신의 삶을 변화시키기를 원합니까?”
⑤ “당신이 원하는 변화를 막고 있는 것은 무엇입니까?”

2) 현재 행동에 초점두기

현실치료는 현재의 행동을 강조하고 이것을 총체적으로 변화시키려는 것이다. 클라이언트가 현재 어디를 향하여 무엇을 하고 있는지를 질문하여 자신의 전행동에 대한 인식을 하도록 돕는다.

다음과 같은 질문은 이 단계에서 유용하다.

① "지금 무엇을 하고 있습니까?"
② "지난주 당신이 실제로 한 일은 무엇입니까?"
③ "지난주와 다르게 하고 싶은 것은 무엇입니까?"
④ "내일 당신은 무엇을 할 것입니까?"

3) 평가하기

평가하기는 클라이언트가 자신이 원하는 것을 얻을 수 있도록 행동하는지 평가하도록 하는 것으로, 클라이언트의 전행동의 각 요소들을 평가하는 것이다. 다음과 같은 질문이 평가하기에 도움이 될 것이다.

① "당신이 하는 행동은 당신에게 도움이 되는가?"
② "당신이 지금 하는 행동이 당신이 정말 하고자 하는 행동인가?"
③ "당신이 원하는 것이 현실적이며 달성할 수 있는 것인가?"

4) 계획과 계약하기

이 기법은 클라이언트의 욕구를 충족시켜 줄 구체적 방법을 찾는 것이다. 계획을 수립하고 수행하는 과정을 통해 우리는 자신들의 생활을 효과적으로 통제할 수 있게 된다. 계획단계를 통해 클라이언트는 자신에게 선택이나 행동에 대한 책임을 질 능력이 있음을 확인시켜 줄 수 있다. 단순하고 달성 가능하며 측정 가능하고 즉시 개입할 수 있으며 계획자가 통제하고 위탁할 수 있어야 하고 지속적으로 실행되어야 하는(SAMIC3: Simple, Attainable, Measurable, Immediate involved, Controlled by planner, Committed to, Continuously done) 현실치료모델 계획은 다음과 같은 특성을 가진다.

- 계획은 클라이언트의 동기나 능력의 한계 내에서 이루어져야 한다.
- 좋은 계획은 단순하고 이해하기 쉬워야 한다.
- 계획은 긍정적 행동을 포함하고 있어야 한다.
- 다른 사람의 행동에 좌우되지 않는 계획을 세워야 한다.
- 반복적이고 매일 할 수 있는 것이어야 한다.
- 계획은 되도록 빨리 실천해야 한다.
- 계획은 과정 중심적인 활동이다.
- 현실적이고 실현 가능하며 원하는 것과 관련이 있는 계획인지를 평가해야 한다.
- 계획은 서면으로 확실히 해두어야 한다.

위의 과정으로 수행되는 현실치료에서는 질문들이 자주 사용된다. 특히 현실치료는 질문을 많이 사용하기 때문에 현실치료 접근을 사용하는 사회복지사는 숙달된 질문기술을 개발하는 것이 필요하다. 이 질문은 클라이언트의 내면세계에 들어가고 정보를 모으며, 클라이언트에게 정보를 제공하고 클라이언트가 인생에 대해 좀 더 효과적인 통제를 하도록 하는 목적이 있다. 기존의 다른 모델에서 질문은 주로 클라이언트들이 계속 이야기하도록 하는 것 외에 별다른 역할을 하지 못했다. 하지만 현실치료에서는 클라이언트로 하여금 자신이 무엇을 원하는지 생각하게 하고, 그 행동이 자신이 원하는 방향으로 인도할 것인지 평가하도록 하는 구체적인 목적을 가진 질문이다.

또한 현실치료에서는 적극적인 변화를 증진시키기 위한 개입으로 유머를 사용한다. 일단 좋은 관계형성을 이루고 난 다음에 클라이언트의 입장에서 부드럽고 적절하게 사용되는 유머는 인간적이고 교육적이며 치료적이다. 유머를 사용함으로써 클라이언트에게 자기표현의 새로운 방법을 제시할 수 있다(이현림 · 김영숙, 1996).

연습문제

1. 아래 욕구강도 프로파일에 답하시오. 자신이 좋은 관계를 맺고 싶은 상대방도 프로파일에 답하게 하고 이를 비교해 보시오.

> 이 프로파일은 객관적인 정답을 나타내고 있는 것은 아니다. 원한다면 여러 번 다시 해보고 수정할 수도 있다. 중요한 점은 욕구강도 프로파일을 잘 이해할수록 자기가 관계를 맺고 싶은 상대방(예: 자기 배우자, 또는 이성/동성 친구, 가족)과의 관계를 더 잘 이해할 수 있게 된다는 점이다. Glasser는 욕구 프로파일을 통해 주관적으로 자신과 상대방의 욕구를 잘 분석해 보고 생각해 볼 기회를 갖기를 권장하고 있다. 아래 질문에 대해서 다음과 같이 점수를 준다(나/상대방).
>
> 전혀 그렇지 않다 : 1　　별로 그렇지 않다 : 2　　때때로 그렇다 : 3
> 자주 그렇다 : 4　　언제나 그렇다 : 5

1) 생존의 욕구

(1) 돈이나 물건을 절약한다. (/)
(2) 돈으로 살 수 있는 것에 각별한 만족을 느낀다. (/)
(3) 자신의 건강 유지에 관심을 가지고 있다. (/)
(4) 균형 잡힌 식생활을 하려고 노력한다. (/)
(5) 성적인 관심을 많이 지니고 있다. (/)
(6) 매사에 보수적인 편이다. (/)
(7) 안정된 미래를 위해 저축하고 투자한다. (/)
(8) 부득이한 경우가 아니면 모험을 피하고 싶다. (/)
(9) 외모를 단정하게 가꾸는 데 관심이 있다. (/)
(10) 쓸 수 있는 물건을 버리지 않고 간직한다. (/)

2) 사랑과 소속의 욕구

(1) 나는 사랑과 친근감을 많이 필요로 한다. (/)
(2) 다른 사람의 복지에 관심이 있다. (/)
(3) 타인을 위한 일에 시간을 낸다. (/)
(4) 장거리 여행 때 옆 자리의 사람에게 말을 거는 편이다. (/)
(5) 사람들과 함께 있는 것을 좋아한다. (/)

(6) 아는 사람과는 가깝고 친밀하게 지낸다. (/)
(7) 배우자(가족, 친구)가 내게 관심을 가져주기 바란다. (/)
(8) 다른 사람이 나를 좋아해 주기 바란다. (/)
(9) 다른 사람에게 친절하게 대한다. (/)
(10) 배우자(가족, 친구)가 나의 모든 것을 좋아해 주기 바란다. (/)

3) 힘과 성취의 욕구

(1) 내가 하는 가사나 직업에 대해 사람들로부터 인정받고 싶다. (/)
(2) 다른 사람에게 충고나 조언을 잘 한다. (/)
(3) 다른 사람에게 무엇을 하라고 잘 지시한다. (/)
(4) 경제적으로 남보다 더 잘 살고 싶다. (/)
(5) 사람들에게 칭찬 듣는 것을 좋아한다. (/)
(6) 내 밑에서 일하는 사람이 있을 때 쉽게 해고한다. (/)
(7) 내 분야에서 탁월한 사람이 되고 싶다. (/)
(8) 어떤 집단에서든 지도자가 되고 싶다. (/)
(9) 자신을 가치 있는 인간이라고 느낀다. (/)
(10) 내 성취와 재능을 자랑스럽게 여긴다. (/)

4) 자유의 욕구

(1) 사람들이 내게 어떻게 하라고 지시하는 것이 싫다. (/)
(2) 내가 원하지 않는 일을 하라고 지시하면 참기 어렵다. (/)
(3) 다른 사람에게 어떻게 살아야 한다고 강요하면 안 된다고 믿는다. (/)
(4) 누구나 다 인생을 살고 싶은 대로 살 권리가 있다고 믿는다. (/)
(5) 인간의 자유로운 선택 능력을 믿는다. (/)
(6) 내가 하고 싶은 일을 하고 싶을 때 한다. (/)
(7) 누가 뭐라고 해도 내 방식대로 살고 싶다. (/)
(8) 인간은 모두 자유롭다고 믿는다. (/)
(9) 배우자(상대방, 가족)의 자유를 구속하고 싶은 생각이 없다. (/)
(10) 나는 열린 마음을 지니고 있다고 믿는다. (/)

5) 즐거움의 욕구

(1) 큰소리로 웃기를 좋아한다. (/)
(2) 유머를 사용하거나 듣는 것이 즐겁다. (/)
(3) 나 자신에 대해서도 웃을 때가 있다. (/)
(4) 뭐든지 유익하고 새로운 것을 배우는 것이 즐겁다. (/)
(5) 흥미 있는 게임이나 놀이를 좋아한다. (/)
(6) 여행하기를 좋아한다. (/)
(7) 독서하기를 좋아한다. (/)
(8) 영화관에 가기(영화보기)를 좋아한다. (/)
(9) 음악 감상하기를 좋아한다. (/)
(10) 새로운 방식으로 일하거나 생각해 보는 것이 즐겁다. (/)

* 나오는 점수의 합을 내보면 대체로 나의 욕구강도 프로파일을 알아볼 수 있으며, 상대방의 욕구와도 비교할 수 있다.

생존		사랑과 소속		힘과 성취		자유		즐거움	
나	상대방	나	상대방	나	상대방	나	상대방	나	상대방

(1) 나는 어떤 욕구가 가장 강한가?
(2) 상대방은 어떤 욕구가 가장 강한가?
(3) 나와 상대방의 욕구 차이를 보고 느낌과 생각을 나누어 보시오.

2. 당신을 학교사회복지사라고 가정해 보자. 학교에서 흡연과 폭력행동으로 징계받은 학생을 학교사회복지실로 의뢰하였다. 이 학생(들)에게 현실치료의 8단계를 적용해 보시오.

(1) 두 명이 짝을 지어 한 사람은 학교사회복지사, 한 사람은 학생이 되어 상담과정을 기록해 보시오.
(2) 학생들이 여러 명일 경우 현실치료를 이용한 프로그램을 계획해 보시오.

Essential Skills of Social Work Practice

CHAPTER 08

과제중심모델과 위기개입모델

chapter 08

과제중심모델과 위기개입모델

1. 과제중심모델의 개입기술

1) 과제중심모델의 주요 개념

(1) 기본 개념 및 이론적 배경

과제중심모델 실천은 클라이언트의 과제에 초점을 맞추고, 클라이언트와 사회복지사 양측의 상호책임을 강조하며, 경험기반 실천이라는 특징을 가지고 사회복지실천에 기여하였다(성정현 외, 2022).

과제중심모델이 시작된 것은 1970년대 단기치료 운동에서부터였다. 정신건강 분야의 전문가 부족으로 치료를 필요로 하는 클라이언트들의 대기시간이 길어지면서 적절한 시기에 서비스를 받지 못하는 사례가 많았고, 장기치료가 이루어진다 해도 투입한 시간과 비용에 비해 그 결과가 만족스럽지 않아 단기치료의 필요성이 대두되었다(김경호, 2005). 그러던 중 단기치료가 장기치료만큼 효과적이라는 연구결과들이 속속 발표되면서 관심을 받게 되었다. 단기치료는 현재의 갈등에 초점을 두고 신속하게 개입하고, 시간제한적이며 문제를 초기에 규명하는 데 중점을 둔다. 즉, 클라이언트가 인정한 문제에 초점을 두고 목표의 구체성과 초점화, 직접적인 면접방식 및 초기의 빠른 사정 등의 특성을 가지고 있다. Reid와 Tolson을 비롯한 많은 학자들은 과제중심모델을 적용한 결과 클라이언트에게 긍정적인 변화가 있었다고 보고했다(Reid, 1992; Tolsen et al., 2003). 이러한 단기치료의 필요성과 효과성에서부터 출현한 것이 과제중심모델이다.

사회복지실천에서의 과제중심모델(Task Centered Model)은 단기치료가 요구되는 분위기 속에서 진행된 미국의 시카고 대학교의 한 프로젝트의 결과로 제시된 실천모델이다. 이 프로젝트의 목표는 ① 전문가가 효율적으로 학습할 수 있는 원조기술을 개발하고, ② 직접적 실천의 효과성을 높이며, ③ 실천을 평가하는 능력을 향상시킬 수 있는 실천모델을 개발하는 것이었다(Epstein & Brown, 2002; 김혜란 외, 2008). 즉 과제중심모델은 사회복지사가 효율적으로 학습할 수 있으며 직접적 실천의 효과성과 효율성을 높이기 위해 개발되었다(김혜란 외, 2008)고 볼 수 있다. 프로젝트 결과 다양한 사회복지기관에서 다루어지는 대인 간의 문제, 개인 내적인 문제, 개인과 환경 간의 문제에 대한 효과적인 절충적 실천기법으로서 과제중심모델이 제시되었다(김혜란 외, 2008). 절충적 모델이란 어느 하나의 이론에 기반을 두고 도출된 실천모델이 아니라 실천 목표를 달성하기 위하여 필요한 여러 기초이론들을 통합하여 활용할 수 있는 모델을 구성한 것이다. 과제중심모델의 이론적 배경은 강화와 모델링 등 학습이론 관련 행동주의기법, 인지이론과 방법, 의사소통이론 등의 행동과학이며, 과제 수행을 돕기 위한 다양한 행동요법, 임상에서의 실천 경험이 통합된 모델이다(성정현 외, 2020). 구체적인 개입방법은 다양한 이론 중 문제해결에 도움이 되는 이론들을 필요에 맞게 선택하여 활용한다.

과제중심모델은 정신적인 문제로 심리치료를 필요로 하는 클라이언트보다는 체계 내 적응상 어려움이나 자원 부족 등과 관련된 문제를 다루는 데 더 효과적인 것으로 평가된다. 이 모델은 클라이언트의 과제 수행을 통한 문제해결력 향상에 적합한 것으로, 자신의 문제에 대한 인식, 의지, 과제 수행능력이 어느 정도 있는 클라이언트에게 보다 적용이 수월하고 효과적일 것이다.

(2) 과제중심모델의 특징

과제중심모델은 시간제한적, 문제지향적, 과제중심적이며, 경험적 연구결과들에 근거한 실천모델이라는 특징을 가지고 있다. 클라이언트와의 협력적 관계, 클라이언트의 자기결정권이 존중된 문제규명과 개입 내용을 담은 계약을 중요시한다(김경호, 2005; 신원우, 2001).

가. 구조화된 시간제한적 개입

과제중심모델은 다른 모델에 비해 비교적 짧은 기간 동안 개입하는 것이 특징이다. 일반적으로 주 1~2회를 기준으로 6~12회기(보통 4개월 이내) 정도의 개입 시간과 기간을 구조화한다(신원우, 2001). 이 기간은 많은 연구들에서 대부분의 클라이언트들이 8회 이내에 상당한 개입의 효과를 보인다는 보고에 근거를 두고 있다(김경호, 2005).

과제중심모델은 다른 모델보다 구조화되어 있는데, 총 5단계로 구성되어 있으며 각 단계에서 사회복지사와 클라이언트가 다루어야 하는 구체적인 내용들을 제시하고 있다.

나. 자기결정권에 기반을 둔 계약

과제중심모델은 클라이언트 중심 서비스, 클라이언트 참여를 통한 과제 중심의 개입방법이다. 따라서 과제중심모델에서 표적문제를 규명할 때 클라이언트의 자기결정권(self-determination)은 매우 중요하다. 과제중심모델에서의 문제는 초기면접 시 클라이언트와 사회복지사 간의 동의로 규정된다. 문제의 유형은 대인관계의 갈등, 조직체에서의 문제, 역할 수행상의 문제, 이사나 이혼 등 변화에 따른 문제, 자원 부족의 문제 등이다. 만약 클라이언트가 호소하는 문제가 여러 가지인 경우 사회복지사는 클라이언트의 견해를 우선적으로 반영하여 클라이언트가 가장 중요시하는 문제를 제1순위 문제로 선정한다.

다. 협력관계

과제중심모델은 사회복지사는 문제해결이라는 결과를 위해 문제를 확인하고 목표를 정하며 행동계획을 개발하고 평가하는 작업을 클라이언트와의 협력관계 속에서 수행한다(Hepworth et al., 2002; 성정현 외, 2022에서 재인용). 과제중심모델 실천의 문제 규정에서부터 과제수행의 전체 과정이 클라이언트의 적극적 참여 속에서 이루어질 때 클라이언트의 문제해결능력이 강화되는 효과를 거두게 된다.

라. 과제

과제는 클라이언트의 문제를 해결하고 개입의 목표를 달성하는 수단이다. 따라서 사회복지사는 클라이언트가 스스로 과제를 정하고 직접 과제를 달성하도록 돕는 것이 중요하다. 과제는 문제보다는 범위가 좁아야 하며, 눈으로 확인할 수 있어야 하고 구체화된 행동일수록 달성 가능성이 높아진다.

클라이언트와 함께 과제를 설정할 때 다음과 같은 점을 유의해야 한다(김경호, 2005).

① 클라이언트 스스로 문제해결을 위해 노력할 자세가 되었는지를 확인한다.
② 클라이언트의 제반 능력을 고려했을 때 설정된 과제가 실행 가능한 것인지, 적절한지 검토해야 한다.
③ 과제가 클라이언트에게 바람직한 결과를 초래할 수 있는 것인지 확인한다.

2) 과제중심모델의 개입과정

과제중심모델의 실천은 총 다섯 단계로 구성된다(김혜란 외, 2008).: 시작하기, 표적문제의 규명하기, 계약하기, 실행하기, 종결하기.

(1) 시작하기

시작하기(starting up) 단계는 사회복지사와 클라이언트가 만나는 단계로 일반적인 사회복지실천의 인테이크(intake) 단계에 해당된다. 사회복지사가 클라이언트와 만나는 경우는 크게 두 가지가 있다. 하나는 클라이언트가 스스로 사회복지사를 찾아오는 경우이고 다른 하나는 다른 기관에서 의뢰된 경우이다.

클라이언트가 스스로 사회복지사를 찾아온 경우는 문제해결에 대한 동기가 있는 경우로, 바로 그 다음 단계인 문제규명의 단계로 넘어간다(김혜란 외, 2008). 클라이언트가 다른 기관에서 의뢰되었을 때에는 의뢰기관이 클라이언트를 의뢰하는 이유가 무엇인지를 확인해야 하며, 의뢰기관의 목표와 클라이언트가 생각하는 문제 및 목표가 일치하는지를 탐색해야 한다. 만약 의뢰 기관의 목표와 클라이언트의 문제 및 목표가 불일치한다면 사회복지사는 이에 대해 협상하고 조정해야 한다(김혜란 외, 2008). 어떤 경우이든 시작하기 단계에서 제일 중요한 것은 사회복지사와 클라이언트와의 관계형성인데, 비자발적인 클라이언트 또는 의뢰된 클라이언트의 경우에 관계형성은 무엇보다 중요하다. 사회복지사는 관계형성을 위해서 진실성과 존중, 공감으로 다가가야 한다.

(2) 문제규명하기

문제규명(problem identification)단계에서 클라이언트가 중시하는 문제에서부터 출발하여 개입의 초점이 되는 표적문제(target problem)를 설정한다. 표적문제란 클라이언트가 자신의 문제로 인식하고 이를 경감시키거나 해결하기를 원하며 사회복지사도 전문적 판단에 의해 인정한 문제를 말한다(Epstein & Brown, 2002; 김혜란 외, 2008). 표적문제를 설정하는 과정에서 사회복지사는 클라이언트의 의견을 최대한 반영하고 협의하여 결정해야 한다. 표적문제는 구체적이며 달성 가능한 것이어야 한다. 문제선정을 위해 사회복지사는 초기 면접 1~2회기에 문제에 대한 정보를 확보해야 한다. 이 과정에서 문제를 명확한 행동 용어로 정의하고 우선순위를 매긴 후 클라이언트의 견해를 우선적으로 반영하여 클라이언트의 동의하에 세 개 이내로 표적문제를 선정한다. 표적문제가 그 이상이 되면 단기 개입기간 내 해결이 어렵기 때문이다. 표적문제를 설정한 다음 클라이언트와의 계약을 위한 초기 예비사정을 한다.

(3) 계약하기

계약하기(contracting)는 사회복지사와 클라이언트의 협의하에 상호동의로서 이루어진다. 계약에 포함되는 내용으로는 표적문제(세 개 이내), 사회복지사가 인정한 클라이언트의 구체적 목표, 클라이언트의 과제, 사회복지사의 과제, 개입기간과 일정, 면접일정, 포함시켜야 하는 참여자 등이 있다(Epstein & Brown, 2002).

표적문제와 목표는 클라이언트의 입장에서 주어와 서술어의 형식으로 구체적으로 서술한다. 예를 들면 표적문제를 '소극적인 학습태도'라고 기술하기보다는 '수업시간에 발표하는 것을 두려워한다'로 기술하는 것이 바람직하다. 또한 목표도 구체적으로 설정하여야 한다. 이를테면 '경제적 문제를 해결하기'로 기술하기보다는 '국민기초생활보호대상자로 선정되도록 하기'와 같이 성취 여부를 평가할 수 있도록 과제를 설정하는 것이다(허남순, 1998; 성정현 외, 2022에서 재인용).

과제란 목표를 달성하기 위해 클라이언트와 사회복지사가 해야 하는 구체적 활동이다. 사회복지사와 클라이언트는 과제를 함께 계획하고 동의한 후 수행한다. 과제는 클라이언트에게만 주어지는 것이 아니라 사회복지사에게도 주어지며 사회복지사의 과제도 계약에 명시한다. 사회복지사의 과제란 클라이언트의 과제 수행을 지원하기 위한 활동, 클라이언트를 둘러싼 환경 내 조직과 구성원과의 협의 및 협상하는 활동 등이 포함된다.

(4) 실행하기

실행(implementation)단계는 개입과정 중 가장 많은 시간과 노력을 투입하는 단계이다. 실행단계에서는 다음과 같은 활동들이 이루어진다(Epstein & Brown, 2002; 김혜란 외, 2008).

① 표적문제를 규정하고 구체화한다. 문제를 다시 진술하고 명명하며, 표적

문제 및 목표와 관련하여 아래의 사항들에 대해 집중적으로 사정한다.

- 표적문제의 빈도, 장소, 선행사건들, 결과들
- 사회적 맥락(문제를 촉발하고 유지하는 사회적 조건들: 경제적 지위, 가족, 문화배경, 주거상태 등)

② 대안을 창출한다.: 가능한 범위 내에서 다양한 문제해결이 가능할 수 있는 행동들을 찾아내고 규명한다.

③ 다른 사람들, 기관들과 지지적이고 협력적인 행동들에 대해 협의한다.

④ 실행(전략 수행)한다.

- 과제들을 개발한다.
- 과제수행을 지원한다.: 자원 획득, 장애물(사회환경 및 심리적, 인지적 측면) 발견 및 개선, 지시, 지도, 모의훈련, 역할연습, 옹호
- 과제 수행에 진전이 없거나, 새로운 문제가 발생했거나, 수행과정이 비효과적일 경우 계약을 수정 또는 변경한다.

(5) 종결하기

과제중심모델에서는 사회복지사와 클라이언트가 개입 일정에 대해 동의하여 계약하였으므로 양자 모두 인지한 상태에서 종결(termination)단계를 맞는다(김혜란 외, 2008). 그래도 사회복지사는 클라이언트에게 종결 날짜가 다가오고 있음을 알려주어 종결에 대한 심리적 대비를 할 수 있도록 한다(김경호, 2005). 종결단계에서 사회복지사는 개입과정을 통해 성취한 것에 대해 점검하고 필요시 개입을 연장하거나 사후 지도를 할 수 있으며, 클라이언트 입장에서도 문제해결이 완수되지 못했다고 여기고 문제해결 의지를 유지한 채 개입기간을 연장하기를 원할 때는 협의를 통해 기간을 연장하거나 계약을 다시 체결할

수 있다. 또한 공식적인 기관의 요구가 있는 경우 사후 모니터링이 이루어질 수 있다.

종결단계에서 사회복지사는 클라이언트에게 개입에 대한 피드백을 요청하고 사회복지사도 자신의 활동에 대해 평가할 필요가 있다. 예를 들어 개입 초기에는 문제의 표적화, 표적문제의 탐색, 문제의 구체화, 자원 확보 등과 같은 자신의 활동에 대한 평가를 할 수 있으며, 개입이 진행되는 과정에서 과제 형성, 과제에 대한 모의훈련, 과제 요약 등의 활동을 평가할 수 있고, 종결기에는 변화에 대한 사정, 계속해야 할 일에 대한 계획, 종결감정에 대한 토의 등 활동에 대한 평가를 할 수 있다. 이 평가는 사회복지사 자신의 활동에 대한 자기 점검일 뿐 아니라 슈퍼비전을 위한 자료로도 활용이 가능하다.

종결단계에서 사회복지사는 클라이언트가 종결 이후 스스로 사회복지사의 도움 없이도 수행할 수 있는 다른 과제를 계획하고 실행할 수 있는 자신감과 능력이 향상되었는지 확인하고 필요시 연장하거나 사후서비스(follow-up service)를 도와야 한다(김경호, 2005).

3) 과제중심모델의 개입기법

과제중심모델에서는 클라이언트가 표적문제를 해결하기 위하여 과제를 계획하고 수행하는 것이 주된 내용이다. 이 과정에서 사회복지사는 클라이언트가 문제해결에 적극적인 자세로 참여할 수 있도록 자극과 격려를 통하여 동기화시켜 준다. 사회복지사의 도움을 받아 과제를 선정하고 수행하여 성공적인 문제해결 경험을 체득한 클라이언트는 향후 이와 비슷한 문제에 직면하였을 때 자신의 경험을 통해 얻은 문제해결능력을 바탕으로 새로운 문제를 스스로 해결할 수 있게 하는 것이 이 모델의 궁극적인 목적이 될 것이다.

과제중심모델에서 사회복지사들이 목적을 달성하기 위하여 사용하는 개입 기법으로는 클라이언트의 인식 증진을 위한 기술, 탐색 및 구조화, 성공적 수행을 위한 지시적 · 비지시적 개입 등이 있다(김경호, 2005).

첫째, 클라이언트 인식 증진을 위한 기술로 명확화, 해석, 직면 등의 기술을 사용할 수 있다. 클라이언트는 지금 자신이 당면한 문제에 지나치게 압도되어 있을 수 있다. 그런 클라이언트에게 사회복지사는 적절한 질문을 통하여 자신의 상황과 문제에 대한 명확한 인식을 하도록 돕고, 자신의 행동의 이면에 숨겨진 의미를 인식하도록 하는 해석 기술, 그리고 생각과 행동 간의 모순된 부분을 지적하는 등의 직면 기술을 사용하여 클라이언트가 자신의 문제에 대한 인식을 증진시키도록 돕는다.

둘째, 탐색과 구조화 기술을 활용할 수 있다. 클라이언트가 진술한 문제에서부터 클라이언트의 당면 문제들을 찾아내 문제를 명확히 한 후(탐색), 문제해결을 도울 수 있는 과제를 구체화하며, 구체적 과제와 개입기간, 횟수 등을 체계적으로 조직하는 구조화 기술을 활용한다.

셋째, 클라이언트가 성공적으로 과제를 수행할 수 있도록 지시적 또는 비지시적 기법을 사용한다. 지시적 기법으로는 클라이언트의 과제수행을 촉진시킬 수 있는 조언과 충고 등이 있으며, 비지시적 기법으로는 클라이언트 과제 수행과정과 결과에 대한 격려 등 긍정적 반응의 적극적 사용 등이 있다.

2. 위기개입모델의 개입기술

1) 위기개입모델의 주요 개념

(1) 기본 개념 및 이론적 배경

여러 학자들에 따르면 위기는 평소 개인의 대처가 실패하여 심각한 어려움을 경험하는 것(Caplan, 1961), 개인의 평소 대처기제로 해결할 수 없는 위험한 사건이나 상황의 결과로 심리적 불균형을 초래하는 것(Roberts, 2005), 개인의 자원이나 대처기제를 넘어서서 견딜 수 없다고 인식되는 사건이나 상황(James & Gilliland, 2002) 등으로 정의되었다. 종합적으로, 위기는 개인의 안정과 대처 능력을 위협하는 스트레스 사건에 대한 반응으로 볼 수 있으며, 위기의 특성은 다음과 같다(육성필 외, 2019).

- 사건에 대해서 위협적으로 인식한다.
- 사건의 영향을 줄이거나 바꿀 수 없다고 인식한다.
- 평소 개인의 대처방법이 작동하지 않는다.
- 긴장, 혼란감, 화, 불안이 증가한다.
- 다양한 인지 · 정서 · 신체적 불편감이 증가한다.
- 드물게 발생한다.
- 시간제한적이다.
- 어떤 위기는 발달단계에서 나타나는 정상적인 과정이다.
- 위기는 긍정적인 성장과 변화를 일으킬 수 있다.

위기가 발생했을 때 어떤 사람들은 스트레스를 겪음에도 평상시와 큰 차이 없이 일상생활을 수행하지만 또 다른 사람들은 일상생활 적응에 큰 어려움을 겪거나 이전의 사회적 기능과 비교하여 상당히 달라진 모습을 보여주기도 한다.

위기개입은 본래 극심한 스트레스를 경험하는 개인이나 집단에 제공되는 일시적이고 적극적이며 지지적인 개입으로 시작되이 발전되었다. 위기개입은 1870~1871년 프로이센-프랑스 전쟁 당시 프랑스 군대에서 처음으로 적용되었는데(Mitchell, 2007) 최전방에서 심리적으로 힘들어하는 군인들을 다른 곳으로 배치하는 간단한 과정을 실시하면서, 이러한 것들이 그들의 회복에 효과가 있음을 확인하고 극도의 스트레스를 경험하는 군인들을 위한 심리적 처치를 고민한 것에서 시작되었다. 실제로 군인들에게 전쟁의 자극을 줄이기 위해 영양가 있는 식사와 휴식을 제공하고 의료진과 이야기하도록 한 결과, 힘들어하는 군인들이 진정되고 기능 회복에 도움이 되는 것을 확인하면서 개입의 효과성이 입증되었다. 스위스와 미국에서도 대형 사건과 전쟁 상황에서 피해자와 군인에 대한 심리적 지지 제공의 효과가 확인되었고, 이후 위기개입은 제2차 세계대전 동안 '심리적 응급처치', '정서적 응급처치', '초기 심리적 개입'의 이름으로 알려지게 되었다(육성필 외, 2019).

(2) 위기개입모델의 특성

위기개입은 종종 심리치료나 심리상담과 혼동되어 사용되는데, 그 목적과 과정에서 많은 차이를 갖는다. 위기개입은 신속한 위기평가와 분류를 바탕으로 즉각적인 외상적 요소에 초점을 두며, 위기증상을 경감하는 즉각적 욕구에 초점을 둔 개별화된 문제에 대한 구체적 처방을 내리는 것을 개입의 계획으로 삼는다(James & Gilliland, 2002). 이러한 위기개입의 주요한 특성은 군 정신의학에서 적용된 P-I-E 원칙을 통해 잘 드러나며, PIE를 위기개입의 핵심원칙이라고 볼 수 있다(육성필 외, 2019).

- P 근접성(proximity): 가장 효과적인 위기개입은 작전지역 또는 외상을 경험한 곳 또는 개인이 편하게 느끼는 곳에서 일어난다. 즉, 위기개입에서는 방문(outreach)이 필요하다.
- I 즉시성(immediacy): 위기반응에 대해서 빠른 개입이 필요하다. 개입이 지연되면 더 많은 고통과 문제를 야기한다.
- E 기대(Expectancy): 위기개입자는 위기에 처한 사람의 반응을 병리적으로 보지 않고 개인이 경험하는 어려움을 위기에 따른 자연스러운 반응으로 이해하며, 합리적이고 긍정적인 결과가 있을 것이라는 기대를 설정해야 한다.

이후 단순성, 간결성, 혁신성, 창의성의 원칙이 추가되었는데 이를 간략하게 살펴보면 다음과 같다(육성필 외, 2019).

- 단순성(simplicity): 사람들은 위기를 경험하는 동안 복잡한 문제가 아닌 단순한 문제에 반응한다. 이에 대응하기 위해서 위기개입은 단순해야 한다.
- 간결성(brevity): 위기개입은 최대 1시간 이내의 몇 분간의 짧은 접촉으로 이루어진다. 위기개입은 일반적으로 3~5회면 끝이 난다. 위기개입은 간결해야 한다.
- 혁신성(innovation): 위기개입 제공자는 특별하고 정서적으로 고통스런 상황을 다루기 위해 창의적이어야 한다. 새로운 해결책을 생각하는 것이 필

수적이다.

- 실용성(pragmatism): 위기를 해결하는 일을 한다면 그 제안은 실행 가능하고 실용적인 것이어야 한다.

이밖에 Everly와 Mitchell(2008)은 위기개입이 잘 작동하기 위한 핵심 요인으로서 초기개입, 심리사회적 지지의 세공, 표현의 기회를 제공하는 것, 인지적인 개입의 4가지를 들었다(육성필 외, 2019). 첫째, 초기개입은 가능한 즉각적으로 개입하는 것으로 초기개입의 중요성과 효과성은 기존 연구들을 통해 지속적으로 확인되었다. 둘째, 심리사회적 지지는 위기상황에서 개인이 느끼는 욕구에 기초하여 욕구충족을 위한 정서적 및 물질적 지원을 제공하는 것을 포함한다. 위기상황에서 인간은 외롭고 고통스러우며 버려졌다는 느낌을 받기 때문에 존중, 경청, 신뢰, 문제해결을 위한 지원 등 심리사회적 지지의 중요성은 아무리 강조해도 지나치지 않다. 셋째, 표현의 기회를 제공하는 것의 중요성은 외상에서의 회복이 정서뿐 아니라 위기를 인지적으로 처리하여 표현하는 것에 달려 있다는 관련 연구결과들에 근거를 둔다. 그러나 다른 한편에서는 무조건 표현하게 하는 것이 오히려 고통과 후유증을 증가시킬 수 있다는 우려도 계속되었다. 따라서 본인이 원하지 않는 경우 표현을 강요해서는 안되며, 개입과정에서 표현을 위해 깊이 파헤치거나 심리치료적으로 해석하는 것 등은 반드시 피해야 한다. 표현으로 인한 부정적 결과의 위험을 줄이기 위해서는 적절한 평가와 분류를 통해 개인의 상황에 대한 맞는 적절한 서비스를 제공하는 것이 필요하다. 넷째, 인지적인 개입은 위기에 처한 개인이 더 건설적인 방식으로 사건과 자신의 반응을 이해하도록 돕는 인지적인 재구조화와 함께 정보제공과 스트레스 관리 기법의 교육을 포함한다.

위기개입의 핵심원칙에 따라 위기개입을 실시하는 사회복지사들은 전문적인 상담자가 아닌 심리적 응급처치자(psychological first aid)로서의 역할을 수행하게 된다(육성필 외, 2019). 위기의 유형과 현장이 매우 다양하고 각각의 상황에서 필요한 위기개입서비스의 내용도 각기 다를 수 있다. 그러나 항상 위기개입에서 우선시되어야 하는 것은 위기에 처한 사람이나 조직의 욕구와 위험성을 최우선으로 평가하여 위기에 처한 사람들의 일차적 욕구를 충족하고 물리적 안전을 확보하는 것임을 기억해야 한다. 일단 위기상황이 안정된 후에, 추가적이거나 전문적인 서비스가 필요하다고 판단되면 일반적으로 말하는 상담이나 치료적 개입이 이루어져야 하는 것이다.

2) 위기개입모델의 개입과정

위기개입모델의 개입과정을 ① Roberts의 7단계 위기개입모델, ② Gilliland와 James의 6단계 모델, ③ Critical Incident Stress Management(CISM) 중심으로 소개하면 다음과 같다(육성필 외, 2019).

(1) Roberts의 7단계 위기개입모델

Roberts의 7단계 모델(2005)은 Caplan(1964), Golan(1978), Parad(1965), Roberts(2005), Roberts & Dziegielewski(1995)에 의해 개발된 것들을 기반으로 통합한 것으로서, 이 모델의 목표는 극심한 정서적 혼란과 희망이 없는 상황 속에서 고통받는 사람들과 소통하면서 희망을 불어넣고 위기를 극복할 수 있도록 돕는 것이다. 7단계 위기개입모델의 과정은 〈그림 8-1〉과 같으며 각각의 단계는 위기에 처한 사람에게 중첩되어 나타나기 때문에 엄격한 과정이나 절차로 보기보다 가이드로 제시되어야 한다.

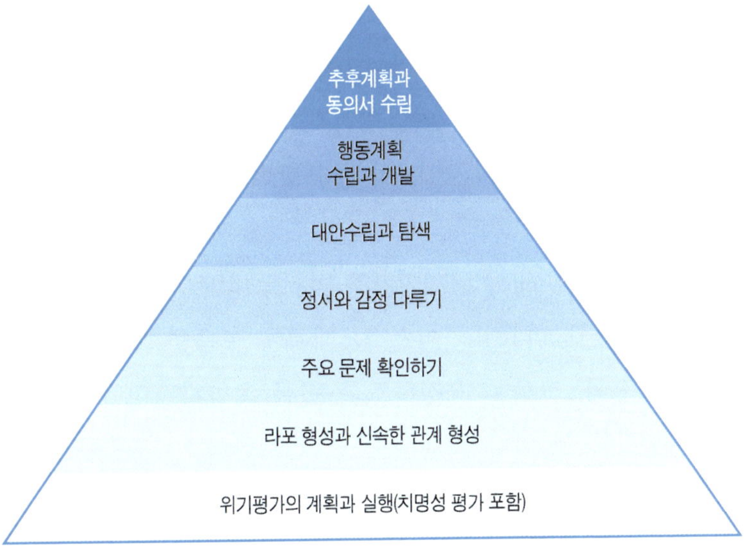

그림 8-1 7단계 위기개입모델 진행과정

① 심리사회적, 치명성 평가를 통한 계획과 실행

즉각적인 위험 및 치명성의 평가는 다음과 같은 요소들을 포함하며, 이러한 내용의 확인이 필요하다.

- 의료적 도움이 필요한가?
- 자살의도가 있는가?
- 자해를 하는가?
- 가정폭력, 성폭력 또는 다른 폭력범죄의 피해자인가? 만약 피해자라면 가해자가 근처에 있거나 곧 돌아올 수 있는가?
- 다른 아이들이 위험한가?
- 알코올이나 약물의 영향인가?

② 심리적 접촉과 신속한 관계형성

이 단계에서의 중요한 과제는 클라이언트에 대한 수용과 진실된 태도를 전달하여 라포를 형성하는 것이다. 위기개입자가 과거 성공 경험이 있다면 자신에 대해 객관적으로 설명하는 것도 하나의 방법이 될 수 있다.

③ 위기를 정의하기 위해서 문제상황의 범위를 검토

"언제 이 일이 일어났나요?", "어떤 일 때문에 도움을 요청하시는 건가요?"와 같은 질문을 통해, 도움을 요청하도록 만든 촉발사건이나 결정적인 계기, 이전의 대처방법, 위험성이나 치명성 등을 검토한다.

④ 느낌과 감정을 탐색하기

느낌과 감정을 탐색하는 것은 모든 단계에서 중요하다. 그러나 위기개입자들은 상황을 평가하고 위기사건을 알아내는 데 급급하여 위기에 처한 사람의 느낌과 감정을 탐색하는 과정을 간과할 수 있다. 따라서 이 단계를 별도로 두어, 위기개입자가 적극적인 경청을 통해 이들의 느낌과 감정을 확인하는 것의 중요성을 강조하고 있다.

⑤ 과거 대처방식을 탐색하고 평가하기

대부분의 사람들은 위기상황 대응을 위한 대처방안을 갖고 있으므로, 현 상황에서 작동하지 않는 위기상황에서의 개인의 대처행동을 확인하고 수정하는 것이 필요하다.

⑥ 행동계획의 실행을 통한 인지기능의 회복

위기해결에 대한 인지적 접근의 기본 전제는 외부 사건을 위기로 전환시키는 것은 개인의 인지적 요소에 기초한다는 것으로, 이를 극복하기 위해서는 인지기능의 숙련이 필요하다고 보는 것이다. 인지기능의 숙련을 통해 위기에 처한 사람이 자신에게 무슨 일이 일어났는가를 이해하고, 이 사건의 특별한 의미를 이해하며, 왜곡과 비합리적 신념을 발견하여 이를 새로운 인지로 재구조화시키도록 도울 수 있다.

⑦ 사후관리

위기에 처한 사람이 다른 문제로 찾아올 경우, 언제든지 도움을 받을 수 있음을 알려야 한다. 위기에 처한 사람은 반복적으로 위기를 경험할 수 있기 때문이다.

(2) Gilliland와 James의 6단계 모델

Gilliland와 James(1989)의 위기개입모델은 6단계로 이루어져 있다. 위기개입의 목표는 클라이언트가 불균형 상태로 만든 촉발사건을 어느 정도 이해하고, 위기로 인한 정서적 문제를 해소하며, 클라이언트와 가족이 지역사회 안에서 이용 가능한 자원을 규명하여 가능한 위기 이전의 수준을 능가하는 기능을 수행하도록 지원하는 데 있다. Gilliland와 James의 6단계 위기개입모델의 진행과정은 크게 경청과 활동의 두 가지 범주로 나뉘며, 그 안에서 문제 정의하기, 클라이언트의 안전 확보, 지지의 제공, 대안 검토, 계획수립, 참여 격려의 단계로 진행된다. 이 단계는 각기 분리되어 기능하는 것은 아니며, 단계의 일부는 순서가 바뀌어 진행될 수도 있고, 유연하게 이어지면서 통합되어 진행될 수도 있다(한인영 외 공역, 2006).

사정하기 위기의 전 과정에 걸쳐 계속적이고 역동적으로 진행	
경청(listening)	**활동(acting)**
• 경청: 감정이입, 진실, 존중, 수용, 비심판, 돌보는 태도로 관심 기울이기, 관찰하기, 이해하기, 반응하기	• 활동: 클라이언트의 사정된 욕구와 환경적 지지의 활용 가능 정도에 따라 비지시적, 협력적, 지시적인 수준에서 개입하기
1. 문제를 정의하라: 클라이언트 입장에서 문제를 검토하고 정의할 것. 적극적 경청과 함께 개방형 질문을 사용하고, 클라이언트의 언어적, 비언어적 메시지 모두에 관심을 가질 것	4. 대안을 검토하라: 클라이언트가 지금 이용할 수 있는 대안을 찾기 위해서 ① 상황에 맞는 지지기제 활용, ② 이전에 성공적이었던 대처기제 활용, ③ 환경자원 활용, ④ 긍정적 사고 촉진의 방법을 활용할 것
2. 클라이언트의 안전을 확보하라: 클라이언트의 신체적·심리적 안전에 대한 위협의 치명성, 중요성 등을 사정할 것. 이때 클라이언트의 내적 사건과 클라이언트를 둘러싸고 있는 상황 모두를 사정할 것	5. 계획을 세우라: 자원을 명확히하고 대처기제를 제공할 수 있는 현실적인 단기계획을 세우도록 도울 것
3. 지지를 제공하라: 위기개입전문가는 위기에 처한 사람이 중요한 사람임을 분명하게 전달하고, 최소한의 변화라도 긍정적으로 강화하며, 외부의 사회적 지지를 찾아 지속적인 도움을 제공할 것	6. 참여를 유도하라: 클라이언트가 현실적으로 받아들일 수 있고 성취 가능한 행동단계를 제시하고 참여하도록 도울 것

그림 8-2 Gilliland와 James의 6단계 위기개입모델 진행과정

(3) Critical Incident Stress Management: CISM

CISM 모델은 위기중재이론을 기초로 하며, 위기상황으로 인해 발생한 스트레스의 유해성을 감소시키고 조절하기 위한 위기중재의 통합적 프로그램이다. CISM은 급성의 위기에 대해 사전 준비부터 위기 후 사후관리까지를 다루는 일련의 개입방법으로서, 1970년대 중반 응급구조요원, 소방관, 경찰들이 경험한

외상성 스트레스에 대한 개입 시도로부터 발전되었다. Mitchell과 Everly(1999)는 재난정신건강서비스와 위기개입에 대한 종합적인 다요인 접근으로서 CISM을 발표하였는데, 이것은 외상사건에 대한 반응을 완화하기 위한 위기개입 기법들이 서로 연결되고 혼합되어 있는 전문화된 패키지로 이해되어야 한다. CISM은 위기사건을 경험한 사람들이 자신의 경험을 공유하고, 감정을 표출하며, 스트레스 반응과 증상에 대해서 학습하고, 필요한 경우 적절한 서비스를 받도록 도와주는 구조화된 위기개입 전략으로서 자발적 참여를 기본으로 하며, 교육뿐 아니라 심리적 응급처치라고 불리는 개입의 요소들을 포함하고 있다. 구체적으로 CISM 모델의 위기개입의 내용은 다음을 포함한다(Myer, 2001; 한재은 외, 2011; 최수미, 2015 재인용).

① 외상사건의 스트레스와 반응 이해, 스트레스 관리 등을 포함한 외상사건 전 준비교육

② 개인 위기상담으로서 외상사건 피해자들의 생활공간에서 위기 상담서비스 제공

③ 회복을 위해 음식, 휴식, 스트레스 반응에 대한 적응기법 등을 제공하고, 이차적으로 영향을 받은 사람에게도 사건에 대한 정보와 외상 후 심리적 반응, 정신건강서비스 기관의 이용방법 등에 대해 알려주는 것

④ 위기관리 브리핑(crisis management briefing)
- 목적은 정보제공 및 대처자원 제공, 의지 및 응집력 향상임

⑤ 진정시키기(defusing)
- 위기사건을 경험한 동질집단이 위기사건에 대해 간단히 이야기하는 것. 외상사건 피해자들의 반응을 탐색하고 논의하며 가능한 빨리 스트레스 반응과 스트레스 관리 정보를 제공하여 정상적 회복과정 가속화

를 목적으로 함. 또한 추가적인 서비스나 지속적 도움이 필요한 사람이 누구인지 결정할 수 있도록 평가하는 것임

⑥ 가족지원서비스 제공

⑦ 추가적인 추적검사 혹은 전문적인 치료가 필요할 경우 정신건강전문가에게 의뢰하는 것(follow-up & referral)을 포함

CISM을 구성하는 개입전략은 〈표 8-1〉과 같이 6개의 핵심요소로 구성된다.

표 8-1 CISM 개입전략의 구성요소

구성요소	주요 내용
사건 전 전략적으로 계획하기/준비하기	• 일반인 대상 지역사회 정신건강 계획, 초기대응인력을 위한 위기개입 계획, 연락망 구축, 지역사회 정신건강 네트워크 구축 등이 모두 준비단계에 속하는 내용임 • 특히 초기대응인력에게 심리적으로 어려움을 초래할 수 있는 상황에 대해 미리 준비시켜, 심리적 강인함을 증진시키는 것이 중요함
관찰, 평가, 분류	• 위기에 처한 사람을 면밀하게 관찰하고 분류하는 것은 제한된 자원 안에서 효과적인 도움 제공을 위해 필요함
심리적 응급처치 등의 개인 위기개입	• 위기에 처한 사람에게 일대일로 개입하는 등 구체적인 전략을 훈련하는 것 등이 포함됨 • SAFER-R 모델은 위기개입 프로토콜의 예시임
정보제공 집단 위기개입	• 외상사건을 경험한 대규모 집단을 대상으로 RITS(Rest Information Transition Services)나 위기관리 브리핑과 같은 전략적 개입을 사용할 수 있음 • RITS는 응급요원, 구조요원, 소방관, 경찰관 등에게 적용한 사건기반 위기개입을 대표하며, 대개 외상사건 노출 직후 교대 시점에 적용하여 임시적인 심리적 감압의 기회를 제공하는 것임. RITS를 실시할 때는 외상사건에 대한 대화를 해서는 안 되며, 물리적인 휴식 기회를 제공하고 스트레스 관리 정보, 재난과 같은 대규모 외상 사건 여파에서 초기대응인력이 취할 수 있는 회복 가이드를 제공하는 것임

상호작용 집단 위기개입	• 비슷한 특성을 가진 소규모 집단에게 실시하며, 급성의 고통을 경감하고, 추가적인 지원이 필요한 사람을 확인하기 위한 목적으로 시행됨 • 진정시키기(defusing)와 Critical Incident Stress Debriefing(CISD) 개입을 실시함. CISM의 일부인 CISD는 같은 위기사건을 비슷한 수준으로 경험한 소규모 동질집단에게 적용하는 상호작용 집단지지개입을 의미함
개인, 집단, 조직, 지역사회의 탄력성 키우기	• 개인, 집단, 지역사회와 조직의 탄력성을 키우기 위한 훈련을 실시하고 그런 문화를 형성하는 것을 의미함

출처: 육성필 외 (2019). pp.70~72의 내용을 요약하여 표로 제시함.

3) 위기개입모델의 개입기법

위기개입모델의 개입기법으로서 앞서 살펴본 CISM 중에서 특히 개인 위기개입에서 많이 사용되며, 국내외 재난과 위기현장에서 폭넓게 사용되는 SAFER-R 모델을 중심으로 설명하고자 한다(육성필 외, 2019). 이 모델은 심리적 응급처치에 기반을 두고 만들어진 구조화된 기법으로서 재난상황, 추모식 같은 위기반응을 유발할 수 있는 장면이나 시기 동안 현장에서 사용되어왔다. 구체적인 단계별 내용과 기법은 다음과 같다.

SAFER-R 모델

• S(Stabilize the situation 상황 안정화하기)
  - 기본 욕구를 충족하고 급성 스트레스를 완화하기

• A(Acknowledge the crisis 위기 인정하기)
  - 위기에 처한 사람이 자신의 이야기를 할 수 있도록 허용하고 적극적 경청기술을 적절하게 사용하기

• F(Facilitating Understanding 이해 촉진하기)
– 힘겨운 감정을 쏟아낼 수 있도록 격려하고 위기반응을 정상화하기

• E(Encourage Adaptive Coping 적응적 대처기술을 장려하기)
– 대처전략을 가르치고 지침을 제공하며 개인의 회복탄력성을 다시 알려주기

• R(Restoration of Adaptive, Independent Functioning of Referral 독립적 기능 회복시키기 혹은 의뢰하기)
– 전문적인 의뢰를 제공하기 위한 자원을 확보하고, 지속적인 관리(혹은 치료, 돌봄)가 가능하도록 도모하며 희망을 심어주기

① 상황 안정화하기(S: Stabilize the situation)

위기개입 사회복지사는 침착한 태도를 갖고 자기소개를 시작으로 해서 본인 역할과 앞으로 위기를 경험한 사람에게 제공 가능한 것에 대해 설명한다. 위기개입 사회복지사는 위기를 초래하고 지속하는 자극적 스트레스 요인으로부터 위기에 처한 사람을 분리시키고 이들이 원하는 것, 혹은 현재 결핍된 기본적인 욕구(음식, 식수, 쉼터, 옷 등)들을 충족시켜 주어야 한다. 이 단계에서 사용 가능한 질문의 예시는 다음과 같다.

• 많이 힘들어 보이시네요. 제가 도와드릴까요?
• 제가 제공해 드릴 수 있는 것 중에 지금 필요한 것이 있으신가요?
• 힘든 시간을 보내고 계신 것 같네요. 제가 어떤 지원을 해드리면 좋을까요?

② 위기 인정하기(A: Acknowledge the crisis)

이 단계에서 위기개입 사회복지사는 위기를 경험한 사람이 위기를 인식하고 표현할 수 있도록 의사소통 기술을 적절하게 활용하게 된다. 이때 함께 나눌

수 있는 이야기는 위기사건 그 자체와 위기사건에 대한 개인적 반응의 두 가지로 구분될 수 있다. 그런데 한 가지 유의할 점은 위기에 처한 사람에게 그 상황을 구체적으로 묘사해 달라고 구체적으로 질문해서는 안 된다는 것인데, 그렇게 할 경우 피해자의 재외상(retraumatization) 경험과 고통의 증가가 우려되기 때문이다. 또한 위기에 처한 사람이 원하지 않는 경우에는 표현을 강요해서는 안 되며, 무엇보다 안정화가 중요하다는 것을 기억해야 한다. 위기개입 사회복지사는 다음과 같은 간단한 질문을 제시할 수 있다.

- 지금 어떠신가요?
- 불편한 점이 있나요?
- 이 사건으로 인해 생긴 반응이 있나요?
- 경험하고 있는 것을 이야기해 주시겠어요?

③ 이해 촉진하기(F: Facilitating Understanding)

앞 단계에서 위기에 처한 사람들이 자신의 정서를 표현할 수 있도록 격려했다면 이 단계에서는 인지적으로 인식하도록 돕고 가능한 경우 안정을 취할 수 있는 자원을 제공해야 한다. 위기에 처한 사람들이 궁금해 할 수 있는 내용을 전달하고, '정상화'에 대한 의미와 방법 등을 전달하는 것이 필요하다. 위기개입 사회복지사는 피해자가 겪는 여러 힘든 반응들이 위기상황에서 나타나는 정상적인 반응이라는 것을 알리되, 반응이 매우 비정상적이거나 문제가 있다고 보이는 경우에는 적절한 설명과 함께 우려를 표명하면서, 향후 의료적인 지원을 받을 수 있도록 도와야 한다.

정말 끔찍한 고통에 대해서 위로의 말씀을 전합니다. 그러나 말씀해 주신 상황을 고려해볼 때 그런 반응은 비정상적인 것이 아니라는 것을 아시면 좋겠습니다. 당신께서 말씀해주신 것들은 대부분 예상되는 것이었지만 어떤 것들은 좀 더 면밀하게 살펴봐야 하는 것들이 있습니다. 제 생각에는 당신이 어떤 행동을 취하는 게 좋을지, 어떤 것이 가장 도움이 될지 서로 이야기를 나누면 좋겠습니다.

④ 적응적 대처기술을 장려하기(E: Encourage Adaptive Coping)

위기개입 사회복지사는 위기에 처한 사람이 자신과 타인에게 손상을 줄 수 있는 행동을 지연시키고, 사건에 대한 심각한 영향이 왜 나타나는지를 설명하면서, 현재의 사건을 이해하고 미래에 대한 지향을 갖도록 격려해야 한다. 또한 위기에 처한 사람이 이후 실행해볼 수 있는 계획을 수립하고, 필요한 경우 지속적으로 연결되고 도움을 제공받을 수 있도록 자원과 연결해 나가야 한다. 이를 위해 위기개입 사회복지사는 위기에 처한 사람에게 지금 가장 필요한 것이 무엇인지를 물어보고, 도움이 될만한 자료를 제공하며, 희망을 보여주어야 한다. 단, 지킬 수 없는 약속은 하지 않아야 한다.

⑤ 독립적 기능 회복시키기 혹은 의뢰하기(R: Restoration of Adaptive, Independent Functioning of Referral)

이 단계의 초점은 위기에 처한 사람의 적응력을 높이도록 지원하는 것이다. 위기개입 사회복지사는 지속적인 위기개입이 가능하도록 여러 가지를 지원하고 계속 연락을 취하면서 살펴보는 것이 필요하다. 지속적인 연계 자원으로서 가족, 친구, 경제적 자원, 종교지도자, 공공자원, 의료기관, 법률기관 등을 고려할 수 있으며, 필요하면 계속 추수지도를 해나가야 한다. 이때 할 수 있는 말의 예시는 다음과 같으며, 좌절이나 절망감을 내비치는 의미로 대화를 끝맺지 않도록 유의해야 한다.

> 당신의 경험을 통해 당신을 이해할 수 있도록 해주셔서 다시 한 번 감사드립니다. 앞으로 어떻게 해야 할지 걱정이 있으신 것 같습니다. 지금까지 들어본 결과, 계속 도움을 받는 것이 필요하다고 생각되는데요.

연습문제

1. 아래 사례에 대하여 과업중심모델을 활용하여 각 단계별 활동계획을 작성해 보시오.

마가렛(38)은 히스패닉계 주부로, 지역사회 내의 정신건강센터인 '새로운 시작'에 서비스를 요청하였다. 마가렛은 자신이 가정 일과 자신의 직업을 효율적으로 잘 다루었던 워킹맘이었으나, 약 일 년 전 평소 체육관에서 알고 지내던 남자에게 성폭행을 당했다고 사회복지사에게 말했다. 그녀는 두 달 전부터 '새로운 시작' 센터 내의 성폭행 피해 성인여성 대상 지지집단에 참여하고 있으며, 개별 상담도 받고 있다. 마가렛은 지지집단 참여를 통해 자신의 분노와 수치심을 다른 피해자들 앞에서 얘기했고 성폭행에 대한 자신의 반응이 지극히 정상이라는 것을 인정받았으며 성폭행에 대한 죄책감도 전보다 덜 느끼게 되었다. 마가렛은 더디지만 점차 호전되고 있는 것처럼 보인다.

마가렛은 성폭행에 따른 우울증과 불안에 대한 걱정을 이야기하기 위해 사회복지사와 매주 한 시간씩 상담을 한다. 사회복지사는 처음 두 번의 상담을 통해 마가렛이 겪은 성폭행 이후의 공포와 불안, 강한 감정의 폭발에 대한 정보를 수집했다. 또한 정서적으로 혼란한 상태에 있는 마가렛은 전에는 잘 해 왔던 대부분의 집안일을 혼자 감당하는 것(남편과 자녀들은 자신에게 모든 가정 내 일을 맡김)이 힘들고 감정을 폭발하면서 가족 간의 갈등과 불화가 나타나고 있다는 것을 확인하였다. 마가렛은 가정생활을 전처럼 정상화하는 것을 원했다.

사례 출처: 최해경 역 (2010). 사회복지실천사례집. pp.120-121을 재구성함.

2. 위기개입모델의 개입사례를 시청하고, 이에 대해 논의해 보시오.

유튜브에서 [심리적 응급처치(PFA): 8가지 핵심활동 제대로 이해하기]를 검색하여 영상을 시청한 후, 다음에 제시한 질문에 따라 개인적, 집단적 과업을 실시해 보자. 이 영상은 약 14분 정도로, 화재로 인한 재난상황에서 대피소로 온 사람에게 심리적 응급처치에 기초한 위기개입을 실시하는 내용으로 구성되어 있다.

자료: www.youtube.com/watch?v=smpZFJmbFxU

1) 영상 시청 후 앞에서 배웠던 단계나 기법들이 재난 상황에서 어떻게 사용되었는지를 생각해 보고 적어 보시오.

2) 영상에서 시청한 심리적 응급처치의 핵심활동 8가지를 기억하고 적어 보시오.

3) 심리적 응급처치에서 '하지 말아야 할 것'이 무엇인지에 대해 적어 보시오. 그리고 왜 그렇게 하면 안 되는지 그 이유를 설명해 보시오.

4) 4~5명 정도의 소그룹 토의 진행
   (1) 영상 시청 후의 소감에 대해 이야기를 나눠 보시오.
   (2) 심리적 응급처치의 핵심활동 8가지 중 잘 이해가 되는 것, 잘 이해가 되지 않는 것에 대해 서로 이야기하면서, 심리적 응급처치의 개념과 위기개입 사회복지사의 역할을 다시 한 번 정리해 보시오.

5) 역할극 진행

두 명이 짝을 이루어 한 명은 위기개입 사회복지사가 되고, 한 명은 위기에 처한 사람이 되어 역할극을 진행해 보시오. 사례는 개인적으로 설정하거나, 유튜브의 상황을 그대로 가져와서 적용해 보시오.

PART 03

ESSENTIAL SKILLS OF SOCIAL WORK PRACTICE

개인사회복지실천

CHAPTER 09

복합적 욕구를 가진 클라이언트와 일하기

chapter **09**

복합적 욕구를 가진 클라이언트와 일하기

1. 복합적 욕구를 가진 클라이언트와 사례관리

1) 복합적 욕구를 가진 클라이언트

현대에는 빈곤뿐 아니라 인구 구성 및 가족 구조의 변화, 경제 위기와 고용 불안 등으로 여러 가지 사회적 위험이 존재한다. 그러므로 클라이언트가 갖는 문제와 어려움도 복합적일 수밖에 없다. 가령, 빈곤가족의 가족구성원 중 정신적 또는 신체적 건강의 문제를 가진 사람이 있거나, 가정폭력이나 아동학대의 문제를 수반하거나, 취업, 주거, 법률 차원에서 동시에 어려움을 겪고 있는 상황들이 그 예가 될 수 있다. 이와 같이 가족체계 안에서 클라이언트가 빈곤, 가족 갈등, 만성질환, 음주, 폭력 등과 같은 여러 가지 문제를 동시에 가진 경우에 우리는 '복합적 욕구를 가진 클라이언트'라고 지칭하며, 사회복지현장에서 만나는 대부분의 클라이언트는 복합적인 욕구를 가진 존재로 볼 수 있다.

사회복지실천현장에서 만나는 클라이언트의 복합적이고 다층적인 욕구에 대응하기 위해서는 개인과 가족에 대한 상담과 교육, 법률 자문, 경제적 지원, 치료기관 연계 등 다양한 영역의 사회복지서비스 지원이 동시에 필요하다. 그러나 한 기관에서 이러한 문제에 동시다발적으로 대응하기는 쉽지 않다. 또한 클라이언트의 만성적이고 복합적인 문제들은 다양한 환경적 요인에 의해 오랫동안 반복되어 왔기 때문에 보다 많은 시간을 갖고 장기적으로 개입해야 하는 경우가 많다.

현대사회의 클라이언트는 개인의 삶의 질과 직접 관련된 소득, 건강, 주거, 교육, 여가 등의 여러 영역에서 다양한 사회적 문제를 갖고 있으므로, 복합적 욕구를 충족하고 삶의 질을 향상시키기 위해서는 다양한 측면의 욕구 사정과 통합적 개입방안이 요구된다. 예를 들어, 과거에는 빈곤가구의 위기 해소를 위해 우선적으로 현금 제공 정책을 떠올렸다면, 현재는 이러한 접근의 한계를 인식하고 소득수준과 무관하게 개인과 가족 내에서 해결하지 못하는 다양한 복지 욕구에 대응하기 위한 전문적 실천 전략을 모색하게 된다(민소영, 2015).

클라이언트의 욕구충족과 문제해결을 위해서는 한 개인의 문제와 행동 변화에 초점을 두는 것뿐 아니라 인간과 환경의 상호작용으로 인해 나타날 수 있는 문제해결을 위해 신체, 심리, 관계, 교육, 경제, 환경 등의 다양한 영역에서 서비스를 통합할 수 있는 지식과 기술이 요구된다. 또한 만성질환, 학대와 폭력, 중독문제 등은 단시간 해결이 어렵고 보다 많은 인내와 노력, 환경적 지원이 요구되는 만큼 충분한 지원체계의 구축과 모니터링, 격려 등의 지속성이 변화를 위한 주요 전제로 작용한다.

2) 사례관리실천

사례관리는 복합적이고 다양한 욕구가 있는 클라이언트와 그 가족의 사회적 기능회복을 돕는 통합적 실천방법이다(한국사례관리학회 편, 2016). 사례관리는 1990년대 중반 한국에 소개되었고, 2013년 사회복지관의 3대 기능 중 하나로 자리 잡으면서 사회복지현장에 뿌리내리기 시작하였다(최지선, 2022). 사례관리의 개념은 다음과 같다(한국사례관리학회 편, 2016; 한국사례관리학회 편, 2020 재인용).

> "사례관리란 복합적이고 다양한 욕구가 있는 클라이언트와 그 가족의 사회적 기능 회복을 돕는 통합적 실천방법으로서, 이를 위해 운영체계를 확립하고, 클라이언트와 함께 강점관점의 체계적 사정을 해야 하며, 클라이언트의 내적 자원 및 지역사회 자원을 개발하고 활용하여 삶의 질 향상을 위해 노력해야 한다."

사례관리는 의료서비스에 빗대어 3차 진료 행위로도 설명된다(한국사례관리학회 편, 2020). 단순한 질병보다는 복합적이고 쉽게 낫지 않는 만성적이고 중한 질병을 가진 환자들이 3차 진료기관을 이용하는 것처럼, 사례관리 클라이언트의 다수는 복합적이고 다양한 욕구를 지닌 클라이언트라는 것이다. 따라서 클라이언트 대부분이 간단한 정보 제공이나 한두 가지의 서비스로는 해결되지 않는 문제와 어려움을 가진 경우가 많기 때문에 사례관리실천에서는 장기적인 관점을 갖고 그들이 가진 욕구에 초점을 두고, 클라이언트와 외부자원체계와의 협력 아래, 꼭 필요하고 가능한 것부터 시작하게 된다.

공공영역에서의 사례관리 도입은 그동안 복지예산 증가에도 불구하고 지속적으로 드러난 복지 사각지대 문제해결과 공공의 책임성 강화에 대한 인식 증진과 맥을 같이 한다. 공공영역의 사례관리 활동은 2008년 보건복지부에서 실시한 '위기가구 사례관리사업' 이후, 2012년 희망복지지원단이 전국 단위로 설치되면서 본격화되었다(이혜경, 2021). 희망복지지원단의 통합사례관리는 '지역 내 공공, 민간자원에 대한 체계적 관리 및 지원체계를 토대로 복합적이고 다양한 욕구를 가진 클라이언트에게 복지, 보건, 고용, 주거, 교육, 신용, 법률 등 필요한 서비스를 통합적으로 연계, 제공하고 이를 지속적으로 상담, 모니터링하는 사업'으로 개념화된다(보건복지부, 2021). 그러므로 본 장에서는 복합적인 욕구를 가진 클라이언트에 대한 실천을 사례관리실천으로 보고, 개입과정을 사례관리 개입과정에 따라 제시할 것이다.

2. 복합적 욕구를 가진 클라이언트에 대한 개입과정

한국사례관리학회 편(2020)에서는 사례관리실천과정을 초기단계, 사정단계, 목표 및 계획수립단계, 실행 및 점검단계, 종결단계로 나누고 있으며, 각 단계별로 사례관리자가 수행해야 할 세부과업과 역량을 제시하고 있다. 여기에서도 그 단계를 따라 개입과정을 제시하되, 초기단계를 사전준비단계와 초기면접단계로 나누어 좀 더 자세하게 설명하고자 한다.

1) 사전준비단계의 기술

사전준비단계의 기술은 지역사회 네트워크 기술과 관련된다. 구체적으로는 첫째, 복합적 욕구를 가진 클라이언트의 발견체계 구축, 둘째, 지역사회 자원의 목록화 및 협력기관 구축 기술이 필요하다.

첫째, 복합적인 욕구를 가진 클라이언트의 발견을 위한 체계를 구축해야 한다. 클라이언트 중에는 복지자원에 대한 정보의 부족, 도움을 요청하는 기술의 결핍, 도움 요청을 위한 접근과정에서의 다양한 장애물로 인하여 도움을 받지 못하는 경우가 많다(한국사례관리학회 편, 2020). 따라서 자발적으로 내원하는 클라이언트 외에 사례관리가 필요한 대상을 발굴하여 적절하게 서비스를 연계하는 과정이 중요하므로, 복합적인 욕구를 가진 클라이언트를 조기에 발굴할 수 있는 의뢰 시스템과 네트워크를 잘 구축해야 한다. 발굴을 위해서는 기관 사업에 대한 홍보나 안내, 지역사회 관계 기관들과 간담회 등이 시도될 수 있을 것이다.

둘째, 지역사회 안에서 서비스 의뢰와 제공을 위한 체계를 사전에 구축해 놓아야 한다. 복잡하고 만성적인 욕구를 가진 클라이언트와 일할 때는 한 기관의 개입만으로는 한계가 크며 다양한 지역사회 자원과의 연계와 협력이 필수적이다. 그러므로 사회복지사는 지역사회의 공공, 민간영역을 포괄하여 건강, 교육, 상담, 문화, 법률 등의 다양한 자원을 목록화하고 이러한 시스템이 작동할 수 있도록 지역사회보장협의체 등 관련 기관과의 네트워크를 구축하여 활발하게 소통하고 교류하는 것이 필요하다.

2) 초기면접단계의 기술

초기면접단계에서 필요한 기술은 '사례관리를 시작할 수 있는 관계 맺기'(최지선 · 김연수, 2019)이고, 클라이언트의 저항감과 두려움 등 부정적 감정을 완화시키기 위한 노력과 클라이언트 눈높이에 맞는 설명을 제공하는 것이 중요하다(황세인 · 박정란, 2019). 복합적이고 만성적인 문제를 가진 클라이언트의 경우 계속된 실패와 좌절로 인해 사회복지사의 개입을 두려워하거나 귀찮아하는 태도를 보일 수 있다. 그러므로 사회복지사 또한 개입과정에서 여러 가지 어려움을 느낄 수 있는데 이때 사회복지사는 복합적 욕구를 가진 클라이언트에 대한 개입이 쉽지 않은 과정일 수 있음을 인정하고, 여유 있는 태도를 갖고 접근하는 것이 필요하다. 특히 사회복지사에게 중요한 기술은 클라이언트에 대한 편견을 갖지 않고, 클라이언트의 내면의 힘을 믿으며 존중과 관심의 태도를 지속적으로 보이는 것이다. 강점관점 사례관리사업인 '우리아이 희망네트워크' 사업에 참여한 빈곤가정 부모를 대상으로 "사례관리에 참여하면서 가장 도움이 된 것이 무엇인가?"라는 질문의 응답 결과(우리아이희망네트워크사업단, 2011)도 사회복지사의 가치와 태도의 중요성을 보여준다.

- 가족처럼 대해 줌: "이모처럼 편안하게 이야기할 수 있었다."
- 존중함: "가족들에게 마음으로 다가가려는 진심어린 노력이 보인다."
- 함께 함: "고민하고 결정할 수 있도록 곁에서 함께 해 주었다."
- 희망을 줌: "삶의 끈을 놓지 않도록 용기와 희망으로 대해주었다."

출처: 우리아이 희망네트워크 사업보고대회 자료집 (2011); 신재은 외 (2018) 재인용.

클라이언트는 응답에서 어떤 서비스를 얼마나 지원받았는지를 거의 언급하지 않았고, 위에서 제시한 바와 같이 사례관리자와 클라이언트 관계와 관련된 내용을 주로 언급하였다. 그러므로 초기면접단계에서 사회복지사와 클라이언트의 좋은 관계가 형성되어 계속 이어질 수 있도록 진실한 태도로 질문, 경청, 설명을 통한 관계 맺기를 시도해 나가야 한다.

그럼 이제 "만성질환 부모와 선천성 장애아기 가정 사례"[1)](최지선 외, 2018)를 통해 복합적 욕구를 가진 클라이언트에 대한 초기면접 진행과정을 살펴보도록 하겠다.

어느 날 통장이 동주민센터로 찾아와 부부와 아기가 매일 계절에 맞지 않는 지저분한 옷을 입고 동네를 자주 배회한다며 도움이 필요한 것 같다고 요청하였다. 사회복지사는 통장의 말을 듣고 부부와 아기의 계절에 맞지 않고 지저분한 옷차림, 동네 배회 등의 이야기를 듣고 돌봄과 양육의 문제, 방임의 가능성, 주거지 문제, 경제적 어려움 등의 복합적 욕구가 있을 수 있다고 판단하여 해당 주민센터에서 사례관리를 담당하는 사회복지사가 가정을 찾아가게 되었다. 클라이언트는 자발적으로 내원한 상태가 아니었기 때문에 초기면접단계에서 어떤 것을 살피고 조사하러 왔나라고 생각하는 듯 경계하는 모습을 보였다. 이에 사회복지사는 클라이언트의 긴장을 풀어주고 방문 목적을 명확히 밝히기 위하여 다음과 같이 진행하였다.

"안녕하세요? 저는 어떤 종류의 고민이나 어려움을 갖고 계신 가족분들과 함께 얘기를 나누면서 그것을 해결해 나갈 방안을 함께 찾아가는 일을 하는 사회복지사입니다. 대화를 통해 변화나 지원이 필요한 부분을 의논해서 함께 목표를 세운 후에 짧게는 한두 달에서 길게는 1년 이상까지도 만나게 되지요. 저희가 하는 일을 사례관리라고 부르기 때문에 사례관리사라고도 부릅니다."
사회복지사의 밝은 인사와 표정에 클라이언트는 다소 안도하는 표정을 지었고, 아픈 아이를 키우느라 힘이 든다며 어떤 도움을 받을 수 있는지 관심을 보이기 시작하였다. 사회복지사는 현재 어려운 점이나 변화가 필요한 점에 대해 경청하면서 간단한 인적사항에 대해 추가 질문하였다.

1) 이 장에서 제시한 사례는 한국보건복지인력개발원에서 발간한 「참여형 교육을 위한 사례관리실천 사례집」(최지선 외, 2018)에 수록된 사례의 내용을 바탕으로 수정하여 구성한 것임.

"제가 앞으로 몇 개월 만나면서 이런 것들을 같이 의논하고 도움이 될 부분이 있으면 함께 찾고 연결해볼 수 있는데 괜찮으시겠어요?"라고 질문하면서, 구두로 사례관리 진행에 대한 동의를 받은 후에 서면으로도 동의서를 받았다. 사회복지사는 클라이언트가 본인을 조사자로 느끼거나 당장 무언가를 제공해 주는 사람으로 인식하지 않게 유의하면서, 클라이언트 가정의 이야기를 경청하며 긴장감을 풀어주기 위해 노력하였다.

대략적인 이야기가 끝난 후, 클라이언트는 "선생님이랑 처음 만나 이야기를 하였는데도 편해서 쓸데없는 말도 하게 되네요."라고 말하였다. 이를 통해 상담 후 편안한 느낌을 받았음을 알 수 있었다. "오늘 나눈 이야기 외에 저에게 궁금한 부분이 있으시면 편안하게 말씀하세요."라고 질문하자 클라이언트는 "저희가 기초생활수급자를 신청하면 될 수 있을까요? 또 아이 치료에 도움을 받을 수 있을까요?"라고 질문하며 본인들의 관심사를 표현하였다.

3) 사정단계의 기술

사정단계는 복합적 욕구를 가진 클라이언트가 안고 있는 문제나 어려움, 사례관리과정을 통해서 지원해야 하는 욕구에 대한 종합적 평가를 하는 단계이다(한국사례관리학회 편, 2020). 사회복지사는 돌봄의 지속성을 확보하고 클라이언트의 성과를 얻어내기 위하여 클라이언트와의 관계형성에 에너지를 써야 하며(최지선, 2022), 사정단계에서 클라이언트와의 관계를 바탕으로 욕구, 강점, 자원, 장애물 등을 파악하게 된다.

복합적인 욕구를 가진 클라이언트의 문제와 상황이 복잡하고 어려울수록 사정단계에서 수집해야 하는 정보의 범위와 양은 더 많아질 수밖에 없으며 사회복지사는 다양한 문제중심의 정보 수집에 대부분의 시간을 할애하게 된다. 그런데 클라이언트의 문제에만 초점을 둘수록 클라이언트와 사회복지사 모두 그 복잡함과 어려움에 압도되기 쉽다. 또한 사회복지사가 문제해결을 위해 제공 가능한 서비스를 찾는 데 초점을 둘수록 사회복지사의 힘은 커지고 클라이언트는 점점 수동적이 될 수 있으므로 주의가 필요하다.

복합적인 문제에 압도되어 있는 클라이언트에게 사회복지사가 해결중심모델을 적용하여 질문하는 것도 도움이 되는 기술이다. 사회복지사가 클라이언트에게 어떻게 달라지기를 원하는지, 어떻게 달라지면 도움이 될지를 질문하면서 함께 생각해 보도록 하는 것은 현 상태를 단순히 파악하는 것을 넘어서, 클라이언트와 함께 미래를 그려 보고, 변화를 위한 목표를 수립한다는 점에서 의미가 있다. 실제로, 복합적인 욕구를 가진 빈곤가정을 대상으로 사례관리를 진행했던 사례관리자들은 클라이언트의 문제와 어려움에만 집중하는 것보다 변화와 가능성에 대해 질문하는 것이 도움이 되었다고 보고하고 있다. 다음은 사례관리자의 인터뷰 내용의 일부를 제시한 것이다(김경희 외, 2011).

> "전에는 부모님들께 어떤 것들이 그렇게 어려우세요? 아하, 이런 것들이 어려우시군요. 제가 뭘 도와드릴까요? 이렇게 많이 질문을 했다고 한다면, 이제는 그런 어려움에 대해서만 얘기하지 않고…. 아, 그러면 어떤 게 달라지면 좀 더 도움이 될까요? 그러기 위해서 뭘 해나갈 수 있을까요? 어떠한 것이 필요할까요? 어떤 게 좀 더 좋아지면 될까요? 이렇게요."

이제 사례를 통해 사정단계에서 파악된 가족의 욕구들을 알아보도록 하겠다. 이 사례의 경우에는 의뢰한 통장, 면담에 참여한 부모, 가족이 이용했던 인근 복지관의 사회복지사로부터 추가 정보를 얻었다. 이와 같이 사정단계에서는 클라이언트의 복합적인 욕구와 어려움을 클라이언트 본인뿐 아니라 주변의 의뢰체계, 지원체계로부터 함께 파악하게 된다. Holosko(2017)는 클라이언트와 환경과 자원을 사정할 때 가족, 동거인, 지인뿐 아니라 공식, 비공식 돌봄체계, 이웃, 직장, 소셜미디어의 도움, 인터넷까지도 확장할 필요가 있다고 하였는데(최지선, 2022 재인용), 제시된 내용을 보고 어떤 부분에 대한 사정이 더 필요할지 생각해볼 수 있을 것이다.

사정을 위한 면접

1. 통장 면접

1) 통장 의견

- "겨울인데 애기엄마가 애를 업고 시장을 돌아다니며 구걸을 하는데 옷도 얇고 표정도 좋지 않아 보이고 뭔가 도움이 필요할 것 같아요. 그래서 동주민센터에 이 가정에 대해 알아봐달라고 부탁드렸던 거예요."
- "제가 도움이 될 수 있는 부분이 있다면 뭐라도 해야죠."

2) 사회복지사 의견

- 통장의 가족에 대한 관심과 지역사회 지지기반을 이후 개입과정에서도 적극 활용

2. 아버지 면접

1) 아버지 의견

- "이렇게 우릴 만나러 오시는 게 부담도 되지만 그래도 고맙죠."
- "저는 혈압이 높고 당뇨가 있어요. 보건소에서 관리를 하라고 하는데 자꾸 약 먹는 것도 잊어버려요. 술도 많이 좋아하죠."
- "사는 게 힘들다는 생각이 들면 울화가 치밀어서 동네를 이리저리 막 싸돌아다녀요. 그렇게라도 안 하면 너무 우울해져서 죽고 싶다는 생각이 들기도 해요."
- "우리 애는 구순구개열로 태어났어요. 특수한 젖병을 써야 한다는데 애가 분유를 잘 먹지 못하고 토해서 힘들어요. 수술도 해야 한다는데 막막하기만 해요."

- "월세로 살고 있는데 자활근로가 불규칙해서 월세가 밀려요. 코로나로 일하기가 더 힘들어진 것 같아요. 이 집도 언제 나가게 될지 몰라 정말 걱정돼요. 돈이 없어서 매일 똑같은 옷만 입고 지내요."
- "다른 집처럼 평범하게 잘 살고 싶어요. 지금은 좋은 일이 하나도 없고 다 힘든 것 같아요. 애를 어떻게 키울지 두렵고 걱정이 돼요"

2) 사회복지사 의견

- 아버지는 면접에 가장 협조적인 핵심인물(key person)임
- 아버지의 건강 욕구: 아버지의 당뇨, 음주, 정신건강(우울감과 분노) 확인 및 관리가 필요함
- 아기의 건강 욕구: 아기의 진단, 현재 다니는 병원 및 향후 치료계획에 대한 확인과 지원이 필요함
- 주거 욕구: 생활비 마련이 어렵고 주거가 불안정함. 가족들이 안정적으로 생활하며 자녀를 키울 수 있는 자원이 필요함

3. 지역사회복지관 사회복지사 면접

1) 사회복지사 의견

- "아기는 예뻐하시는데 어떻게 대하고 키워야 하는지 모르고, 특히 구순구개열로 돌봄을 더 어려워하셔서 큰일이에요. 저희가 방문하면 반겨는 주시는데 별로 얘기가 되는 것은 없어요. 어머니께서 지적장애가 있어 보이는데 지금까지 따로 검사를 받으신 건 없는 걸로 알고 있어요."

2) 사회복지사 의견

- 어머니의 지적장애와 일상생활 유지능력에 대한 확인 필요
- 자녀양육방법에 대한 상담과 교육, 양육 지지자원을 찾는 것이 필요함

사회복지사의 면담 결과, 아버지는 당뇨와 정신과적 문제가 있고, 어머니는 지적장애가 의심되어 생계유지를 위한 일과 아기의 적절한 돌봄에 문제가 있는 상황이었다. 그럼에도 부모 모두 아기에 대한 애정이 있고, 가족이 잘 지내기를 원하고 있으며, 가족에게 협조적으로 관심을 갖고 있는 이웃(통장)과 이미 가족을 지원하고 있는 지역사회복지관이 있는 것은 주요한 강점으로 확인되었다.

4) 개별서비스 계획의 기술

계획수립단계에서는 사정단계의 논리적 결과인 목표설정이 핵심이다(최지선 · 김연수, 2019). 목표의 설정은 클라이언트와 사례관리자가 초점을 두어야 하는 방향을 제시하며, 설정된 목표를 기초로 하여 개별서비스 계획이 수립된다. 특히 기억해야 할 점은 사례관리계획에서 수립된 목표는 사례관리자의 목표가 아니라 클라이언트의 목표라는 점이다. 그러므로 이 단계에서 사회복지사는 클라이언트의 욕구에 기반하여 성취 가능한 목표를 수립하기 위해 꾸준히 대화하고, 합의하는 과정을 지속해야 한다. 앞서 사정단계에서 파악된 클라이언트의 욕구와 자원을 바탕으로, 클라이언트의 욕구를 정리하고, 합의된 목표전환의 단계를 거쳐, 개별서비스 계획을 수립하는 과정을 〈표 9-1〉에 제시하였다.

표 9-1 클라이언트의 욕구를 바탕으로 한 목표설정과 서비스 계획

욕구 영역	클라이언트의 욕구	합의된 목표	서비스 계획
건강	• 아버지의 신체적 건강 향상: 당뇨관리 • 아버지의 정신건강(우울감, 자살사고, 분노) 관리 • 구순구개열 아기 돌봄과 향후 치료	• 부의 신체건강 관리 • 부의 정신건강 관리 • 아기의 건강한 돌봄과 양육	• 부와 아기의 검사 및 치료 지원을 위한 의료기관 연계 • 정신건강복지센터와 협조하여 관련 검사 및 서비스 연결
가족 관계	• 자녀양육 부담, 불안정한 경제 및 주거상황으로 인한 갈등	• 자녀양육을 위한 시간과 노력 투자	• 복지관 프로그램을 활용하여 자녀양육 및 부부관계 개선을 위한 교육과 상담 제공 • 양육 부담 감소를 위한 보육시설 이용 연계
경제	• 기초적인 의식주 해결과 공과금 납부를 위한 생활비 필요	• 경제, 주거 관련 복지서비스에 관한 정보 탐색	• 구직활동 지원기관에 대한 정보제공 • 기초생활수급자 선정 등 공공의 지원 신청과 가능성 확인
고용	• 건강에 무리가 가지 않는 선에서 안정적인 고용상태가 되기를 원함	• 취업 관련 기관 알아보고 구직 참여하기	• 취업과 자립 가능성에 대한 격려 • 취업 관련 정보 제공
생활 환경	• 곰팡이, 먼지 등 주거 환경의 불량 해소 • 아기 젖병, 기저귀 등의 위생상태 불량	• 주거환경 개선을 위한 노력	• 집안정리와 위생관리를 위한 부모교육 제공 • 통장 협조를 통해 지역주민들의 정기봉사체계 구축

지금까지 살펴본 것처럼 복합적이고 만성적인 욕구를 가진 클라이언트의 문제는 개별적 상담이나 치료만으로 해결되기 어려우므로, 활용 가능한 지역사회 자원을 확인하고, 공적 및 비공식적 자원을 발굴하여 포괄적, 협력적인 팀 접근을 하는 것이 중요하다. 이 과정에서 통합사례회의 등을 개최하여 기관 간 정보를 공유하고, 서로의 역할을 확인하면서 보다 효율적인 개입계획을 수립할 수 있다. 특히 제시한 사례에서 맞춤형 개별서비스 계획수립에 도움이 되는 지역자원에 대해 살펴보면 〈표 9-2〉와 같다.

표 9-2 개별서비스 제공 시 활용 가능한 지역사회 자원목록

개별서비스 제공 시 활용 가능한 지역사회 자원목록

□ 의료기관

- 보건소
  - 아버지의 건강관리에 필요한 정보제공과 관리 가능
  - 자녀 발달에 필요한 영유아건강검진 지원 가능
- 대학병원
  - 소아과, 의료사회복지팀, 후원회를 통해 아기 구순구개열 검사 및 치료, 치료비 지원 가능
- 정신건강복지센터
  - 부의 우울감과 감정조절 어려움에 대한 진단적 판단과 치료기관 연계 및 정기적 관리 가능

□ 육아종합지원센터

- 영유아 자녀발달과 안전환 환경 조성을 위한 각종 서비스 제공 가능
- 부모교육 가능 지원과 부모교육 제공 돌봄환경 지원

□ 동주민센터

- 생계비 마련을 위한 공적 서비스의 지원 가능

□복지관

- 부모상담과 지지 가능
- 생계유지를 위해 필요한 후원금, 후원물품 제공 가능

□ LH 공사

- 주거안정을 위하여 전세임대나 매입임대주택 제공 가능

□ 통장을 포함한 이웃

- 본 가족들이 지역사회에서 지속적이고 안정적으로 정착할 수 있도록 정서적인 지원을 해줄 수 있는 비공식적 관계망으로 활용 가능
- 청소 지원과 돌봄 지원의 봉사자 역할로 지속적인 연계 가능

5) 실행단계의 기술

실행단계에서 요구되는 중요한 기술은 사례관리 특징으로도 정의되는 서비스 조정으로 연계, 모니터링, 옹호 등을 포함한다(최지선 · 김연수, 2019). 사회복지사는 서비스 제공 계획에서 의도한대로 서비스가 클라이언트의 욕구충족에 도움이 되고 있는지를 확인하기 위해서 조직의 경계를 넘나들며, 다양한 서비스를 개발하거나 연계하여 제공해 주어야 한다. 또한 그 과정에서 클라이언트가 참여하고 성장하며, 지원체계를 확장해 갈 수 있도록 지원해야 한다. 클라이언트가 만성적이고 복합적인 문제를 갖고 있을 때, 사회복지사가 클라이언트의 이야기에 관심을 기울이며 함께 답을 찾아가는 과정은 클라이언트가 문제해결역량을 키우며 자신감을 갖추는 데 효과적인 방법으로 확인되었다. 아래에 제시한 예시는 복합적 욕구를 가진 저소득 가정과 수년간 사례관리를 진행했던 사례관리자의 인터뷰 내용으로서, 김경희 외(2011)의 연구내용 중 일부이다.

“전에는 아이들이 “선생님 이거 해도 될까요?” 그렇게 물어보면 “그래, 해.”, “아니야. 그건 아닌 것 같아. 하지 마.” 이게 대답의 전부였어요. 애들 말을 듣고 “안돼”, “돼”라고 결정해 주는 것이 상담의 전부였어요. 그런데 지금은 애들이 “저 이

거 해보고 싶은데요."라고 질문하면 "어떻게 그런 생각을 하게 됐냐, 어떻게 할 수 있냐, 또 그렇게 하면 너한테 도움이 되냐, 어떤 점에서 도움이 되냐, 근데 선생님은 이런 게 염려스러운데 이것에 대해 너는 어떻게 생각하니?" 이런 식으로 대화를 해요. 아이들이 생각하는 방향에 대해 따라가고 조금씩 토론을 통해서 이끌어내다 보니까 사례관리에서의 성과가 틀려지는 거예요."

6) 종결단계의 기술

종결단계에서는 종결 시기 결정 및 종결 계획수립과 종결, 사후관리를 잘 진행하는 기술이 필요하다. 그러나 복합적인 욕구를 가진 클라이언트의 경우 종결의 시기를 분명하게 결정하기 어렵고, 클라이언트가 종결에 대한 두려움이나 거부감을 가질 수 있어 쉽지 않은 과정이 될 수 있다.

성공적인 종결을 위해서는 종결에 대한 준비와 평가가 필요하다. 최지선과 김연수(2019)는 평가단계 과업을 '사례관리 종결에 대한 의미 부여하기'라고 하였는데, 이 단계에서 클라이언트가 그동안 노력하고 달성해 온 것을 확인하고 서비스의 종결을 축하하는 의식을 진행할 수도 있다. 이를 통해 클라이언트가 자신감을 갖도록 격려하고, 주변의 이용 가능한 자원을 점검하면서 클라이언트의 네트워크와 위기상황에서의 개입체계를 확인해야 한다. 클라이언트가 걱정하는 부분과 기관의 역할과 한계에 대해서도 소통하고, 필요할 때는 다시 기관과 연계될 수 있다는 것을 안내하여 개입의 연속성을 확보하는 것이 필요하다.

연습문제

1. 다음의 상황에 대해 생각해 보시오.

> 복합적인 욕구를 가진 클라이언트에게 개입하는 과정에서 사회복지사가 주도적인 역할을 하고 있다. 구체적으로, 아동 교육환경 개선을 위한 학용품 후원 발굴과 제공, 가족관계 개선을 위한 가족 나들이 추진과 영화표 제공, 가족구성원의 우울증 치료를 위한 정신건강복지센터 담당자 방문 추진 등을 진행 중이다.

1) 이와 같이 복합적인 욕구를 가진 클라이언트와 일하는 과정에서 사회복지사의 주도적이고 적극적인 역할 수행의 장점과 단점에 대해 생각하고 정리해 보시오.

장점	단점

2) 옆 사람과 짝을 이루어 서로의 생각을 나눠보시오. 장점을 확대하고, 단점을 극복하기 위한 방안에 대해 서로 이야기해 보시오.

2. 복합적인 욕구를 가진 클라이언트와 일하는 과정에서 클라이언트가 관심과 반응이 없을 때, 또 긍정적인 변화나 진전이 없을 때 왜 그러한지를 생각해 보고 어떻게 대처할 것인지를 토의해 보시오. 파트너, 혹은 소그룹 팀원과 함께 자신이 생각한 대처방안에 대해 이야기해 보시오.

Essential Skills of Social Work Practice

CHAPTER 10

어려운 문제를 가진 클라이언트와 일하기

chapter 10

어려운 문제를 가진 클라이언트와 일하기

인간은 고유성과 개별성을 가진 존재이므로 특정 대상을 '어려운 클라이언트'로 규정하기는 쉽지 않지만 여러 문헌을 토대로 이를 정리하고 개입방안을 모색해 보고자 한다.

한국사회복지교육협의회(2020)에서는 어려운 클라이언트를 '비자발적인 클라이언트', '보호와 통제를 필요로 하는 클라이언트'로 설명하고 있다. '보호와 통제를 필요로 하는 클라이언트'는 폭력적 성향의 클라이언트, 자해 혹은 타해 위험이 있는 클라이언트, 아동학대와 가정폭력문제와 관련된 클라이언트를 포함한다. 이들은 대부분 자신이나 타인에게 위험을 초래할 수 있는 위기상황에 놓여 있으면서도 여러 가지 이유로 도움을 요청하지 않는 비자발적 클라이언트로서의 특성을 갖는다. 또한 그동안 공공영역 사례관리에서 대응하기 어려운 욕구로서 알코올중독, 정서문제와 정신질환 관련 문제가 자주 언급되었는데(정은희 외, 2013) 이러한 문제를 가진 클라이언트도 어려운 클라이언트에 포함될 수 있을 것이다.

그러므로 이 장에서는 변화동기가 적은 클라이언트, 폭력적 성향의 클라이언트, 자살위험의 클라이언트, 알코올문제를 가진 클라이언트를 개인의 기질과 상태, 환경적 맥락 속에서 '어려운 문제를 가진 클라이언트'로 명명하고, 이들을 중심으로 대상의 특성과 개입기술에 대해 설명하고자 한다.

1. 변화동기가 적은 클라이언트

1) 개념과 특성

변화동기가 적은 클라이언트는 흔히 비자발적인 클라이언트로 이해된다. 그러나 이때 자발적인 것과 비자발적인 것을 이분법적으로 나누기보다는 연속선의 개념에서 바라볼 필요가 있다(Trotter et al., 2020). 예를 들어, 아동학대 행위자가 클라이언트인 경우, 행위자는 자신의 행동과 문제를 인정하지 않으면서 변화를 위한 프로그램 참여에 거부적인 태도를 보일 수 있다. 그럼에도 치료프로그램 이수 명령이라는 법적 강제성 때문에 행위자가 치료프로그램에 의무적이고 형식적으로 참여하는 경우, 행위자는 낮은 변화동기와 함께 비자발적인 특성을 강하게 보일 것이다. 하지만 이러한 경우에도 행위자가 참여과정에서 본인의 의견을 피력하여 프로그램을 선택하거나 조정할 수 있고, 가족치료와 같이 본인과 가족이 모두 동의했을 때만 진행 가능한 프로그램도 있으므로, 행위자를 완전히 비자발적인 클라이언트로만 바라보기는 어렵다. 이와 같이 변화동기가 적은 클라이언트이더라도 대부분은 개입과정 안에서 계속 자발성과 비자발성의 연속선상에 놓여 있다고 보는 것이 타당할 것이다.

변화동기가 적은 클라이언트와 일할 때 사회복지사는 여러 가지 어려움을 겪는다. 특히 사회복지사가 속한 조직, 즉 기관의 목표와 클라이언트의 목표가 다를 때, 개입과정에서의 어려움은 더 커진다. 예를 들어, 약물중독문제가 있는 청소년과 일할 때 청소년이 원하는 것은 계속 약물을 사용하고, 다른 범법행위가 있는 청소년들과 어울리며, 학교에 다니지 않는 것일 수 있다. 이와 달리 사회복지사가 지향하는 목표는 청소년이 약물중독에서 벗어나고, 범죄 동료와 어울리지 않으며, 성실하게 학교생활을 해나가는 것이 될 것이다. 또 다른 예로, 가정폭력 가해자는 그들의 폭력행동을 합리화하는 데 주안점을 두는 반면, 사회복지사는 그들의 합리화에 대해 도전하면서 그 신념과 행동을 바꾸기 위해 노력하게 되므로 초기에 서로 다른 입장에 서게 될 수 있다. 이와 같이 비자발적인 클라이언트와 일할 때 서로 다른 기대와 목표를 가진 사회복지사와 클라이언트, 이 두 체계가 어떻게 조화롭게 일을 할 것인가는 매우 중요하고도 어려운 과업이 된다.

2) 개입방안

변화동기가 적은 클라이언트와 효과적으로 일하기 위해서는 지금까지 알려진 효과적인 방법에 대해 살펴볼 필요가 있다. 이것은 지금까지 '비자발적인 클라이언트' 관련 연구들에서 핵심주제로 다루어져 왔다. Trotter 등(2020)은 비자발적 클라이언트와 일하는 과정에서 기존 지식과 관행들 사이에는 격차가 존재한다고 지적하였다. 가령, 폭력이나 범죄행위 등의 문제상황 때문에 개입이 필요할 때 사회복지사와 클라이언트 간의 목표가 충돌하게 되는데, 그동안 많은 사회복지기관에서는 클라이언트의 목표를 무시하고 사회복지사가 설정한 옳은 방향의 목표를 가지고 일해야만 한다고 생각해왔다. 그리고 다수의 사회복지사는 개입과정에서 클라이언트가 중요하다고 믿는 문제를 다루기보다는 표출된 클라이언트의 문제행동에 직면하고 도전하는 모습을 보여왔다.

그러나 현장에서 축적된 경험을 통해 나타난 결과를 종합해 볼 때, 비자발적인 클라이언트와 함께 일하는 보다 효과적인 방법은 기관이나 사회복지사의 목표에 앞서 클라이언트의 목표에 초점을 맞추는 것이다(Trotter et al., 2020). 이것은 클라이언트의 문제행동을 옹호한다는 의미가 아니라, 사회복지사가 클라이언트의 관점과 목표를 무시하지 않고, 신중하고 부드러운 방식으로 범죄 또는 문제가 되는 발언이나 행동에 도전해야 함을 의미한다.

실제로 범죄를 저지른 청소년에 대한 가족치료 세션을 진행할 때 범죄나 문제행동을 집중적으로 다루지 않더라도, 가족들의 관계가 개선되면 청소년의 약물 사용, 공격성, 무단결석과 같은 문제가 자연스럽게 완화된다는 것이 보고되었다. 이 때문에 클라이언트와의 논쟁을 피하고, 클라이언트의 욕구와 강점을 발견하고 조율하며 실현 가능한 것부터 수행해 나가는 동기강화모델, 해결중심모델은 비자발적인 클라이언트와 일하는 데 효과적인 실천방법으로 알려져 왔다.

이제 변화동기가 적은 클라이언트에 대한 실제 개입방안에 대해 아동학대 사례를 중심으로 설명하고자 한다. 아동학대 행위자들은 대부분 변화동기가 적은 클라이언트의 특성을 갖고 있기 때문이다. 아동학대 사례의 80%는 가정에서 발생하고 대부분의 행위자는 부모들이다. 그러나 그들 중에는 학대 사실을 인정하지 않고, 아동보호전문기관에서 제공하는 서비스나 프로그램, 사례관리 참여에 거부적이거나 소극적인 태도를 보이는 경우가 많다. 이러한 경우, 효과적인 개입방안에 대해 김경희 외(2021)의 연구를 중심으로 소개하면 다음과 같다.

첫째, 관계적 측면에서 보면, 사회복지사는 사회복지실천의 기본에 충실하면서 가족과의 협력적 관계 조성을 위해 노력해야 한다. 즉, 행위자를 포함한 가족과의 접촉에 있어서 비심판적인 태도를 유지하는 가운데 가족의 의사를 최대한 존중하면서 가족을 지원하고자 하는 진정성을 가족들에게 나타내어야 한다. 아동학대 행위자를 만날 때에도 행위자를 비판하거나 비난하는 태도가 아니라 비심판적인 태도를 갖고 있음을 첫 만남에서부터 적극적으로 표현하는 것이 필요하다. 사회복지사의 몸짓, 표정, 어조, 자세 등을 통해 가족에 대한 관심과 존중을 표현하며, 가족이 사회복지사에게 시간을 내어 준 자체가 어려운 일임을 인정하고 언급하는 것, 사회복지사가 가족의 강점을 발견하여 언급하는 것, 사례관리과정에서 가족에게 진행 순서나 프로그램에 대한 선택권을 제공하는 것 등은 비자발적인 클라이언트가 원치 않는 외부의 개입에 대한 반감을 줄이는 데 도움이 된다(DePanfilis, 2018). 비심판적 접근, 충분한 공감표현, 가족의 강점 발견과 언급은 초기면접뿐 아니라 개입의 전 과정을 통해 유지되는 것이 바람직하다.

둘째, 아동학대와 관련된 법적 · 행정적 측면을 잘 활용하여 개입을 위한 전문적 환경을 조성해 나가야 한다. 개인과 가족의 특성과 역동이 병리적인 경우, 관계적 노력만으로는 한계가 있을 수 있으므로 법과 행정체계 등 제반 환경을 적절히 활용한다. 이와 관련해서 아동복지법과 아동학대처벌법의 활용, 아동학대 대응체계에서 조사를 담당하고 있는 아동학대전담공무원과 사례관리를 담당하고 있는 아동보호전문기관과의 협력방안, 자원 동원과 활용을 중심으로 〈표 10-1〉을 통해 제시하였다.

표 10-1 아동학대 사례에서 변화동기가 적은 클라이언트의 참여를 높이는 방안

협력방안	주요 내용
법률 자원 활용	• 아동복지법의 과태료 부과 안내 활용(참여하지 않으면 더 복잡한 상황이 발생할 수 있다고 표현하고, 가족에게 도움을 요청하며 협력적 분위기 조성) – 2021년 6월 30일부터 아동학대 행위자, 보호자를 포함한 피해아동의 가족이 정당한 사유 없이 사례관리에 참여하지 않거나 방해한 경우 300만원 이하의

	과태료 부과 조항 시행(아동복지법 제75조) • 아동보호전문기관의 개입에 거부하더라도, 법적 처벌 가능성에 대한 두려움 때문에 법원에는 협조적인 경우도 많으므로 법원 조사관과 협조체계 구축 • 정신병리적인 문제 등이 있는 행위자의 경우 자발적 치료를 위한 설득에 한계가 있으므로, 유치명령이나 치료명령 연계, 활용 가능
공공과의 소통과 연계 필요	• 현재 아동학대 조사를 아동학대전담공무원이 담당하고, 사례관리가 필요한 경우 아동보호전문기관 상담원에게 의뢰하는 방식이므로, 공공과 한 팀으로 일하는 것임을 분명히 해야 함 • 공무원이 아동보호전문기관으로 사례를 연계할 때, 클라이언트에게 충분한 안내와 설명을 제공하여 아동학대 행위자의 서비스 제공에 대한 이해도와 참여도를 높여야 함
자원 활용을 통해 가족의 시급한 사안에 대한 지원 제공	• 지지자 역할 수행을 위해 사례관리 초기에 긴급지원 등이 필요한 경우, 가족의 욕구에 대응할 수 있는 자원 활용 권한을 갖추어야 함 • 이를 위해 공공의 예산과 자원, 기부나 모금을 통한 물품 수집을 통한 활용 가능한 자원목록 파악 필요 • 주소득원인 학대행위자 구속으로 인한 생활의 어려움에 대한 실제적인 지원, 생계비 등 범죄피해지원센터 지원이나 피해아동에 대한 후원 연결을 통해 관계형성의 발판 마련

출처: 김경희 외 (2021). 〈표 5-2〉 거부적인 가족과의 협력방안을 일부 수정하여 제시함.

2. 폭력적인 클라이언트

1) 개념과 특성

미국 산업안전보건국(The Occupational Safety and Health Administration: OSHA, 2004)의 정의에 의하면, '클라이언트 폭력(client violence)'은 고용인이 일하는 곳에서 서비스를 받는 사람으로부터 폭행을 당하는 것으로서 서비스를 받는 사람은 클라이언트나 환자를 의미한다. 클라이언트에 의한 폭력은 직장 폭력

(workplace violence)의 맥락에서 이해될 수 있으며, 사회복지실천현장에서 사회복지사가 자신의 업무와 관련하여 접촉하고 있거나 접촉했던 클라이언트가 사회복지사에게 위해를 가하려는 의도가 있는 모든 행위로 실제적인 신체공격과 시도된 신체공격, 위협, 기물파손을 포함한다(박은미 외 공역, 2007; 김경희 · 권자영, 2013 재인용).

클라이언트 폭력의 유형은 언어적 폭력, 위협, 신체적 공격, 성적 괴롭힘, 기물파손 등으로 분류되며(Newhill, 1996; MacDonald & Sirotich, 2001), 국내에서 발간된 여러 매뉴얼에서는 대개 신체적 폭력, 언어적 · 정서적 폭력, 성적 폭력, 경제적 폭력으로 구분하여 제시하고 있다. 사회복지시설 폭력피해예방매뉴얼(보건복지부 · 서울시사회복지협의회, 2019)과 사회복지종사자 안전을 위한 위기관리 실무매뉴얼(청주복지재단, 2020) 내용을 토대로, 클라이언트 폭력의 유형과 내용을 〈표 10-2〉에 제시하였다.

표 10-2 클라이언트 폭력의 유형과 내용

폭력 유형	주요 내용
신체적 폭력	• 신체적 상해 시도 혹은 신체적 피해를 입히려는 목적으로 공격을 가하는 것 • 예시: 직접 공격(멱살 잡기, 밀기, 침 뱉기, 때리기, 깨물기, 할퀴기, 도구를 이용한 폭력 등), 공격 및 위협 시도, 자해 시도, 가두거나 신체를 억제
언어적 · 정서적 폭력	• 사회복지시설 종사자의 존엄성에 부정적인 영향을 미치도록 언어적 · 정서적으로 괴롭히는 것 • 예시: 욕설, 비하발언, 협박, 스토킹, 고소 및 고발, 무리한 요구, 반복적인 민원 제기 등
성적 폭력	• 사회복지시설 종사자를 성적으로 괴롭히는 것 • 예시: 성희롱, 원하지 않는 신체 접촉, 성추행, 성폭행, 성적 스토킹
경제적 폭력	• 사회복지시설의 물건이나 자산을 파손하거나, 강제로 빼앗거나 훔치는 경우 • 예시: 기물 또는 물품파손, 절도, 물품 갈취 등

이러한 클라이언트 폭력은 사회복지사 개인에게 신체적 및 정신적 외상을 가져올 뿐 아니라 서비스의 질과 기관의 성과 저하 등 다양한 부정적인 영향들을 초래한다(김경희 · 권자영, 2013). 클라이언트 폭력을 경험한 종사자들은 불면증, 두통, 소화불량 등 신체적 증상을 보였고, 이직이나 전직을 고려하는 등 정체성에 회의를 느끼는 것으로 나타났다(서울복지재단, 2005). 그러므로 사회복지사의 신체적 및 정신적 건강 유지와 안정적인 서비스 질의 제공을 위해 클라이언트 폭력 이슈를 중요하게 다룰 필요가 있다.

2) 개입방안

클라이언트 폭력의 예방과 대응을 위한 노력은 사회복지사 개인차원이 아닌 기관차원에서 계획되고 실행되어야 한다. 사회복지기관에서는 폭력 예방을 위한 환경 구축, 폭력 발생 시 적절한 대응체계 마련, 폭력 발생 후 후유증 최소화를 위한 사후 대처 등의 전략을 단계별로 마련해야 한다. 이러한 추세를 반영하여 최근 국내에서 간행된 위기대응 매뉴얼들은 시설 차원에서 개별 종사자의 위험상황을 어떻게 예방하고 대응해야 하는지에 대한 구체적인 가이드라인 마련에 중점을 두고 있다. 이에 여기에서의 개입방안도 예방적 측면, 위기상황별 대응방안, 사후관리의 영역으로 나누어 제시하고자 한다(서울시사회복지사협회, 2019).

(1) 사회복지사 위기의 예방

사회복지기관에서는 사회복지사의 위험 예방과 안전관리를 위한 기관의 책임과 역할을 분명하게 인식하고, 이를 명시하며, 안전계획을 수립하고 실행함으로써 종사자를 위한 안전한 환경을 조성하고 예방적인 노력을 기울여야 한다.

기관의 책임 및 역할과 관련된 주요 내용으로는 사회복지사의 안전 및 인권 보장을 위한 조직문화 형성, 인권침해 금지, 기관 특성을 고려한 위기대응 매뉴얼 제작과 주기적인 검토를 통한 업데이트, 위기 예방을 위한 정기적인 교육 실시, 위기대응팀 운영, 위험보상보험 가입 등을 들 수 있다.

사회복지기관에서는 안전한 환경 조성을 위해서 현관 출입구에 안내 및 경비체계 마련, 관내 CCTV 설치, 대피공간 마련 등을 검토하고, 경찰서와 소방서 등 외부업체와 위기대응을 위한 협조체계를 구축하며, 가정방문을 나갈 때 방문장소와 대상자의 특성을 미리 확인하여 자연재해, 폭력, 감염 등의 위험으로부터 사회복지사를 보호하는 체계를 최대한 구축해 나가야 한다.

(2) 위기상황별 대응[1)]

① 신체적 폭력 사례

복지관에서 발달장애인의 직업재활을 담당하고 있는 사회복지사는 클라이언트가 자주 복지관의 물건을 훼손하고 동료와 다투는 모습을 보여 어머니와 전화 상담을 하였다. 그 후 클라이언트는 사회복지사가 어머니에게 전화를 걸어서 자신의 행동을 알렸다고 화를 내고, 때리려고 주먹질을 시도하면서 음료수병을 던졌다. 사회복지사는 신속히 몸을 피했으나 음료수병 2개 중 하나가 다리에 맞았고, 다른 하나는 바닥에 떨어져 일부 파편이 튀며 위험한 상황이 되었다. 이 상황에서 다른 종사자가 클라이언트를 붙잡아 진정시키고 귀가 조치를 하였다.

1) 서울시사회복지사협회(2019)의 '사회복지종사자의 안전과 인권보장을 위한 위기대응 매뉴얼'의 종사자 위기상황별 대응 부분의 일부 내용을 발췌, 수정하여 제시함.

클라이언트 폭력은 클라이언트와 사회복지사와의 관계성으로 인해 법적 절차의 적용을 생각하기 쉽지 않다. 그러나 어떤 경우에도 폭력은 용납되어서는 안 되기 때문에 클라이언트 폭력 또한 폭력행위 등 처벌에 관한 법률과 형법의 상해, 폭행, 공무집행 방해, 업무방해 등의 관련 법령에 따라 처벌과 조치가 가능하다는 것을 숙지하고 대응해 나가는 것이 필요하다. 또한 예시와 같은 신체적 폭력 사건에 대해 다음에 제시한 안전지침을 참고하여 차분하게 대응해 나가야 한다.

- 클라이언트가 흥분하여 폭력적 신호를 보일 경우 폭력의 가능성을 간과해서는 안 되며, 이러한 신호를 인식하고 안전을 위해 필요한 조치를 취해야 한다.
- 클라이언트에게 너무 가까이 다가가거나, 지나치게 오랫동안 시선을 고정하거나, 손가락으로 지적하거나, 위협적인 표정과 동작을 하는 것은 공격적으로 해석될 수 있으므로 자제한다.
- 폭력 발생의 징후가 보일 때 상황을 보면서 클라이언트를 진정시킬 수 있는 방법(타임아웃, 차 대접, 동료 동반 등)을 취하거나, 발생 직후 비상벨 등을 사용하여 도움을 요청한다.
- 폭력이 발생한 경우 동료직원에게 도움을 요청하여 신속히 클라이언트를 제지하거나 대피해야 한다. 전 직원이 협력하여 추가 피해를 막고 다른 사람들의 불안을 최소화시킨다.
- 폭력이 발생한 직후 신속하게 상급자 및 기관 책임자에게 상황을 알리고, CCTV 등 증거를 확보해야 한다. 필요한 경우 경찰에 신속히 연락하고, 경찰이 도착할 때까지 기관 책임자의 지휘 아래 추가 피해를 막기 위해 노력한다.

② 정서적 · 언어적 폭력 사례

코로나로 인해 복지관을 한동안 휴관했다가 다시 열고 프로그램을 시작했지만 노래방 프로그램은 마이크 등 위생관리가 어려운 점을 고려하여 개강을 늦추었다. 그러자 노래방 프로그램을 많이 이용하는 어르신들 여러 명이 몰려와 관장실을 점거한 후, 노래방 사용을 허락할 때까지 나가지 않겠다고 항의하였다. 업무 중임에도 불구하고 어르신들의 소란과 행동은 점점 거칠어졌고 몇몇 어르신은 '구청에 가서 1인 시위를 하겠다', '**놈들'이라고 욕설을 하면서, 앞으로 복지관을 수탁받지 못하게 할 것이라면서 협박성 발언을 하였다.

복지관에서는 클라이언트의 요구를 수렴하고 이에 부응하기 위해 노력해야 하지만 클라이언트의 막무가내식 요구는 정서적인 폭력이 될 수 있으므로 이를 인식하고 적절하게 대응해야 한다. 또한 폭언이나 폭력 사용, 집단행동 등 상황 악화가 예상되는 경우에는 신체적 폭력 대응지침에 따라 이를 다루어야 한다.

- 무조건 자기 의견만 옳다는 막무가내형 클라이언트의 경우 특별한 대책이 있는 것은 아니나 처음부터 옳고 그름을 판단하기보다 충분히 경청하고 진지한 표정으로 시선을 맞추며 공감하는 과정을 통해 클라이언트의 감정이 가라앉도록 한다.
- 요구 사항이나 불만을 제기하는 경우 수용과 존중의 태도를 유지하면서 기관 규정과 기준, 관련 절차와 기간 등에 대해 가능한 자세하게 설명한다.
- 지속적으로 반복민원을 제기하는 경우 그동안의 민원신청 · 답변내용을 다시 설명하거나 다른 해결책을 모색하는 등 민원해결을 위해 최선을 다하는 모습을

보인다. 그럼에도 막무가내로 계속 우기거나 언행이 거칠어져 더 이상의 대화가 어려울 경우에는 대응 절차나 법적 책임에 대해 안내한다.
- 특히 민원 제기 과정에서 폭언 또는 폭력을 행사하는 경우 신체적 폭력 및 언어적 폭력 대응방법에 따라 처리한다.

③ 성적 폭력 사례

독거어르신 돌봄 서비스 대상자 중 한 남자 어르신은 가정방문을 가면 늘 속옷만 입고 사회복지사를 맞이한다. 겉옷을 걸치도록 요청하여도 본인 집에서 편한대로 입는데 무슨 상관이냐며 평소 옷차림을 고집한다. 배달해 드린 음식을 잘 드셨는지 확인하기 위해 집안에 들어서면 출입문을 막고 나가지 못하게 하고 뒤에서 안으려는 행동을 취한 적도 있다. 사회복지사가 불쾌함을 표현하면 손녀딸 같은 마음에 장난을 쳤을 뿐인데 지나치게 대응한다고 오히려 화를 낸다.

가벼운 성적 농담이나 접촉이더라도 사회복지사가 클라이언트의 친근한 행동으로 생각해서 무조건 받아주거나 참아서는 안 되며, 그러한 행위가 성적 폭력에 해당이 됨을 정확하게 알리고 다음의 지침을 참고하여 절차대로 대응하는 것이 필요하다.

- 성적 농담과 성희롱을 하는 경우 클라이언트의 행동이나 말이 성희롱에 해당됨을 알리고 침착하고 사무적인 표정으로 단호하게 불쾌함을 표현한다.
- 클라이언트가 이를 받아들이지 않더라도 종사자가 불쾌감을 느낀 만큼 유사한 행동을 반복하지 않도록 주의를 준다.

- 이후에도 중단하지 않으면 면담이나 가정방문을 중단한다.
- 클라이언트가 담당 사회복지사에게 반복적으로 성희롱을 할 경우 담당자를 교체하고, 교체 시 클라이언트에게 사유를 분명히 알린다.
- 가정방문의 경우 혼자 방문하지 않고 2인 1조로 방문한다. 후원물품 전달 등 필요한 경우 실외로 나오도록 하여 전달하고, 가능한 실내에 클라이언트와 둘만 있는 상황을 피한다.

(3) 사후관리

클라이언트 폭력이 발생한 경우, 위험행동을 행사한 클라이언트에 대한 대응과 처리는 개인적 차원이 아닌 조직적 차원에서 이뤄져야 한다. 기관은 피해를 당한 사회복지사를 보호하고 신체 및 정신적 상처나 후유증 완화를 위한 지원에 최선을 노력을 기울여야 한다. 또한 기관 차원에서 피해를 겪은 사회복지사를 지원하는 분위기를 조성해야 하며, 동료들은 사회복지사의 대응에 대해 문제를 제기하거나 비난하는 태도를 취해서는 절대 안 된다. 피해를 경험한 사회복지사 자신도 위기 사건의 영향을 인식하면서 자기를 비난하지 않도록 주의하고, 정서적 및 신체적 어려움이 있을 때는 이를 표현하고, 적절한 조치를 통해 치료와 회복에 집중하여야 한다.

3. 자살위험이 있는 클라이언트

1) 개념과 특성

한국의 자살률은 2019년 기준 10만명당 26.9명으로, OECD 국가 중 1위이며, 한국인 사망원인 5위이기도 하다. 그만큼 한국에서의 자살문제는 심각하다. 사회복지 현장에서 가장 중요하게 생각되어야 할 가치는 생명에 대한 존중이다. 그러므로 클라이언트가 사회경제, 심리정서 등 복합적 요인에 의해 우울한 정서를 갖고 있거나 나아가 자살위험이 있는 경우, 사회복지사는 이러한 징후를 포착하고 적극적이고 지지적으로 개입하여 전문기관에 연계하는 위기개입 전략을 수행해야 할 책임을 갖고 있다.

개인의 우울감은 다양한 요인에 의해 발현된다. 우울증의 정신역동적 특징은 우울증 가족력이 있는 경우, 자기에 대한 높은 가치 기준을 가진 경우, 유년기 부모와의 이별이나 사별, 삶에 대한 재미 저하, 낮은 자기존중감 등이 제시되고 있다. 또한 우울증에 대한 다양한 정신역동적 이론들은 공통적으로 '대인관계의 실패'라는 맥락 속에서 자존감이 손상되고 결국은 우울증을 겪게 된다고 설명한다(박용천 · 박선철, 2012; Gabbard, 2005). 복잡한 사회경제적 환경안에서의 다양한 문제가 개인의 우울과 무기력을 심화시킨다는 연구들도 있다. 사회복지사는 여러 가지 이유로 우울감을 경험하는 클라이언트의 정서상태와 징후를 포착함으로써, 개인의 안전을 위한 개입계획을 수립하는 것이 필요하다.

자살위험의 구체적인 징후들은 외모와 성격의 변화, 달라진 행동과 암시, 불안정하거나 극도로 무기력하거나 우울한 정서 등을 포함한다. 자살위험징후의 구체적인 내용은 다음과 같다.

표 10-3 자살위험징후

성격변화	눈에 띌 정도로 현저하게 슬프고, 비사교적이고, 화를 잘 내고, 냉담하던 청소년이 심각한 정도의 우울감을 호소한 후 성격이 갑자기 변해서 증상들의 상당 부분이 개선됨
우울	극도의 불행과 무기력을 나타냄
죽음에 관한 이야기	죽음에 관해 유달리 몰두함. 즉, 죽음 후에 무슨 일이 일어나는지 질문, 생명보험증권 구매, 결심을 적어 두거나 변화시킨 것에 관해 이야기함
자살에 대한 직접적 또는 간접적인 암시들	자신이나 자신의 삶이 무가치하다고 말하거나 아무도 관심을 가지지 않는다고 이야기함. 예를 들면, "부모님(혹은 다른 ○○)에게는 내가 없는 것이 더 나아요." 또는 "나는 얼마 못 살 거예요."와 같은 이야기를 함
분위기나 행동의 이유 없는 변화	대개 삶에 관한 감각이 극도로 부정적임. 통상적인 활동이나 취미생활에 참여하지 않거나 그것을 즐기지 못함. 한때 즐거움을 주던 컴퓨터 게임이나 농구, 애완견 돌보기 같은 취미생활에 더 이상 흥미가 없음
수면, 식사 습관의 변화	잠을 더 많이 자거나 잠이 없어지며 식사를 더 많이 하거나 적게 하는 것 등의 변화가 있음
용모의 변화	머리카락이나 옷차림 등에 신경을 안 쓰거나 지저분함. 체중이 급격히 불거나 감소함. 얼굴 표정이 무감각해 보이고 변화가 없어 보임. 눈빛이 분명하게 움직이지 않고 생기가 없어 어두움
후퇴와 단절	주변 사람들과 의사소통을 거의 하지 않음. 가족과 친구를 피함
절망감	곧 있을 사태들에 흥미가 없음. 현재의 상황이나 미래에 관해 희망이 없음
약물 증가	약이나 알코올을 지나치게 복용함
화, 공격적 행동	성격이 급해지거나 쉽게 화를 냄
불안	안절부절못함. 전전긍긍함
소유물 정리	특별히 좋아하거나 귀하게 여기던 것들을 남에게 주어 버림

2) 개입방안

(1) 자살위험군에 대한 사회복지사의 역할

사회복지사는 지역사회에서 자살 고위험군으로 분류될 수 있는 클라이언트와 일하는 경우가 많기 때문에 정신건강사회복지사처럼 자살 문제를 직접적으로 다룰 수 있는 전문가가 아닌 경우에도, 전문적인 게이트키퍼로서의 책임을 갖고 역할을 수행해 나가야 한다. 대개 게이트키퍼는 자살 고위험군과의 접촉 가능성은 많으나 정신건강전문가는 아닌 사람들을 의미한다. 선생님, 성직자가 그 예가 될 수 있다(Osteen et al., 2014). 그리고 전문적 게이트키퍼(professional gatekeeper)는 정신건강전문가와 같은 수준의 서비스는 아니지만 지역사회 게이트키퍼보다는 더 전문적인 서비스를 제공하는 것으로서(Osteen et al., 2014), 자살위험이 있는 개인을 식별하여 위험 수준을 평가하고 단기개입이나 안전계획, 정신건강전문가에게 의뢰하는 업무를 수행하는 사람을 뜻한다(Ronquillo et al., 2010). 대개 지역사회에서 일하는 사회복지사가 전문적 게이트키퍼의 역할을 수행하게 된다.

사회복지사가 전문적인 게이트키퍼로서의 역량을 갖추기 위해서는 자살의 위험신호인 4가지의 언어적, 감정적, 상황적, 행동적 단서를 포착할 수 있어야 한다. 이에 대해 구체적으로 설명하면 다음과 같다.

첫째, 언어적 단서에 주목해야 한다. 클라이언트는 무심하거나 혹은 진지한 태도로 죽고 싶다는 직접적인 표현을 할 수도 있고, 지속적으로 절망감과 죄책감을 표현하면서 자신이 세상에 없는 것이 더 나을 것이라는 등 죽음을 암시하는 말을 할 수도 있다.

둘째, 감정적 단서에 주목해야 한다. 클라이언트는 감정적으로 기복을 보이며 눈물을 보이고, 갑작스럽게 분노감을 표출하거나, 불안한 표정을 보일 수 있다.

셋째, 상황적 단서에 주목해야 한다. 클라이언트 본인이나 주변에 큰 상실이나 고통을 주는 사건이 발생한 경우, 가령 본인이 질병으로 고통받고 있거나, 가족이나 가까운 사람의 죽음을 경험하거나 경제적인 위기에 처한 경우 등이 그 예가 될 수 있다.

넷째, 행동적 단서에 주목해야 한다. 주변을 정리하는 듯한 모습을 보이거나 무엇인가 감추고 혼자 있으려는 모습을 보이는 경우, 자살을 준비하는 행동이나 자해 흔적이 있는 경우, 본인의 위생을 잘 챙기지 못할 정도로 외양의 변화를 보이는 경우가 그 예가 될 수 있다.

표 10-4 자살의 위험신호 4가지

언어적 단서	감정적 단서

• 죽고 싶다는 직접적 표현
• 절망감과 죄책감 표현
  – "차라리 죽어버리는 게 낫겠어."
  – "나는 아무런 쓸모가 없어."
  – "죽으면 편해질 수 있을까."
	• 감정의 큰 기복, 눈물
	• 급작스런 분노, 불안한 표정

상황적 단서	**행동적 단서**
• 가정불화나 폭력 • 가족이나 친구와의 사별 • 신체적 장애와 말기질환, 심한 통증 • 사회·경제적 지원 상실 • 여러 가지 원인에 의한 스트레스 상황	• 자살을 준비하는 행동(죽음과 관련된 영화나 사이트에 몰입, SNS 등에 죽음과 관련된 내용을 올림 등) • 자해 흔적 • 혼자 있으려는 행동 • 공격적이고 충동적인 행동 • 외모 관리에 무관심

출처: 삼성서울병원 건강자료실.

사회복지사가 위와 같은 단서를 하나라도 포착한 경우, 이를 무심히 지나치지 말고 관련된 단서들을 함께 파악하면서 클라이언트의 상황과 맥락을 이해하고 위기지원을 위해 노력하는 것이 필요하다. 이러한 자살위험 신호를 표로 정리하면 〈표 10-4〉와 같다.

(2) 자살징후 포착 후 개입방안

클라이언트로부터 자살징후를 포착하였을 때, 사회복지사는 침착하게 다음과 같이 행동해야 한다. 먼저, 클라이언트의 자살 신호를 확인한 경우, 이와 관련하여 질문하면서 충분한 시간을 갖고 이야기를 나누며, 경청하는 태도를 보이는 것이 중요하다. 이때 클라이언트가 자살을 생각하고 있는지를 직접 물어보는 것이 조심스럽게 느껴질 수 있으나, 자살의 징후가 보일 때는 이에 대해 질문하여 상황을 분명하게 탐색하는 것이 필요하다. 동시에 사회복지사는 클라이언트를 돕고 싶은 마음을 전달하면서 주변 가족이나 도와줄 사람, 기관을 찾아 연계해야 한다. 정리하면, 사회복지사가 현장에서 자살위험징후를 포착했을 때는 자살생각 확인, 구체적인 자살계획 평가, 자해 또는 자살시도 이력 파악, 주변 지원체계 평가를 통하여 위험도를 파악하고 적절한 개입으로 연계될 수 있도록 해야 한다. 구체적으로 할 수 있는 질문의 예시를 다음의 〈표 10-5〉를 통해 제시하였다.

표 10-5 자살위험징후 포착 시 사회복지사의 질문 예시

① 자살에 대한 생각 확인: 자살생각을 갖고 있는지의 여부와 빈도 확인
• "00님 상황에 대해 많이 걱정이 되는데요…." • "아까 사라지고 싶다는 생각이 든다고 했는데 혹시 죽음에 대한 생각을 하고 계신가요?" • "지난 몇 주 동안 스스로 목숨을 끊는 것에 대해 생각해본 적이 있습니까?"

- "그런 생각이 얼마나 자주 들었습니까?"(빈도는 어느 정도일까요? 하루에 한 번 또는 두 번, 하루에 여러 번, 일주일에 여러 번 등 구체적으로 말씀해 주세요.)
- "이러한 생각을 언제 마지막으로 했나요?"

② 구체적인 자살계획 평가

- "그럼 자살에 대해 어떤 계획을 갖고 계신가요?"
- "계획이 있다면, 그 계획에 대해 설명해 주시겠습니까?"

※ 클라이언트가 매우 상세한 계획을 가지고 있고, 만약 그 계획이 실현 가능한 경우(예: 약물을 사용할 계획이고, 약물에 쉽게 접근할 수 있는 직업을 가진 경우)에는 위험도가 매우 높으므로, 위험한 상황에 대해 협조 가능한 가족이 있다면 알리고 정신건강 전문기관과 조속히 연계해야 함

③ 자해 또는 자살 시도 이력(방법, 날짜, 의도) 확인

- "과거에 어떠한 방식으로든 자해 또는 자살을 시도한 적이 있습니까?"
- "언제였을까요. 어떻게, 어떤 이유로 자해 또는 자살을 시도하였습니까?"
- "이전에 정신건강의학과 치료를 받은 적이 있습니까? (있다면) 그 경험은 어땠습니까?"

※ 과거의 자살 행동은 향후 자살을 시도하는 데 있어 가장 큰 위험요소임. 이에 대한 질문을 통해 상황의 긴급성과 과거 이용했거나 연계 가능한 정신건강전문기관을 확인해야 함

④ 본인과 주변 지원체계에 대한 평가

- "(이러한 위기상황에서) 도움이 된 것은 무엇입니까?"
- "앞으로 달라지기를 원한다면, 어떻게 해야 할까요? 무엇부터 시작할 수 있을까요?"
- "주변에 어떤 사람이 당신 상황을 잘 알고 있습니까?"
- "주변에 도움을 줄 수 있는 사람이 누가 있을까요?

※ 가족, 친구, 선생님, 의료기관 등 도움을 줄 수 있는 자원의 파악과 연결이 중요함

4. 알코올중독 문제가 있는 클라이언트

1) 개념과 특성

알코올중독이란 알코올을 장기간 사용했을 때 생기는 의존성을 의미한다.

여기서 말하는 의존성은 행동적 및 신체적 의존으로 나뉘는데, 행동적 의존은 알코올 섭취와 관련하여 나타나는 문제행동이고, 신체적 의존은 알코올 장기 사용으로 인해 발생한 알코올에 대한 내성과 금단증상을 의미한다. 즉, 알코올 문제는 알코올을 장기간 사용하여 알코올과 관련된 문제행동이 빈번히 나타나고, 알코올 금단 또는 내성 등의 신체적 증상이 나타나서 개인의 건강이나 사회적, 직업적 기능에 장애가 발생하는 상태를 의미한다.

알코올중독 문제를 가진 클라이언트는 정신적, 신체적, 경제적 및 사회적 측면에서 다음과 같은 문제를 겪게 된다(권진숙 외, 2017). 첫째, 정신적 측면에서는 반사회적 행동, 정신장애, 기타 약물 남용, 강박신경증 등의 위험을 야기시킬 가능성이 높고, 음주 상태에서 우울 및 자살의 위험성도 증가한다. 둘째, 신체적 측면에서는 알코올중독자의 다수가 위장, 췌장, 간질환, 심혈관질환, 말초신경계 등의 장애를 가지며, 알코올성 간질환 및 간경화, 알코올성 지방간, 알코올성 심근증, 위염 등의 문제를 갖는다. 셋째, 경제적 측면에서는 음주로 인한 질환 발생, 사망, 사고, 범죄 위험으로 인한 사회경제적 비용 증가를 들 수 있다. 넷째, 사회적 측면에서는 가족관계에서의 불안, 생활만족도 저하, 우울 등 알코올중독자 본인뿐 아니라 가족구성원들의 정서와 생활에 부정적인 영향을 미치게 된다.

알코올중독은 다른 정신과적 질환과 마찬가지로 반복적으로 재발되는 만성적 질환으로서 계속 치료하지 않으면 점점 중독이 진행되어 사망에 이르거나 매우 불량한 예후를 보이게 된다. 그러므로 알코올중독의 치료는 매우 중요한데, 이러한 치료에는 초기의 해독(detoxification), 진단적인 개입을 위한 직면(confrontation), 이후의 재활(rehabilitation)이 포함된다(성상경 외, 2003).

그러나 알코올문제를 가진 클라이언트가 자기 문제를 직면하고 적극적으로 치료에 나서는 경우는 많지 않다. 한국 문화권에서의 음주는 대인관계에서 서로 친밀감을 주고받을 수 있는 중요한 수단으로 받아들여지고 있고, 한국 사람들의 술에 대한 일반적인 인식은 물질(substance)로서의 개념보다는 음식으로 보는 경향이 더 크므로, 음주 및 만취 행동에 대한 태도가 관대하고 수용적이다(김광일 외, 1989). 또한 우리나라의 경우 아직까지 알코올중독을 치료를 요하는 질환이 아닌 단순히 술을 많이 마시는 행동 정도로 인식하고 있는 오랜 문화적 전통의 영향 때문에 정신과 치료를 받는 비율이 낮은 편이며(한동세, 1971), 치료에 대한 거부감도 크다. 그러므로 알코올중독 문제를 가진 사람이 치료를 시작하더라도, 본인의 변화동기와 의지는 낮고 주변의 설득과 강요로 마지못해 참여한 경우가 많으므로 해독과정에서 어려움을 겪게 되면 치료가 중단되는 사례도 많다. 또한 본인이 원하지 않는 상태에서는 강제입원 등의 치료가 불가능하므로 알코올 문제가 있는 클라이언트가 본인의 상태를 받아들이고, 변화동기를 갖도록 돕는 것은 매우 중요한 과제이다.

2) 개입방안

중독행동은 일반적인 정신질환이나 장애와 다른 특성을 갖고 있기 때문에 그동안 중독행동의 치료와 재활을 위한 모델들이 지속적으로 개발되어 왔다. 현재 알코올중독 문제에 대한 치료에서 널리 쓰이는 것은 인지행동치료와 동기강화치료이다. 인지행동치료는 알코올 및 물질사용장애에 대한 폭넓은 연구결과를 토대로 문제해결에 초점을 맞추어 치료 효율성을 높이고 재발을 방지하는 구체적인 단계를 제시한다. Miller와 Rollnick(2002)이 개발한 동기강화치료는 중독행동을 보이는 사람에게 가장 중요한 문제는 행동의 변화와 관련된 동기의 문제라는 것에 주목하고, 클라이언트가 치료에 대한 저항감을 줄이고 스스로 치료 동기를 발견하여 자율적으로 치료에 참여하도록 돕는 유연한 기법을 제공한다(이상규, 2019).

앞서 인지행동모델과 동기강화모델을 학습했기 때문에, 구체적인 개입과정과 기술에 대해서는 앞장의 설명과 예시를 참조하기 바란다. 여기에서는 지역사회에서 일하는 사회복지가가 클라이언트의 알코올중독 문제를 알게 되었을 때 변화동기를 높이기 위해 어떻게 접근해야 하는지를 해결중심모델의 적용 사례를 통해 설명하고자 한다.

사회복지사가 만나는 클라이언트의 알코올 문제가 심각하다고 판단되는 경우, 사회복지사는 관심과 걱정을 표현하면서 자연스럽게 이 문제와 관련된 대화를 나눌 수 있을 것이다. 또한 중독의 상태와 특성, 이로 인한 개인과 가족의 영향, 과거의 치료력이나 회복을 위한 노력 등을 종합적으로 탐색하고 개인의 강점과 자원을 발견하면서, 지역사회 자원 연계를 포함한 다양한 대처방안에 대해 모색할 수 있을 것이다. 일단 신뢰관계가 형성되고 변화동기와 성공 경험을 찾게 되면, 이를 바탕으로 더 어려운 상황이나 문제에 부딪치더라도 해결방안을 적극적으로 모색해 나갈 수 있게 될 것이다. 다음에 제시한 사례(신재은 외, 2018)를 통해 앞에서 배운 모델의 적용과 사회복지사의 역할에 대해 생각해볼 수 있을 것이다.

20년째 술 취한 할머니

할머니는 술만 마시면 동네 사람들에게 시비 걸거나 소란을 피워 모두에게 기피 대상이었다. 실제 할머니 가족은 조손가족이었고, 손녀를 잘 키우고 싶었지만 여러 가지 문제와 어려움 때문에 항상 힘든 상황이었다.

할머니를 만난 행정복지센터의 사례관리자는 할머니에게 술을 빨리 끊으라거나 가능하면 술을 마시지 말라고 권유하지 않았고, 대신에 할머니가 술을 마시는 그만의 이유가 무엇인지를 질문하였다. 할머니는 사는 게 너무 괴롭고 힘들어 잠들기 어려울 때마다 술을 마신다고 대답하였다. 사회복지사는 할머니의 술을 마시는 행위를 병리적이지만 스트레스를 풀고 살아가기 위한 나름의 전략으로 판단하였다.

이에 해결중심모델을 적용하여 할머니의 강점과 성공 경험을 파악하고자 하였다. 즉, 술을 마실 수 없을 땐 어떻게 했는지를 질문했고, 예전에 술을 살 돈이 없었을 때, 또 너무 힘들었을 때 밤에 동네를 한 바퀴 돌았던 적이 있다는 할머니의 기억을 공유하였으며, 이것이 술을 조절하려는 할머니의 노하우임을 알게 되었다.

따라서 사례관리자는 술을 마시지 말라는 부탁 대신에 괴로우면 술을 마시기 전에 동네를 먼저 돌라는 과제에 대해 얘기했고, 통장을 통해 이웃주민들과 의논하여 할머니가 동네를 돌 때마다 주변에서 관심을 갖고, 지지해주는 역할을 수행하도록 하였다. 이후 마을공동체 구성원들은 할머니를 돕기 위해 함께 노력하였다. 할머니는 술을 끊기 위해 동네를 돌면서 편하게 대화할 수 있는 이웃이 늘어났고, 이웃들도 할머니를 이해하게 되면서 서로의 지지체계는 더욱 돈독해졌다.

연습문제

1. 다음 사례를 읽고 생각해 보시오.

다음 사례는 아동학대 대응 업무매뉴얼에 수록된 사례로서(보건복지부 · 아동권리보장원, 2020) 아동방임이 의심되어 가정방문을 한 사회복지사가 집안에 널린 술병을 보고 부의 알코올문제를 인식한 후에, 이를 다루기 위해 해결중심모델을 적용하여 접근하는 과정을 제시한 것이다.

(술병이 널려 있으나 난 아무 문제 없다며 돌아가라고 말하는 보호자에게)

사회복지사: 아이들에 대해 걱정이 많으시죠. 아이들이 안전하게 잘 지내는 걸 알아야 저희가 찾아오는 걸 그만둘 수 있으니까…. 저희가 찾아오고 하는 일이 없도록 아버님께서 도와주셨으면 하는데….

보호자: 뭘 어떻게요?

사회복지사: 아버님께서 그동안 아이들 키워오셨으니까 제일 잘 아실 텐데… 어떻게 하면 아이들이 지금보다 안전하게 지낼 수 있을까요?

보호자: 아 나도 남들처럼 얘들 잘 살펴주고는 싶죠. 근데 뭐 일도 없고, 애들은 말도 안 듣고. 속상하니까.

사회복지사: 당연히 그러시죠. 혹시 전에는 지금과 다르게 지낼 때가 있었나요?

보호자: 내가 일을 할 때는 아무래도 달랐죠.

사회복지사: 그럼 그때는 어떻게 하셨나요?

보호자: 시간 나면 아이들하고 놀아주기도 하고 그랬죠. 근데 애기 때랑 크니까 또 달라요.

사회복지사: 그럼요, 아이들이 크면 당연히 달라지죠.

보호자: 다 그래요? 하여간 말도 드럽게 안 들으니까.

사회복지사: 아이들이 크고 있다는 거죠. 그래서 궁금한데… (천천히) 아이들이 커서 결혼하고 자식을 낳았어요. 그럼 손주가 있으신 거잖아요. 그럼 그때는 할아버지가 되신 거구요. 자녀들이 손주들한테 할아버지 이야기를 한다고 상상해 보세요. 그때 손주들에게 할아버지는 어떤 분이시다 라는 이야기를 듣고 싶으세요?

보호자: 뭐… 풍족하게는 못해 줬지만 노력하면서 살아온 사람.

사회복지사: 그리고 또 뭐라고 하는 이야기를 듣고 싶으세요?

보호자: 그거면 됐죠 뭐.

사회복지사: 그러시구나. 그럼 지금처럼 지내시면 되나요?

보호자: 아니죠.

사회복지사: 그럼 뭘 다르게 하시면 아버님이 듣기 바라시는 이야기를 들으실 수 있나요?

보호자: 아무래도 지금처럼 이렇게 술 먹고 지내면 그런 얘기는 못 듣겠죠.

1) 이 사례를 읽고 난 후 어떤 생각이 들었는가? 떠오르는 단어 혹은 문장을 적어 보시오.
2) 3~5명 정도 짝을 이루어 서로의 생각과 느낌을 공유해 보시오.
   (1) 내가 클라이언트라면 사회복지사가 이렇게 질문했을 때 어떤 생각이 들 것 같은지 함께 이야기해 보시오.
   (2) 여기에서 사회복지사가 해결중심모델의 어떤 기법을 사용하였는지를 설명해 보시오.

Tips

- 술 문제에 상관하지 말라고 거부하는 경우에는 처음부터 술 문제에 초점을 두면 자신을 문제 있는 사람으로 여긴다고 생각해서 거부가 더 심해질 수 있음
- 이때 보호자를 아이들 안전을 위해 애쓰는 사람이라고 전제하고 잘 지낼 때는 무엇이 달랐는지, 어떻게 달라졌으면 하는지 등을 질문하면서 아동의 안전을 위해 노력하는 파트너가 될 수 있도록 시도해볼 수 있음
- 이렇게 해서 어느 정도 관계가 형성된 후 서로 파트너라는 느낌이 돈독해질 때 보호자 역할을 더 잘하기 위해 치료를 받는 것이 도움이 될 것이라는 공동 목표를 갖고 전문기관 연계를 모색해 나갈 수 있음
- 단, 방문할 때마다 취해 있거나 전혀 나아지지 않는 모습 때문에 아동의 방임과 안전이 우려된다면 아동 또는 다른 핵심 주변인을 통해 상황을 파악하면서 다른 방안을 모색해 나가야 함

2. 다음의 사례를 읽고 답하시오.

우주: 언니… 요즘 왜 이렇게 기운이 없어.
미주: 그냥… 사는 게 너무 힘들다. (왈칵 눈물을 쏟음)
우주: 왜? 언니 아르바이트 나가는 편의점 매니저님한테 야단맞았어? 응? 아님 거기 일이 너무 힘들어?
미주: 꼭 그렇다기보다는… 날 이해해 주는 사람도 없는 것 같고… 재미도 없고….
우주: 그러고 보니까 언니 요즘 밥도 잘 안 먹고 살도 많이 빠지고 얼굴도 많이 상했어.
미주: (잠시 머뭇거리며) 우주야, 너 지난번에 우리 강아지 귀엽다고 그랬지, 니가 키울래?
우주: 나야 좋지만… 언니 최근에 엄마 돌아가시고 제일 의지했던 게 강아지였는데… 강아지까지 없으면 어쩌려고. 갑자기 왜?

미주: 그냥 내가 키우는 것보다 네가 키우는 게 좋을 거 같아서…. 넌 같이 사는 식구들도 있어서 강아지한테도 더 좋을 거야.

우주: (미주의 표정을 살피며) 언니 요즘 좀 이상해. 무슨 일이야?

미주: 사실 요즘 너무 우울해. 밤에 자려고 침대에 누우면 돌아가신 엄마 생각에 이유 없이 눈물도 나고. 겨우 잠들어 아침에 눈을 뜨면 왜 살아야 하나 싶어…. 매일 나를 괴롭히는 매니저도 견디기 힘들고…. 그냥 죽어서 내 모든 게 없어지면 좋겠어.

우주: 언니 정말 많이 힘들었구나….

미주: 죽고 싶은 마음에 약을 모으기도 했지만…. 먹어보려다 무서워서 포기했어.

1) 이 상황에서 자살과 관련된 위험징후 중 어떤 것들이 나타나고 있는지를 언어적, 감정적, 상황적, 행동적 측면에서 찾아보고 아래 표에 적어 보시오.

언어적 단서	감정적 단서
상황적 단서	**행동적 단서**

2) 함께 이야기 나누기

(1) 파트너와 짝을 이루어(또는 3~5명의 집단을 구성하여) 정리한 내용에 대해 이야기해 보시오.

(2) 지금까지 내 주변에서 저런 신호들을 느꼈던 적이 있었는지, 어떻게 대처했는지 함께 이야기해 보시오.

PART 04

ESSENTIAL SKILLS OF SOCIAL WORK PRACTICE

집단사회복지실천

CHAPTER 11

집단사회복지실천의 개념과 모델

chapter 11

집단사회복지실천의 개념과 모델

1. 집단의 개념

1) 집단의 정의

인간은 평생 다양한 유형의 집단과 관계를 형성하고 다양한 집단경험과 활동을 통하여 성장, 발달해 나간다. 집단의 개념에 대해서는 학자들마다 다양한 정의를 내리고 있지만 다음과 같은 공통적 요소들을 제시하고 있다(남세진 · 조흥식, 1999).

① 3인 이상의 집합체로서 일정한 구성원을 가져야 한다.

② 성원들은 소속감을 가져야 한다.

③ 성원들이 공통의 목적이나 관심사를 가져야 한다.

④ 성원들끼리 정서적 결속과 함께 상호의존적이며 상호작용이 이루어져야 한다.

⑤ 성원의 기능과 역할을 규제하는 규범을 가져야 한다.

2) 집단역동성

사회복지사가 집단을 구성하고 그 집단의 기능을 활성화하여 집단의 목적을 달성하기 위해서는 집단역학에 대해 이해하고 이를 잘 활용하여야 한다. 집단 내에서 구성원과 구성원 간에, 그리고 사회복지사와 구성원들 간에 발생하는 역동적인 상호작용을 집단과정이라고 하며, 집단과정을 통해 개별 구성원과 전체 집단에 영향을 미치는 힘을 집단역동성(group dynamics)이라고 한다.

집단역동성을 구성하는 요소는 사회적 상호작용, 집단목적, 정서적 유대, 지위와 역할, 하위집단, 가치와 규범, 참여 유형, 분위기, 응집력, 지도력 등이다.

(1) 사회적 상호작용

사회적 상호작용의 기초는 의사소통이다. 집단은 저마다의 의사소통 구조를 통하여 정보, 감정 등의 메시지를 주고받으며 해석된다. 의사소통은 언어와 비언어적 과정을 통하여 이루어진다. 언어적 의사소통의 문제를 해결하기 위해서는 가능한 한 구체적인 말로 표현하며 예와 설명을 들어서 말하고 한 번에 한 가지씩만 이야기하는 것이 좋다. 비언어적 메시지도 의사소통상의 문제를 일으킨다. 비언어적 의사소통의 문제를 해결하기 위해서는 경청하고 상대방과 감정이입이 되도록 노력하고 개인 간의 문화적 차이에 대한 이해를 높이도록 한다.

(2) 집단의 목적

집단의 목적은 사회복지사에 의해 진술된 목적과 구성원들에 의해 만들어진

목적의 혼합물이다. 집단구성원 개개인이 집단에 참여하게 된 필요와 욕구는 사회적 상호작용 과정을 통해서 집단목적으로 발전한다. 구성원들이 자기들의 개인적 목표가 집단의 목적에 의해서 발전된다고 느끼고 개인과 집단의 목표가 조화를 이루고 있다고 느낄 때 목표성취동기를 강하게 갖게 되어 집단이 효율적으로 작동하게 된다. 사회복지사는 집단구성원 각자가 목표를 분명하게 하고 이들 간에 공통적 기초를 찾을 수 있도록 도와야 한다.

(3) 정서적 유대

집단성원 간에 관계를 형성해가는 과정이 집단과정의 중요한 부분이다. 집단구성원 간에 서로의 매력과 반감이라는 감정적 힘은 정서적 유대를 형성한다. 자신이 집단 속에 수용되었다는 느낌과 자기가 다른 성원을 수용했다는 느낌은 정서적 유대의 기본이다. 집단성원들이 자신이 집단으로부터 수용되었다고 인식하면 집단과의 동일시가 향상되고 소속감을 높이며 집단의 목적에 협조적이 되고 헌신하게 된다.

(4) 지위와 역할

지위란 한 집단의 조직에서의 구성원의 위치를 말하며, 역할이란 사회체계가 일정한 지위에 있는 사람에 대해 기대하는 일련의 행동이다. 사회복지사는 집단성원들에게 각자의 능력과 특성, 자질에 적절한 지위와 역할을 찾아 집단에 협조적이고 건설적이 되도록 도와야 한다.

(5) 하위집단

집단구성원들은 유사성, 상이성, 공통 속성, 공동 관심을 발견하게 되면 구성원 상호 간의 인식작용의 결과로서 자연스럽게 하위집단을 형성하게 된다. 하위집단은 전체 집단의 응집력을 향상시키기도 하고 때로는 응집력을 약화시키는 결과를 초래하기도 한다. 하위집단 간의 갈등이 쟁점을 분명하게 하고 문제 인식의 계기로 작용하여 문제해결을 촉진시키기도 한다. 사회복지사는 전체 집단과의 관계를 주목하여 하위집단 출현과 기능을 평가해야 한다. 사회복지사는 하위집단의 형성을 자연스러운 현상으로 받아들여 전체 집단에 유리하게 작용하도록 이끌어야 한다.

(6) 가치와 규범

집단 내에서 개인들은 가치의 공동체계를 형성하게 되고 집단 내에서 가치의 일관성을 유지하기 위해 집단구성원들이 행동 규칙을 만들게 되는데 이것이 규범이다. 규범은 집단 내 사람들의 행동을 예측하게 해주는 기준이 된다. 집단의 생존은 집단성원들의 행동 기준을 제공하는 규범의 발달 및 수용과 관계가 있다. 개인들은 자신이 속한 집단에 대한 매력이 높을수록 집단활동을 통해 얻는 만족감이 소중할수록 규범에 순응하고 충실하려는 경향이 있다. 사회복지사는 집단의 목적을 지향하는 규범을 형성하도록 하며 이 규범이 상이성을 수용하고 융통적인 것이 되도록 돕는다.

(7) 분위기

집단을 지배하고 있는 기분, 경향 또는 집단에 퍼져 있는 감정을 집단의 분위기 또는 풍토라고도 한다. 집단의 분위기는 '호의적이다', '자유롭다', '억압적이다', '차갑다' 등으로 표현된다. 따뜻하고 허용적이며 민주적인 분위기는 구성원의 사기를 증진시켜 친근함, 정중함, 협동심을 높이고 집단의 생산성을 증가시킨다. 이런 분위기는 집단구성원들이 가지고 있는 인간의 존엄성에 대한 존중에 기반하고 있으므로 사회복지사는 구성원들 간의 타인에 대한 존중과 배려 등 사회적 감수성을 발전시키도록 도와야 한다.

(8) 응집력

응집력이란 '한 집단의 구성원이 상호 매력을 느끼는 정도'로 구성원이 집단에 남아 있게 작용하는 모든 힘의 결과이다. 집단의 응집력을 측정하는 가장 보편적인 방법은 사회측정적 선택(socio-metric choice)이다. 이것은 다양한 활동의 관점에서 집단구성원들에게 이 활동을 할 때 함께하고 싶은 사람을 말하도록 하고 집단 내에서 선택되는 사람의 수로 그 집단의 응집력을 반영하는 방법이다. 이 방법 외에도 집단구성원들이 토론하는 자리에서 '우리'와 '나'라는 용어를 사용하는 빈도로 응집력을 측정하기도 하고 회합 시 출석률 등으로 집단응집력을 측정하기도 한다. 응집력은 상호작용, 사회적 영향, 만족도, 집단목표, 리더십과 결정과정, 분위기, 집단의 크기 등의 변인에 따라 달라진다. 응집력이 높은 집단은 의사소통을 더 많이 하고 상호작용의 내용이 긍정적이며 집단의 통합을 증진시키는 방향으로 행동하는 경향이 있다. 응집력이 높을수록 구성원들이 집단의 기대에 따라 집단 내 다른 사람에게 긍정적으로 반응하며, 집단에 대한 만족도가 높아 집단의 목표를 달성하는 데 효율적이다.

(9) 지도력

지도력은 집단목표를 달성하고자 영향을 주는 제반 힘과 과정으로 정의된다. 효과적인 지도자는 정보에 능통하고 집단을 구조화하며, 의사소통기술에 뛰어나고, 민주적 지도력을 가지고 있으며 복잡한 상황을 잘 다루어야 한다. 지도력을 향상시키기 위해서는 회합을 이끌기 위한 준비를 잘 하기, 집단활동을 구조화하기, 집단구성원들의 창조적이고 비판적인 사고를 자극하기, 집단 내 갈등을 잘 관리하기, 응집력을 향상시키기 등을 통해 훈련해야 한다.

2. 집단의 유형

사회복지실천현장에서 집단은 크게 치료집단(treatment group)과 과업집단(task group)으로 구분할 수 있다. 치료집단이란 집단성원의 교육, 성장, 행동변화, 또는 사회화에 대한 욕구를 충족시키기 위해 구성된 집단이다. 반면 과업집단이란 의무사항의 이행, 조직, 또는 집단의 과업성취를 위해 구성된 집단을 의미한다(Toseland & Rivas, 1984). 과업집단은 조직과 기관의 조직문제에 대한 해결책 모색, 새로운 아이디어 개발, 의사결정 등에 주로 사용되고 있다. 과업집단의 목적은 조직의 욕구 해결과 집단성원의 욕구충족으로, 각종 위원회, 이사회, 협의체, 과업을 위한 팀, 사회행동집단 등이 과업집단에 속한다.

사회복지실천현장에서 집단을 대상으로 실천하는 경우는 대부분 치료집단의 형태이므로 치료집단을 중심으로 설명하고자 한다. 치료집단의 주요 목적은 지지, 교육, 성장, 치유, 사회화이다. 한 집단이 이 다섯 가지 목적 중 한 가지 목적만을 위해 구성되어 활동하기도 하지만 한 가지 이상의 목적을 동시에 성취하고자 하는 치료집단도 있다.

(1) 지지집단

많은 치료집단은 지지집단(support group)의 특성을 가진다. 지지집단은 대개 유사한 문제나 경험을 가지고 있는 개인들로 구성되며, 집단은 상호지지와 조언, 정보 제공 등을 통하여 구성원들이 스트레스를 주는 생활사건에 잘 대처하고 효과적으로 적응할 수 있도록 도움을 준다. 지지집단에서 사회복지사는 자조 및 상호원조를 통해 대처기술을 향상시키도록 동기화시키며 미래에 대한 희망을 촉진한다. 공통적 관심사나 문제를 가지고 있는 구성원들은 유대가 빨리 형성되며 자기표출 정도가 높다(김혜란 외, 2005). 지지집단의 예로 암환자 가족집단, 자녀양육에 어려움을 겪는 한부모가족집단, 장애아 부모집단 등이 있다. 대부분의 자조집단(self-help group)은 지지집단의 성격이 강하다.

(2) 교육집단

교육집단(educational group)의 1차적인 목적은 성원들이 자기 자신과 자신이 속한 사회를 잘 이해할 수 있도록 교육을 통해 원조하는 것이다. 모든 교육집단은 성원들이 보다 많은 정보와 기술을 습득하게 하는 데 목적을 두고 있으며, 전문가들은 정보제공과 지식 및 기술 학습의 활동을 한다. 일방적으로 전문가가 지식을 전달하는 형태를 띠기도 하지만 최근 사례나 문제 중심의 주제를 놓고 소집단토의를 하기도 한다. 교육집단은 강의와 교육 중심 활동이 주를 이루므로 성원들의 자기표출 정도는 낮은 편이다. 교육집단의 예로 성교육집단, 부모역할훈련집단 등이 있다.

(3) 성장집단

성장지향적 집단의 기본 목적은 성원들의 자기인식(self-awareness)을 증진시키고 자신의 사고를 변화시키는 것이다. 집단은 성원들이 자신의 능력을 최대한 발휘하기 위한 도구로서의 의미를 지닌다. 성장집단(growth group)은 정서적 문제에 대한 치료보다는 사회정서적 건강을 위한 개발과 증진에 초점을 둔다. 성원 상호 간의 감정이입과 상호원조기능이 중요시되므로 자기표출 정도가 높은 편이다. 성장집단의 예로 참만남집단(encounter group), 퇴직준비집단, 잠재력개발집단 등이 포함된다.

(4) 치유집단

치유집단(remedial group)의 일차적 목적은 성원들의 행동변화, 개인적 문제의 완화나 제거, 재활을 원조하는 것이다. 치유집단은 환자나 역기능적인 개인을 치료하는 데 강조점을 둔 의료모델의 영향을 받아 전통적 의료모델의 사회조사-진단-치료의 과정을 따른다. 집단성원의 자기표출 정도는 일반적으로 높은 편이지만 성원들이 경험한 문제에 따라 그 정도는 다르다. 치유집단의 예로서 외래 환자 대상 정신치료집단, 금연집단, 약물중독자집단 등이 있으며, 사회복지사는 치유집단에서 전문가, 변화대리인으로서의 역할을 수행한다.

(5) 사회화집단

사회화집단(socialization group)은 성원들이 사회적 기술을 습득하고 사회적으로 수용되는 행동 유형을 학습함으로써 지역사회의 생활에서 효과적으로 기능할 수 있도록 원조하는 것이 목적이다. 이 집단에서는 토의보다는 활동을 통한 학습(learning through doing)을 중시하여 게임, 역할극 등과 같은 프로그램을 많이 활용한다. 사회화집단은 사회기술훈련집단(social skills group), 자치집단(governance group), 여가집단(recreation group)으로 나눌 수 있다. 사회기술훈련집단의 전형적인 예로 자기주장훈련집단(self-assertive training group)이 있는데, 이 집단에서는 역할극, 심리극 등을 활용하여 성원들이 자신의 문제를 평가하고 의사소통능력을 향상시킬 수 있도록 돕는다.

3. 집단사회복지실천

1) 집단사회복지실천의 정의 및 기능

집단사회복지실천에 대한 정의는 시대에 따라, 또 학자에 따라 조금씩 차이가 있다. Coyle은 집단지도는 집단 내 개인의 성장과 발전을 위한 수단으로 사회적 관계를 활용한 사회복지실천방법이라고 하였으며, Northen은 사회복지실천에서 소집단을 활용하여 집단성원들의 자신에 대한 태도, 대인관계, 환경에 대한 효과적 대처능력을 지지하고 수정하는 실천방법으로 정의하였다. Trecker는 집단에 속한 개인이 프로그램 활동을 통하여 상호작용을 지도하는 전문가의 도움을 받아 타인과의 관계나 성장의 기회를 경험하는 것으로 정의하였으며, Konopka는 의도적 집단경험을 통한 사회복지실천방법임을 강조하였다. Toseland와 Rivas는 전문직의 가치와 윤리적 실천 원리에 근거하여 집단과정과 개입전략을 활용하는 사회복지실천이며, 사회정서적 욕구충족과 과업성취를 목표로 한다고 하였다. 이들 학자들의 정의를 종합하여 정리하면 "집단사회복지실천(social work with groups)이란 전문가에 의한 의도적인 집단과정과 경험을 통해 개인의 사회적 기능수행과 집단의 과업성취를 원조하는 사회복지실천"이라고 정의할 수 있다.

집단을 대상으로 하는 사회복지실천은 다음과 같은 치료적 기능을 가지고 있다(Yalom, 1995; 김혜란 외, 2011에서 재인용).

① 희망의 고취: 집단은 구성원들에게 문제가 개선될 수 있다는 희망을 갖게 해준다.
② 보편성: 다른 사람들도 자신과 비슷한 갈등과 문제를 겪고 있다는 것을 알고 위로를 받는다.
③ 정보전달: 사회복지사로부터 교육을 통해 자신의 문제에 대해 명확히 파악하고 집단활동을 하는 과정 속에서 다른 성원들로부터 문제해결을 위한 정보를 얻는다.
④ 이타심: 다른 집단구성원의 문제해결에 자신의 경험과 지지가 도움을 줄 수 있다는 사실을 발견할 때, '나도 남을 도울 수 있는 사람이다'라는 인식을 통해 구성원의 자존감이 높아진다.
⑤ 가족집단의 교정적 반복발달: 집단과정 속에서 자신의 가족과 유사한 상호방식을 재현하게 됨으로써 해결되지 않은 가족 갈등에 대해 탐색하고 도전한다.

⑥ 사회적 기술의 발달: 사회기술에 대한 학습을 통해 사회적 기술을 향상시킨다.

⑦ 모방행동: 사회복지사와 다른 구성원들의 행동은 새로운 행동을 학습하는 데 좋은 모델이 된다.

⑧ 대인관계 학습: 집단구성원 간의 다양한 상호작용 속에서 자신의 이전 대인관계에 대한 통찰을 얻고 새로운 대인관계방식을 집단활동과정 중에 시험해 본다.

⑨ 집단응집력: 자신이 집단에 수용되고 인정받는다는 소속감은 자존감을 높여 긍정적 변화를 유도한다.

⑩ 정화: 안정된 집단 분위기 속에서 억압된 감정을 표출함으로써 치료적 효과를 얻는다.

⑪ 실존적 요인들: 집단성원들은 각자 자기 인생에 대한 책임은 자기 자신에게 있다는 것을 배운다.

2) 집단사회복지실천의 기본 원칙과 실천영역

(1) 집단사회복지실천의 기본 원칙

Konopka는 집단사회복지실천의 기본 원칙을 다음과 같이 제시하였다.

- 집단 내 각 개인이 가진 고유함을 인정해야 한다(집단 내에서의 개별화).
- 다양한 각 집단은 하나의 독특함과 특수성을 가진 집단이다(집단의 개별화).
- 집단 내 개인을 장단점을 가진 고유한 존재로 수용해야 한다.

- 전문가와 집단구성원 간에 의도적 도움 관계가 성립되어야 한다.
- 집단구성원 간에 상호부조적이며 협조적 관계 수립이 이루어져야 한다.
- 각 구성원은 문제해결과정에 자기능력에 따라 참여한다.
- 각 구성원에 대한 진단적 평가에 따라 프로그램을 활용한다.
- 개인과 집단 발달에 대한 지속적 평가가 이루어져야 한다.

위와 같은 원칙하에 집단사회복지실천을 하는 사회복지사는 고도의 감정이입능력, 융통성, 상황분석 및 판단능력, 원만한 인간관계능력, 창의력이나 상상력 등의 능력을 갖추어야 한다.

(2) 집단사회복지실천의 초점 및 실천영역

집단사회복지실천의 3가지 초점영역은 개별성원, 전체 집단 그리고 집단이 속한 환경이다(김종옥 · 권중돈, 1993). 개별성원에 대한 개입은 전문적 원조관계 및 관계형성, 그리고 개인의 변화에 필요한 기법들이 활용된다. 집단에 대한 개입은 집단이론 및 체계관점에 관한 지식을 기반으로 집단의 구조화 과정에 대한 지식과 기술을 활용한다. 그리고 환경수준의 개입에는 개인과 집단의 과업수행을 지원하고 촉진하는 데 필요한 지원과 연계 등의 기법이 사용된다(김혜란 외, 2011).

집단사회복지실천은 주로 다음과 같은 대상과 영역에서 이루어진다.

① 아동 및 청소년의 발달, 민주적 생활방식 학습 기회 제공: 동아리활동, 소집단활동
② 수용시설, 요양원 등 집단생활을 하고 있는 사람: 정신질환자 사회복귀

모임

③ 행동변화를 요하는 문제행동집단: 교정시설, 행동문제를 가진 청소년

④ 사회적, 정서적 문제를 가진 특수 개인들로 구성된 집단: 아동상담소, 정신병원, 정서장애아 치료시설

⑤ 사회복지시설의 교육이나 계몽적 사업: 환자 가족에 대한 교육, 장애인 고용 사업자 교육

⑥ 동일 문제를 가지고 있는 사람들이 공통의 문제해결을 위해 구성한 자조집단: 알코올의존증 자조모임(A.A.: Alcoholic Anonymous), 한부모가정 부모모임, 만성질환 자녀를 둔 부모모임 등

3) 집단사회복지실천 모델

집단사회복지실천은 19세기 후반에서 20세기 초반 영국과 미국에서 일어나 사회개량운동에서부터 출발한 것으로 알려져 있다. 자본주의 발달과 맞물려 빈부격차, 주택문제, 빈민가문제, 범죄와 비행, 부녀자와 아동의 노동문제 등의 사회문제가 등장하였다. 이에 대한 해결방법으로 YMCA 등 청소년단체 활동과 인보관운동(Settlement House Movement)을 통해 소집단활동이 전개되면서 집단사회복지실천방법이 등장하였다. 집단사회복지실천은 초기부터 문제해결에 초점을 두기보다는 사회적 목표(Social goal) 달성을 위한 방편으로 여겨졌다. 이후 1950년대 말에 와서 상호적 접근법(reciprocal approach)과 치료적 접근(remedial approach) 등이 등장하였다.

Papell과 Rothman(1980)은 사회적 기능과 개입의 초점을 기준으로 집단사회복지실천 모델을 사회적 목표모델, 치료모델, 상호작용모델의 세 가지로 구분하였다.

(1) 사회적 목표모델

사회적 목표모델(Social goal model)은 집단지도의 초기 전통에 근거를 두고 민주주의를 발달시키려는 사회적 목표를 강조한다. 집단활동을 통하여 구성원들에게 민주적 과정을 학습시키고 사회적 의식을 고양시키며 사회적 책임을 다하도록 함으로써 사회변화를 이끄는 것을 목표로 한다. 사회변화는 그 사회의 책임 있는 집단구성원들에 의해 수행된다고 믿는다. 이 모델은 지역사회복지관이나 시민조직에서 지역사회 내 범죄, 빈곤과 같은 문제를 다루기 위해 활용된다.

(2) 치료모델

치료모델(remedial model)은 집단이 개인의 치료를 위한 수단임과 동시에 상황임을 전제로 한다. 집단활동을 통해 사회적 기능 수행상 문제를 가진 개인을 치료하고 장래 심리사회적 역기능문제의 가능성이 보이는 개인에게 예방적 서비스를 제공한다. 치료모델에서 사회복지사는 지시적, 계획적, 목표지향적이며, 집단의 목표는 집단구성원 개개인의 욕구와 집단의 욕구충족을 구체화한 것이다. 이 모델을 구성하는 기본 개념은 집단발달, 커뮤니케이션, 지도력, 집단 갈등 및 규범, 개인의 행동 변화와 관련된 개념들이다. 이 모델은 신체적이나 정신적으로 장애를 가진 사람을 대상으로, 교정시설이나 병원, 가족서비스 기관 등에서 활용된다.

(3) 상호작용모델

상호작용모델(reciprocal model)은 중간모델 또는 인본주의모델이라고도 불린다. 이 모델은 개별성원과 집단 간의 상호관계에 초점을 둔다. 집단은 그 자체가 하나의 유기체로서 고유하면서 구성원들 간의 상호관계에 의해 영향을 받는다. 이 모델의 이론적 기초는 체계이론과 장이론이다. 전문가는 집단구성원과 사회와의 중개자로서 역할을 한다. 집단활동 이전에 구체적인 집단목표를 설정하지 않으며, 목표설정은 전문가와 집단구성원 간의 상호관계 속에서 이루어진다. 일반적으로 지지집단이라고 불리는 집단이 상호작용모델에 속한다.

4. 집단사회복지실천의 기본 요건

집단사회복지실천을 실시하기 위한 기본 요건은 집단, 집단성원, 사회복지사, 그리고 프로그램이다. 집단에 대해서는 앞에서 상세하게 설명하였으므로 여기서는 집단성원, 집단 전문가인 사회복지사, 프로그램에 대해 각각의 기능과 역할을 중심으로 살펴보겠다.

1) 집단성원

집단성원은 집단경험을 통하여 자신에게 필요한 기능적 역할을 수행해 나간다. 집단성원은 집단활동을 하는 동안 다음과 같은 세 가지 역할을 하게 된다.: 집단과업과 관련된 역할, 집단형성 및 유지 역할, 자기중심적 역할.

(1) 집단과업과 관련된 역할

각 집단성원들은 집단 내에서 다음과 같은 역할행동을 통해 집단이 소기의 목표를 성취하도록 돕는다(남세진 · 조흥식, 1999).

- 발기자: 창조적 사고로 새로운 아이디어와 제안을 제공한다. 집단 내 리더가 토론의 논점을 도입할 때 하는 역할이다.
- 정보탐구자: 아이디어의 사실적 적절성을 판단할 수 있는 증거를 탐구한다. 집단 내 모든 성원들이 수행할 역할이다.
- 정보제공자: 집단과업에 해당되는 사실과 정보를 제공하여 집단구성원들이 공유하도록 한다.
- 여론탐구자: 구성원들이 집단에서 처리되고 있는 일에 대해 어떻게 생각하고 느끼는가에 대해 알아본다.
- 여론제공자: 제시된 정보에 대한 분석을 제공한다.
- 명료자: 제기된 아이디어나 대안에 대해 면밀하게 검토하며 질문을 통해 보다 더 분명하게 이해할 수 있도록 한다.
- 조정자: 각 구성원들이 내놓은 정보, 의견, 아이디어 간의 관련성을 끌어내고 관계를 검토한다.
- 진단자: 과업과 관련된 문제를 확인하고 분석한다.
- 방향지시자-요약자: 집단이 과업에서 벗어난 경우 시의적절하게 요약을 제공하고 집단활동의 방향을 일관되게 유지한다.
- 활력제공자: 집단의 작업에 열의를 갖고 임하며 낙관적인 전망으로 다른 구성원들을 격려한다.
- 진행보조자: 좌석배치, 장비입수, 문서배부 등 집단 진행과 관련된 일을

조직한다. 리더를 보조하는 사람이 여럿일 때 결속력을 높일 수 있다.

- 서기-기록자: 집단이 정보를 처리하는 과정에서 어떤 일이 일어나는지를 추적해 나가는 일에 집중한다. 기록자는 기록과 동시에 다른 종류의 집단 활동에도 참여한다.
- 평가자-비평가: '비판적 사고자'로서 집단의 성취를 직접 분석하거나 구성원들로 하여금 분석하도록 한다.

(2) 집단 형성 및 유지 역할

집단은 그 자체가 하나의 유기체이기 때문에 존립 자체가 중요하다. 집단은 목표달성만큼 집단이 만들어지고 유지되며 그 안에서 이루어지는 구성원들 간의 상호관계가 중요하다. 상호작용을 통해 얻어지는 집단의 응집력은 생산성에 주요한 영향을 미친다. 집단의 형성과 유지, 상호작용을 위해 집단성원들이 하는 역할은 다음과 같다. 이 역할들은 집단 내 갈등과 긴장 수준을 낮추고 집단의 기준을 설정하여 집단의 효율성을 높인다.

- 지지자-격려자: 칭찬, 동의, 수락의 메시지를 보냄으로써 따뜻함, 단결, 인정을 집단성원들에게 제공한다. 집단의 리더가 제공할 때 효과가 크다.
- 조화자: 의견의 불일치를 조정하고 차이를 중재하며 긴장을 감소하도록 함으로써 집단이 갈등을 조절하는 데 도움을 준다.
- 긴장감소자: 웃을 수 있는 상황을 유도하여 집단의 긴장을 감소시킨다.
- 타협자: 양쪽이 만족하거나 양보를 하는 방안을 제공하여 집단의사결정이 만족스럽게 도달하도록 한다.
- 인도자: 각 발언자에게 주어진 시간을 고려하여 의사소통 기회를 적절하

게 또 공평하게 제공한다.

- 감정표현자: 집단 내의 감정, 분위기, 관계를 주시하면서 집단과 자신의 감정을 표현한다.
- 기준설정자: 비생산적인 규범 또는 비생산적인 집단행동에 도전하여 집단이 성취해야 할 기준을 제안한다.
- 추종자: 다른 사람들의 의견을 주의 깊게 경청하며 다른 사람들의 아이디어를 받아들인다.

(3) 비생산적 자기중심적 역할

어떤 집단성원은 개인 자신의 문제를 해결하는 데 초점을 맞추고 집단의 관심을 방해하는 비생산적인 역할을 하기도 한다. 이러한 집단성원의 자기중심적 역할의 종류와 행동은 아래와 같다.

- 방해자: 감정적인 격분, 의사소통의 방해 등을 통해 다른 사람의 아이디어에 반대하여 집단목표 진행을 방해한다.
- 공격자: 다른 사람을 깎아 내림으로써 자신을 높이려 한다.
- 무관심자: 무관심하고 초연하게 집단의 문제해결 노력으로부터 물러나 있다.
- 지배자: 집단 시간의 많은 부분을 빈번하게 계속적으로 독차지하거나 다른 사람의 발언을 끊고 자신의 발언을 한다.
- 인정추구자: 과장되게 떠벌리는 식으로 자신에게 관심을 집중시키도록 한다.
- 고백자: 집단의 과업 수행 시 개인적인 어려움이나 감정을 지나치게 토로한다.
- 광대: 부적절한 유머, 냉소, 야단법석으로 집단을 과업으로부터 이탈시킨다.

- 특별관심사 탄원자: 자신의 특별한 이익을 염두에 두고 집단의 외부에 있는 개인 또는 집단을 위해 발언한다.

2) 사회복지사

집단사회복지실천 사회복지사의 활동은 전문적 권위를 가지고 집단성원과의 상호작용 속에서 이루어진다. 그의 역할은 집단성원의 기대와 집단 체계의 성격에 의해 영향을 받기도 하면서, 또한 그가 집단성원들의 태도와 행동에 변화를 주고 집단 자체의 조직과 과정에 영향을 준다.

전문가가 지닌 태도와 능력은 전문적 역할 수행에 중요한 영향을 미친다. 인간에 대한 관심과 존경, 집단활동에 대한 개인과 집단의 책임감 인정, 개인과 집단의 고유성 및 다름에 대한 인정 등은 집단전문가가 가져야 할 기본 태도이다. 집단을 대상으로 하는 사회복지사는 감정이입을 위한 고도의 능력, 융통성, 개인과 그가 처한 상황을 분석할 줄 아는 능력, 원만하게 대인관계를 조정할 수 있는 능력, 창의력과 상상력 등을 갖추어야 한다.

집단사회복지실천 사회복지사가 역할을 수행할 때 가장 기본적이고 필수적인 조건은 전문가와 구성원들 간의 관계이다. 이 관계의 성격과 질이 집단활동의 성패를 좌우한다. 전문가는 수용, 감정이입, 객관성, 성실성으로 집단성원들과 전문적 관계를 형성하고 유지해야 하며, 자기 자신에 대한 깊은 이해를 하고 자신을 잘 통제하여 집단을 돕는 과정에 부정적 영향을 미치지 않아야 한다. 이러한 관계형성은 개인을 대상으로 하는 사회복지사의 역할과 크게 다르지 않다.

(1) 집단사회복지사의 역할

Trecker는 집단사회복지실천 사회복지사의 기능을 규정하면서 사회적 목표, 민주사회로의 발전, 사회적으로 건전한 활동 등을 강조하면서, 집단을 대상으로 하는 사회복지사의 기본적 기능에 대해 다음과 같이 기술하고 있다(장인협 · 이혜경 · 오정수, 2007).

- 목적이 있는 상호관계를 맺게 하는 기능
- 집단의 상황을 분석하는 기능
- 집단의 감정을 다루는 기능
- 집단에 참가하여 협력하게 하는 기능
- 프로그램을 발전시키는 기능
- 단체 및 지역사회의 자원을 활용하는 기능
- 평가하는 기능

위 기능을 충실하게 하기 위한 집단사회복지사의 역할을 구체적으로 살펴보면 다음과 같다(남세진 · 조흥식, 1997).

- 가능케 하는 자(enabler): 전문가는 집단성원이 다루고자 하는 과제를 측면에서 도와서 이것을 가능하게 하는 역할을 한다. 이 역할은 주로 사회적 목표모델에서 이루어진다.
- 변화를 일으키는 사람(change agent): 집단성원들에게 요구된 변화를 가져오게 하는 역할이다. 개인과 집단은 물론 환경이나 제도의 변화까지도 관계한다. 이 역할은 치료모델에서 주로 이루어진다.
- 매개자 또는 자료제공자(mediator or resource person): 집단성원 간의 상호

작용, 상호부조를 중시하며 필요에 따라 집단성원과 사회자원 사이에서 매개자 또는 자료제공자의 역할을 한다. 이 역할은 상호작용적 모델에서 주로 이루어진다.

위에서 말한 것처럼 집단의 목적과 모델에 따라 어떤 특정 역할이 중시되기도 하지만 집단사회복지실천에서는 일반적으로 다음과 같은 사회복지사의 역할도 요구된다(김혜란 외, 2011).

- 중재자: 사회복지사는 집단 내 성원 간 또는 조직 간에 일어나는 분쟁, 갈등, 그리고 상반되는 관점 등을 해결하고 합의나 타협점을 찾도록 하는 중재자로서의 역할을 해야 한다. 중재자 역할에서 중요한 것은 중립성을 유지하고 자신의 판단을 배제해야 한다는 점이다.
- 옹호자: 사회복지사는 주변의 환경이 구성원의 욕구를 충족시키지 못할 경우 이들의 욕구를 지역사회에 대변하거나 환경 내 새로운 자원을 발굴하고 개발하는 것을 돕고 환경을 변화를 위해 구성원들의 편에 서야 한다.
- 교육자: 사회복지사는 집단의 성원들에게 정보를 제공하고 문제상황에서 어떻게 행동해야 하는지를 가르쳐주고 역할연습을 시키거나 새로운 행동을 보여주는 교육자로서의 역할도 담당한다.

(2) 집단사회복지사의 기술

집단사회복지실천기술은 집단이 목적이나 과업을 성취할 수 있도록 원조하고 성원들이 대인적 목적을 성취할 수 있도록 원조하는 행동이나 활동이다. 집단사회복지실천기술은 집단과정 촉진기술, 자료수집 및 평가기술, 행동기술로 나눌 수 있다(김종옥 · 권중돈, 1997).

① 집단과정 촉진기술

집단과정 촉진기술은 사회복지사가 집단과정에 영향을 미치려는 의도가 있을 때 사용된다. 이 기술은 집단성원 간의 이해를 증진시키고, 개방적 의사소통을 형성하고, 신뢰감을 형성하는 데 도움이 된다.

- 주의집중: 감정이입, 존경, 온화함, 진실성을 수반한 언어적 행동, 눈맞춤과 관심을 기울인 자세와 태도 등 비언어적 행동으로 관계형성, 수용, 결속력 증진의 분위기를 형성한다.
- 표현적 기술: 이 기술은 성원들이 주요한 문제에 대한 자신들의 감정과 생각을 자유롭게 표현하도록 원조하는 기술로 다른 말로 표현해 주거나(paraphrasing) 요약해 주는(summarizing) 방법이다. 필요한 경우 금기영역에 대해 공개적으로 논의하게도 하고 사회복지사의 자기노출도 도움을 줄 수 있다.
- 반응기술: 어떤 집단과정에 대해서는 지지하기도 하지만, 어떤 결정에 대해서는 합의하지 않는 등 선별적으로 반응하여 집단의 특정한 반작용을 이끌어내기 위한 기술이다.
- 초점유지기술: 집단과정의 특정부분에 초점을 둠으로써 집단과정을 촉진시킬 수 있는 방법으로 명확화, 특정 의사소통의 반복, 토론범위의 제한 등의 방법이 있다.
- 상호작용지도 기술: 한 성원만의 의사진행이 되지 않도록 제한 또는 차단하고 특정 성원의 의사소통은 격려하기도 하며 성원들 간의 의사소통을 연결시킴으로써 집단의 의사소통을 촉진시킨다.

- 집단성원 참여 촉진기술: 사회복지사는 소외되거나 침묵하고 있는 성원들을 토론에 참여시킴으로써 개인의 문제해결 경험 기회를 제공하고 집단결속력을 향상시키며 의사결정을 공유할 수 있도록 돕는다.

② 자료수집 및 평가기술

이 기술은 과정중심접근의 집단과정을 촉진시키는 기술과 과업중심접근의 행동기술을 연결시키는 역할을 한다(김종옥 · 권중돈, 1997).

- 확인 및 묘사기술: 성원들이 특정 상황을 파악하고 자신의 문제에 지속적인 영향을 주는 원인을 인식하여 묘사할 수 있도록 원조하는 기술이다.
- 정보요청, 질문, 추적기술: 집단성원들에게 문제에 대한 정보를 요청하고 질문하여 자료를 수집하고 평가한다. 성원들이 자기표출 시 상처를 받지 않도록 세심한 주의를 요한다.
- 요약 및 세분화 기술: 집단이 문제를 다룰 때 이미 논의된 것의 핵심을 요약해 주고 복잡한 문제를 작은 부분으로 나누어 보도록 하여 문제해결 동기를 높인다.
- 분석기술: 사회복지사는 자료를 수집한 후 자료를 통합하고 자료의 유형을 파악하고 자료 간의 차이를 발견한다.

③ 행동기술

사회복지사는 다음과 같은 행동기술을 집단의 목적과 과업을 성취하도록 원조할 때 사용한다.

- 지시: 집단의 목적을 명확히 하고 성원들이 프로그램에 참여하도록 하며 프로그램을 지도하고 특정 문제에 대한 집단의 활동을 지시한다.

- 조언, 제안 및 교육: 새로운 기술을 습득하고 문제를 이해하며 문제 상황을 변화시킬 수 있도록 조언하고 제안하며 교육시킨다. 조언과 제안은 성원들이 받아들일 준비가 되어 있을 때 사용하는 것이 효과적이다.
- 지지: 성원들의 감정표현과 상호지지를 격려하고 성원들이 제시한 의견에 긍정적 수용 태도를 보여줌으로써 의견제시에 적극적이 되도록 하며 희망을 갖도록 지지한다.
- 재징의 및 재규정: 집난이 식면한 관심사와 문제를 다른 시각에서 볼 수 있도록 재명명하고 재정의한다. 부정적이라고 인식한 상황을 새로운 관점에서 보게 함으로써 성장의 기회로 만든다.
- 직면: 성원들이 행동, 사고, 감정 사이의 불일치를 극복할 수 있도록 원조하기 위하여 성원의 행동을 명확히 하고 탐색하게 하며 도전하는 것이 직면이다.
- 자원제공: 자원평가를 통하여 기관 내에 성원들이 사용할 수 있는 자원을 알아보고 이것들을 성원들이 활용할 수 있도록 알려주거나 기관 내에 자원이 없는 경우 타 기관의 자원을 연결시켜 준다.
- 모델링, 역할극, 역할연습: 모델링(modeling)은 사회복지사가 집단성원들에게 특정 상황에서의 행동을 시범해 보임으로써 성원들이 관찰을 통해 행동을 학습하도록 하는 기술이다. 역할극(role-playing)은 성원들이 상호 협력하여 상황을 실제로 연습해 보는 기술로 대인관계기술을 평가하고 특정한 반응양식을 발전시키도록 돕는다. 핵심 문제의 행동에서 역할을 바꾸어하는 역할 바꾸기(role reversal)는 상대방의 입장을 이해하고 자신의 행동이 상대방에게 어떤 영향을 미쳤는지를 이해하게 하는 데 도움을 준다. 역할 연습은 역할극이 끝난 후 성원들로부터 받는 환류에 근거하여 새로운 반응이나 행동을 실행에 옮겨 보는 것이다.

3) 프로그램

집단과정은 구체적인 활동 속에서 전개된다. 구체적인 활동을 기획, 실시, 평가하는 전 과정을 프로그램이라고 한다. 즉 계획된 모든 활동, 관계, 상호작용과 경험 등의 개념으로 프로그램을 설명할 수 있다. 따라서 프로그램은 집단활동의 핵심이며 집단 경험을 결정하는 주요 요소이다.

프로그램에 사용되는 활동 기법은 게임, 노래 부르기, 미술작업, 역할연기, 운동 등 다양한 활동들이 있는데, 특정한 활동을 선택하는 데 성원들의 욕구와 능력이 신중히 고려되어야 한다.

집단 프로그램은 다음과 같은 기준을 만족시켜야 한다.

- 구성원의 욕구와 관심에서 나와야 한다.
- 구성원의 연령, 문화적 배경, 경제적 차이가 고려되어야 한다.
- 구성원의 자율적 선택 기회가 보장되어야 한다.
- 융통성과 다양성이 있어야 한다.

집단 프로그램 선택과 계획을 할 때 사회복지사는 성원 간의 상호작용 정도, 집단 규칙, 벌칙과 보상 등의 요인에 주의를 기울여야 한다. 프로그램은 집단구성원의 관심과 욕구에서 출발하여 도출되었을 때, 특정의 욕구에 대응했을 때, 구성원의 능력을 최대한으로 프로그램 활동과 계획에 개입시켰을 때, 그리고 전문가는 제공자가 아니라 조언자로서의 역할을 충실히 할 때 최대의 효과를 발휘한다.

연습문제

1. 우리는 다양한 집단에 속해 있다. 그 집단에는 종교활동, 동아리활동, 수업시간에 정해진 팀 등이 포함된다. 자신이 속한 집단의 종류와 성격에 대해 알아보고 자신의 활동에 대해 분석해 보자.

   1) 자신이 속한 집단을 열거하고 본인이 중요하게 생각하거나 참여 비율이 높은 집단을 3개 이내로 정하시오.
   2) 각 집단의 성격과 목적, 구성 등에 대해 알아보시오.
   3) 각 집단에서 자신은 어떤 역할을 하고 있습니까? 본문에서 설명한 집단구성원의 역할 참조하여 자신의 역할을 확인하고 구체적으로 자신의 활동 내용과 역할을 말해 보시오.
   4) 집단 내 규범, 분위기, 하위집단 형성, 응집력 등은 어떠한지 알아보시오.
   5) 아직 종료되지 않고 진행되는 집단이라 하더라도 지금 현 상태에서 집단활동을 평가해 보시오.

2. 지역사회 내 사회복지기관이나 시설을 방문하여 현재 기관에서 실시하고 있는 집단 프로그램 한 가지를 선정하고 그 집단 프로그램의 다음 사항에 대해 알아보시오.

   1) 집단의 목적은 무엇인가?
   2) 집단은 어떻게 구성되어 있는가?
   3) 집단 내 사회복지사의 역할은 무엇인가?
   4) 집단 외 환경에 대해 사회복지사는 어떤 역할을 하고 있는가?

Essential Skills of Social Work Practice

CHAPTER 12

집단의 발달단계

chapter 12

집단의 발달단계

1. 집단의 발달단계

집단도 개인과 마찬가지로 단계를 거치면서 발달해 간다. 집단은 시간이 지나감에 따라 집단의 내부구조나 조직, 의사소통 및 상호작용의 형태, 진행과정, 응집력, 그리고 집단문화에 변화가 온다.

집단은 일반적으로 세 가지 범주로 나누어 발달이 일어난다. 첫째, 집단은 사회적 구조로서 집단구조나 참여자의 역할과 지위 등에서 발달을 보인다. 둘째, 집단의 활동과제 그리고 운영과정 범주에서 발달한다. 마지막으로 집단의 규범, 가치, 공통목적 등을 포함한 집단문화의 측면에서 발달이 일어난다. 이 세 가지 범주는 관찰되고 조작될 수 있으며, 시간에 따라 변화하고, 그 변화는 일정한 규칙성을 가진다(남세진 · 조흥식, 1997).

집단의 발달단계에 대한 개념과 구분에 대해서는 학자마다 다양한 견해가 있다. 하지만 대부분의 학자들은 집단발달이 모든 소집단이 진행해 나갈 때

통과하는 일련의 상태나 단계, 또는 집단 회원이 상이한 요인에 의해 매력을 가지게 되는 반복주기를 가지고 있다는 점에서 의견일치를 보인다(Whittaker, 1970). 집단발달단계는 학자들에 따라 개념과 구분이 조금씩 다르지만 크게 초기, 중기, 종결기로 구분하여 설명할 수 있다(김혜란 외, 2008).

각 학자들이 제시한 집단발달단계를 비교하면 〈표 12-1〉과 같다.

Northern은 집단의 역동성과 목적에 중심을 두어 초기단계에 계획단계와 오리엔테이션 단계를, 중기단계에 탐색과 실험단계 및 문제해결단계를 포함시켰으며, 종결단계로 마무리된다고 하였다. 한편 Trecker는 집단 내 구성원들의 집단의식의 생성과 소멸에 초점을 맞추어 중기에 집단감정 출현, 유대, 목적, 응집력 발생, 집단의식 강화 등이 나타나는 시기로 보았고 종결기에 집단의식 감소현상이 나타난다고 하였다. Garland 등은 친밀과 권력 출현에 초점을 두어 분류했고, Toseland와 Rivas는 사정, 작업, 평가 등 집단사회복지사의 역할을 중심으로 발달단계를 분류했다.

표 12-1 학자별 집단발달단계 비교

Northern	Trecker	Garland 외	Toseland & Rivas
• 계획단계 • 오리엔테이션 단계	• 초기단계	• 친밀 전 단계	• 계획단계 • 초기단계 • 사정단계
• 탐색과 시험단계 • 문제해결단계	• 집단감정 출현단계 • 유대, 목적, 응집력 • 집단의식 강화	• 권력과 통제단계 • 친밀단계 • 특수화단계	• 작업단계 • 평가단계
• 종결단계	• 집단의식 감소단계 • 종결단계	• 이별단계	• 종결단계

출처: 남세진 · 조흥식 (1997). p.219; 김혜란 외 (2008). p.213 재구성.

2. 집단의 발달단계별 특성

Northern의 분류에 의한 집단발달단계를 중심으로 각 단계의 특징을 살펴보면 다음과 같다.

1) 계획과 오리엔테이션 단계

이 단계는 초기단계로서 집단의 준비와 집단에 대한 오리엔테이션 단계가 포함된다. 우선 이 단계는 집단을 계획하고 조직하며 소집하는 것과 관련이 있다. 전문가에 의해 집단이 계획하고 조직되면 일단 구성원들은 처음으로 모임을 가지고 오리엔테이션을 통해 집단의 출발점을 모색하게 된다. 이 단계에서 구성원들은 1차적 접촉을 통해 집단의 목표, 역할, 규범, 방향을 규정하고 공통점을 탐색하기 시작한다.

이 단계에서 구성원들은 새로운 집단상황에 처하게 되어 불안, 긴장, 자의식을 강하게 나타내기도 한다. 대부분의 경우 자기주장이 강하고 적극적인 회원이 초기 리더십을 발휘하는 의사조직이 나타난다. 이 단계에서 구성원들이 느끼는 집단의 매력은 이후 집단응집력의 기초가 된다.

2) 탐색과 시험단계

이 단계의 특징은 회원 간의 상호관계와 상호작용 수립이 가능한가에 대해 탐색하고 시험하는 것이다. 집단 내 인간관계형성의 가능성을 탐색하고 감정적 통합을 위한 상호 노력이 나타나며 상호작용을 위한 타협과 갈등이 어느 정도 조정되면서 집단응집력이 나타나기 시작한다. 집단의 목적이 분명해지고 목표지향적 활동이 점차 선명해지며 과제수행과 정서적 유대를 위한 실질적 리더가 보다 분명하게 드러난다. 하위집단이 형성되기 시작하는 것도 이 단계이며 규범과 통제기제가 실제화되어 나타난다.

3) 문제해결단계

이 단계는 집단의 과업수행과 목표달성을 위해 집중적으로 노력하는 단계이다. 목적에 대한 일치성이 강해지고 목표달성을 향한 협동능력이 증가한다. 집단성원 간의 상호 인간관계의 특징은 신뢰, 수용, 상호의존, 친밀감, 성숙함 등으로 집단응집력이 발달된다. 성원 간의 긍정적 감정이 지배적이지만 집단의 요구가 강하여 적대감과 탈퇴가 나타나기도 한다. 하위집단이 다양한 관계를 유지하면서 자연적 현상으로 간주된다. 이 단계의 특징은 집단기능의 고도화, 특수하면서도 상호의존적인 역할, 상호작용의 공식적 양태, 하위집단, 공고화된 인간적 유대 등이다.

4) 종료단계

집단의 목표 달성을 위한 노력을 종결하고 이를 평가하는 단계이다. 성원들 간에 이별의 과정이 시작되며 집단의식과 응집력이 감소하는 시기이다. 집단활동과정에서 성취한 집단활동의 성과를 보고하고 상호 간의 협력과 목표 달성에 대한 노력을 격려한다. 이렇게 집단이 목적을 달성하고 종결되는 경우가 있는가 하면, 통합력이 결여되어 종료하게 되는 집단도 있고 집단이 내적 · 외적 환경의 압력에 의해 부적응하여 종료되는 경우도 있다.

3. 집단 발달단계별 사회복지사의 역할

1) 준비단계

집단과정이 시작되기 전에 집단구성에 관련된 몇 가지 사항들이 미리 결정되고 준비되어야 한다. 사회복지사가 집단을 계획할 때 고려해야 할 요소로는 집단의 목표설정, 집단성원에 대한 사정, 성원의 모집, 집단구성, 계약, 집단환경의 준비, 집단계획서의 작성 등이 있다. 목표 설정에서는 무엇보다 집단구성원 자신이 목표를 구체적으로 제시할 수 있어야 한다. 사회복지사는 이 목표에 맞추어 집단의 크기, 집단원의 선정과정, 집단의 개방성 여부, 만나는 빈도, 모임시간 및 지속기간 등을 정한다(이장호 · 김정희, 1997). 이러한 방향의 설정은 도중에 재분석, 재평가되어야 한다. 특히 집단구성원들의 특성은 집단활동 후 2~3회가 지나야 어느 정도 파악되므로 초기에 설정된 방향은 융통성 있게 재조정될 수 있다(강기호 · 차호원, 1987).

(1) 집단목표의 설정

집단이 성공적으로 구성되어 효과적으로 상호작용을 하고 과업을 달성하기 위해서는 집단의 목적이 분명해야 하며 구성원들이 이를 공유하여야 한다. 사회복지사는 잠재적 구성원들에게 집단모임의 이유, 집단활동의 내용, 구성원들에 대한 기대 등을 포함한 대략적인 집단의 목적을 문서나 구두로 알려주어야 한다. 집단목표는 사회복지사와 구성원들의 토론을 통해 수정될 수 있다.

(2) 잠재적 성원의 선정

집단을 통해 효과를 얻을 수 있는 사람들을 선정할 때 가장 중요한 것은 구성원이 도움받기를 원하고 자신의 관심사나 문제를 기꺼이 말해야 하며 집단 분위기에 잘 적응해야 한다는 것이다. 무엇보다 집단활동 참여에 대한 자발성과 동기가 적절하게 갖추어진 사람이 구성원으로 선정되어야 한다. 이를 위해 집단을 구성하기 전에 사전면담이 필요하다. 잠재적 성원을 사정할 때 고려해야 할 것 중의 하나가 성원의 사회정서적 능력이다. 구성원의 현실검증능력, 의사소통능력, 인식능력, 타인과의 감정공유능력 등이 사정되어야 한다.

집단활동의 구성원으로 적합하지 않은 사람으로 극도의 위기상태에 있는 사람, 늘 화제를 독점하려고 하는 만성적 독점자, 편집증이나 망상증 성격의 소유자, 적대적이고 공격적인 사람, 자아가 약한 사람 등을 들 수 있다(Yalom, 1975; Corey, 1999). 비자발적인 잠재성원에게는 그들의 이야기를 경청하고 진솔한 태도로 관심을 보여주며 그들의 느낌과 생각을 수용해 줌으로써 자발성을 이끌어 낼 수 있다.

(3) 집단구성

가. 집단의 크기

적절한 집단의 크기는 학자마다 그리고 집단의 성격에 따라 다르다. 일반적으로 4~5명에서 10명 내외의 수준이 보통이지만 대체로 5~7명 정도가 바람직한 것으로 여겨지고 있으며 15명 정도의 집단도 가능하다(Klein, 1972). 집단의 크기가 너무 작으면 집단구성원들의 상호관계 및 범위가 좁아진다. 반대로 집단이 너무 커지면 일부 성원들의 참여가 어려워지고 사회복지사의 개별적 관심이 분산되어 소홀해지며 하위집단이 가지고 있는 부정적 기능이 나타나기 쉽다. 학교나 교정기관 등의 교육적 경험을 목표로 하는 집단의 경우 20명 이상의 집단도 가능하다.

나. 동질적 집단 또는 이질적 집단

집단구성원을 선정하는 데는 성별, 연령, 과거의 배경, 성격 차이 등을 고려해야 한다. 비슷한 특성을 가진 사람들로 구성된 동질성이 강한 집단은 응집력이 빨리 생기고 갈등도 적고 서로에게 지지적이며 보편성의 경험을 갖게 된다. 동질적 집단에서 구성원들이 비슷한 문제를 가지고 있다 하더라도 구성원 각자는 저마다 독특하며 개별성이 있음을 경험하기도 한다. 반면 이질적 집단은 다양한 상호작용을 경험하는 장점이 있다. 또한 연령과 성별이 다른 이질적 집단은 집단구성원들에게서 자신의 가정과 같은 모습을 발견하고 '가족관계의 올바른 교정'을 이룰 수 있다. 이질성이 강한 집단은 활발한 상호작용은 강점이지만 갈등이 심화될 수도 있어서 사회복지사가 상호작용의 역동을 충분히 다룰 수 있는 능력이 요구된다. 사회복지사는 집단구성 시 다양성과 동질성 간의 균형을 맞추어야 한다. 집단구성 시 성, 인종, 생활스타일 등에서 지나친 동질성과 유사성을 피하기 위해 가시고슴도치 원칙(porcupine principle)과 노아의 방주 원칙(Noah's ark principle) 등을 활용한다.

다. 개방집단 또는 폐쇄집단

폐쇄집단은 정해진 인원과 시간을 정해 놓고 시작하기 때문에 집단의 안정성이 높아 구성원 상호 간의 교류와 집단응집성이 강하다. 반면 집단이 허용하는 범위 내에서 언제든지 새로운 구성원을 받아들이는 개방집단은 의사소통이나 지지, 수용이 부족하여 갈등이 일어날 수 있다. 이러한 불안정성이 약점이기는 하지만 집단이 평형을 유지하고 안정감을 얻으려는 움직임을 경험할 수 있다. 사회복지사는 집단의 목표에 따라 개방성 여부를 결정하고 각 집단의 강점을 잘 살릴 수 있는 전략을 가지고 있어야 한다.

라. 모임 빈도

집단의 목표에 따라 다르지만 대개의 경우 일주일에 한 번 모임을 계획한다. 실제로 문제의 심각성이나 집단의 목표에 따라 모임의 빈도를 증감시킬 수 있지만 한 주일 이상의 간격을 두고 만나는 것은 바람직하지 않은 것으로 보고 있다. 모임 사이에 간격을 두는 것은 집단 경험에 대해 생각해 보고 이를 실제 생활에서 활용해 보도록 하기 위함이다. 간격이 길어지면 집단의 역동과 집단 분위기를 재조성해야 하는 등의 문제가 발생할 수 있다.

마. 모임 시간 및 전체 기간

집단 한 회 모임의 적절한 시간은 구성원의 연령이나 모임의 종류, 크기 및 빈도에 따라 달라지지만 모임의 시간은 개인의 집중력, 집단 상호 간의 의사소통을 하고 목표로 한 과업이 충분히 이루어질 수 있도록 조정되어야 한다. 1주일에 한 번 만나는 경우 90분 정도, 2주일에 한 번 만나는 경우는 2시간 정도가 바람직하며, 청소년은 60~90분 사이, 아동은 20~40분 사이가 적당하다. 학교에서 집단사회복지실천을 할 경우 학교의 정규 수업시간에 맞추는 것이 보통이다. 개방집단의 경우 집단과정 중간 중간에 새로운 성원이 들어오기 때문에 각 집단원에 따라 그 기간이 달라지게 된다. 폐쇄집단은 일정기간을 정해 놓고 출발한다. 대개의 경우 8~12회의 집단과정이 이루어진다. 집단활동이 이루어지는 기관이나 대상자, 집단의 성격에 따라 전체 기간이 결정된다.

(4) 성원 모집

모집절차를 통하여 사회복지사는 적절한 수의 잠재적 성원을 확보해야 한다. 기관 내 기록과 주소록, 기관의 대기목록, 지역사회 내 타 기관, 지역사회 지도자 등을 통해 잠재적 성원을 모집한다. 모집방법으로는 성원과의 직접 접촉, 기관 홈페이지를 통한 모집 공지, TV와 라디오 및 인터넷 홍보 등 다양한 매체를 활용한 방법을 사용한다.

(5) 물리적 환경의 조성

사회복지사는 준비단계에서 집단활동신청서 등 관련 서류를 마련하고, 집단과정이 이루어지고 사전준비를 할 수 있는 공간을 마련해야 한다. 집단활동신청서 및 집단구성원 선정과 관련된 검사지 등을 구비 · 보관하는 사무공간과 접수 면접 및 실제 집단활동을 할 수 있는 활동공간을 마련해야 한다. 실제 집단활동이 이루어지는 공간은 집단의 크기에 비해 너무 크지 않으며 외부로부터 방해를 받지 않아야 한다. 지나치게 햇빛이 들어오거나 소음이 들어오지 않도록 커튼이나 블라인드 등을 사용하여 외부의 방해를 받지 않고 활동에 집중할 수 있도록 조치를 취하는 것도 방법이다(이장호 · 김정희, 1997). 일렬보다는 원형으로 서로 마주보도록 활동할 수 있도록 자리를 배치하고 의자는 등받이가 있는 것을 마련하며 이동이 편한 것을 마련하는 것이 좋다.

(6) 집단소개 및 계약

잠재적 성원이 모집되고 선정되었을 때, 선정된 성원들에게 집단을 소개해야 한다. 집단에 대한 소개는 사회복지사와 집단성원 간의 관계가 시작되는 시점이기 때문에 세심하게 준비되어야 한다. 오리엔테이션은 성원을 동기화하고 성원의 기대를 명확화하는 기능을 한다. 성원에게 집단을 소개하는 오리엔테이션은 개별단위, 소규모 집단 단위로 시행될 수 있다.

계약은 집단이 시작된 초기단계에서 이루어지기도 하지만 실제 집단이 시작되기 전에 이루어지기도 한다. 계약에는 회합의 빈도와 기간, 참여규정, 비밀보장, 집단활동 시간, 장소, 서비스 비용 등의 사항이 포함된다.

(7) 집단활동계획서 작성

집단을 계획할 때 사회복지사는 집단활동계획서를 작성하는 것이 필요하다. 집단활동계획서에는 다음과 같은 내용이 포함되는 것이 좋다.

- 목표와 운영방식
- 사회복지사의 역할과 기능
- 기관 관련 자료
- 집단활동 대상 및 선별 근거
- 모집방법
- 집단 구성 관련 사항
- 집단 소개 절차
- 모임 기간, 빈도, 시간 등 계약 내용
- 집단환경

2) 집단 초기단계

집단 초기단계는 집단구성원들이 서로 간의 여러 가지 특성에 대해 탐색하는 시간이다. 집단의 목적, 활동내용, 자신과 다른 집단구성원과의 조화 등에 대한 대답을 기대하면서 조심스럽게 다가가기도 하고 여의치 않을 때는 뒤로 물러나기도 한다. 이것을 접근회피 갈등(approach-avoidance conflict)이라고 한다. 이 단계에서 사회복지사는 구성원들이 이러한 특성을 보이는 것을 충분히 이해하면서 이러한 과정이 긍정적인 집단역동성으로 변화할 수 있도록 하여야 한다.

(1) 소개

사회복지사의 첫 번째 과업은 집단성원들을 상호 소개하는 일이다. 상호소개 시간을 통해 상호작용을 촉진시키고 초기불안을 감소시킬 수 있다. 성원들이 자기소개를 하기 전에 사회복지사가 먼저 구성원들에게 자신을 소개하는 것이 성원들에게 모범을 보일 수 있어 좋다.

일반적으로 사용되는 효과적인 집단구성원 간 상호 소개방법들은 다음과 같다(김종옥 · 권중돈, 1997).

- 순번제로 돌아가면서 소개하는 방법
- 파트너를 정해 준 다음 5분간 상호면접을 통해 서로를 알아보는 시간을 주고, 파트너를 다른 성원들에게 소개하도록 하는 방법
- 성원들이 자발적으로 짝을 지어 자신들의 문제와 관심사에 대해 전체 집단에 공개하는 '문제교환' 방식

- 자신과 관련된 한 가지 사실을 쪽지에 적어내게 한 다음, 내용을 전체 집단에 읽어주고 그 주인공이 누구인지를 성원들에게 알아맞히게 하는 '1급 비밀' 방법
- 집단성원들에게 다른 사람의 특성 2~3가지를 찾아내라고 요구하면 성원들은 상호작용을 하게 되고 전체 집단을 소집하여 발견한 사실을 공개하는 '보물찾기' 방법
- 자신의 이름(또는 별칭)을 얘기하고 자신의 이름에 대한 호 · 불호 이유를 말하게 하는 방법

(2) 집단목표 및 기능 설명

소개가 끝나면 사회복지사는 집단의 목표와 전문가의 역할에 대해 설명한다. 집단의 목표를 긍정적이고 희망적으로 제시하는 것이 성원들의 기대를 이끌어 내고 긍정적인 결과를 초래하게 된다. 기관에서 제공할 수 있는 서비스의 내용과 한계, 사회복지사의 역할에 대해서도 알려줄 필요가 있다.

(3) 집단목적과 개별성원의 목적 설정

집단활동이 시작되면 사회복지사와 구성원은 함께 집단목적을 설정한다. 목적의 세 가지 형태는 집단의 기능과 유지에 초점을 둔 집단중심목적(group- centered goal), 모든 성원이 직면하고 있는 문제에 초점을 둔 집단공동목적(common group goal), 그리고 성원이나 사회복지사의 구체적인 관심사에 목적을 둔 개인적 목적(individual goal)이다(김종옥 · 권중돈, 1997). 개별성원의 목적은 명확한 용어로 기술되고 집단활동기간에 성취할 수 있으며 측정 가능한 것이 좋다.

(4) 성취동기 증진

집단이 성공적으로 목적을 달성하기 위해서는 구성원들의 성취동기를 증진시키도록 원조해야 한다. 성취동기 향상을 위해서 사회복지사는 구성원들로 하여금 변화에 대한 양가감정을 극복하게 하고, 변화가 일어났을 때의 상황을 미리 검토하도록 하며, 지지와 긍정적 환류를 통하여 자기 확신을 갖도록 도와주어야 한다.

(5) 계약

계약이란 상호 간의 기대, 책임, 의무에 대한 구체적 합의이다. 목적이나 과업에 대한 계약은 목적, 행동 주체, 수행평가방법에 대해 구체적으로 명시되어야 한다. 계약은 전문가와 성원 상호 간에 책임성을 높이는 효과를 낸다.

3) 집단사정단계

사정(assessment)이란 정보를 수집하고 조직화하며 판단하는 것으로 개입계획에 필수적이다. 집단을 대상으로 사회복지실천을 하는 사회복지사는 주관성이나 편견이 배제된 객관적 사실에 근거하여 사정하고 개별성원, 전체 집단 그리고 집단 환경에 대한 기능 정도를 사정하여 개입계획을 수립하여야 한다.

(1) 집단성원의 기능에 대한 사정

사회복지사는 성원의 자기관찰과 집단외부인의 보고, 표준화된 사정도구(우울, 자존감, 가족응집력, 스트레스 측정도구 등)를 통하여 성원 개인의 심리사회적 상태, 사회적 기술 기능 정도를 파악할 수 있다. 또한 사회복지사는 집단을 대상으로 역할극을 수행하게 함으로써 개인의 불안수준이나 자기주장 반응 등을 파악한다. 놀이나 게임 등을 통하여 성원의 사회적 기술과 발달 정도, 부정적 자기인식 패턴, 일상생활능력 등을 사정할 수도 있다. 사회복지사는 사정 결과 파악된 개별성원의 행동과 대인관계 기술의 특성을 기록하여 개인별 프로파일을 만들어 두는 것이 좋다. 개별성원의 사정에는 문제점, 단점뿐 아니라 강점도 동시에 사정되어야 한다. 강점에 대한 사정은 개별성원의 자존감을 높여주는 효과가 있다.

(2) 전체 집단의 기능 정도 사정

전체 집단의 기능 정도 사정 영역에는 집단의 의사소통 및 상호작용, 집단 응집력, 집단 규범이나 문화 등이 포함된다.

집단의 의사소통을 사정하기 위해서는 성원 간 의사소통의 빈도를 계산하여 표시해 두는 집단 상호작용 빈도기록표와 상호작용의 방향과 정도를 표시해서 도식화한 상호작용 도식이 많이 사용된다.

성원이 집단에 대해 끌리는 감정을 갖는 정도는 소시오그램(sociometric diagram), 체계적 중다수준 집단관찰(SYMLOG), 의미분석(semantic differential) 등의 도구를 사용하여 사정할 수 있다. 이중 가장 대표적인 것이 Moreno와 Jennings가 개발한 소시오그램이다. 자신이 좋아하는 성원을 순서대로 등위를 매기게 하여 이 점수를 합산, 평균하여 성원 간의 결속 정도를 파악한다. 소시오그램은 성원 간의 선호도, 무관심, 배척 정도와 유형을 파악할 수 있는 도구이며, 집단 내 리더, 소외자, 결탁, 경쟁관계, 경쟁적 연합, 하위집단 등을 파악할 수 있는 유용한 집단사정도구이다.

집단규범은 특정상황에서 성원들이 어떻게 행동해야 하는지에 대한 성원들 간의 공유된 신념이나 기대이다. 집단의 규범을 사정하기 위해 사회복지사는 집단 내에서 허용되거나 또는 허용되지 않는 주제와 감정적 표현이 있는지, 피드백에 대한 성원들의 태도는 어떠한지, 개별성원의 집단활동 공헌에 대해 어떻게 느끼고 있는지 등을 파악하는 것이 필요하다.

(3) 집단 환경에 대한 사정

사회복지사는 효과적인 집단활동을 위하여 집단 외의 환경에 대한 사정을 하여야 한다. 집단 외 환경은 기관 환경, 기관 간 환경, 지역사회 환경으로 나누어 볼 수 있다. 기관이 집단에 미치는 영향을 사정하기 위해서 기관이 집단의 목표에 어떠한 영향을 미쳤는지, 어떤 자원이 집단에 배분되었는지, 집단지도 사회복지사의 기관 내 지위는 어떠한지, 기관의 서비스 전달체계가 어떠한지를 사정하여야 한다. 또한 사회복지사는 자신의 집단과 관련이 있거나 유사한 집단활동을 하는 외부기관이 있는지, 타 기관과 연계할 필요나 가능성이 있는지, 연계 시 이점이 무엇인지를 파악하여야 한다. 그리고 집단이 다루는 문제나 집단활동에 대한 지역사회의 태도는 어떠한지, 수용과 지지 수준은 어느 정도인지를 사정하는 것이 반드시 필요하다.

4) 시험 및 문제해결단계

집단의 목적과 형태에 따라 차이가 있지만 이 단계를 다루는 사회복지사는 집단회합의 준비, 집단의 구조화, 성원의 목적성취 원조, 집단의 모니터링과 평가 등의 과업을 수행하여야 한다.

(1) 집단회합의 준비

집단회합을 준비하기 위해서는 과제를 준비하고 역할극의 개발, 프로그램 활동의 선정, 지난 회합의 재검토 및 평가, 향후 회합의 가시적 일정 제시 및 사전연습 등의 활동이 포함된다.

(2) 집단의 구조화

이 단계에서 사회복지사가 수행해야 할 가장 중요한 작업은 집단의 구조화와 초점 유지이다. 구조화란 사회복지사가 집단의 목적 수행과 성원들의 과제 수행과 성취를 돕기 위하여 계획적이고 체계적이며 시간제한적인 개입을 하는 것을 의미한다. 집단을 구조화하기 위한 기본 활동은 다음과 같다.

- 모임이 정시 시작, 정시 종료한다는 사실을 성원들에게 주지시킨다.
- 모임 종료 시 사회복지사는 그날 모임에서 일어난 상호작용을 요약하고 결론을 지어준다.
- 회합의 의제를 명확히 제시한다.
- 특정한 주제에 대한 토론시간을 정해 놓거나 구체적 활동 지시방법을 활용하여 의사소통과 상호작용을 구조화한다.
- 집단의 초점을 명확히 하고 이를 유지한다.

(3) 성원의 목적 성취 원조

사회복지사는 이 단계에서 많은 시간을 성원의 목적 성취를 돕는 일에 투입한다. 이 단계에서 성원들이 자신의 목적을 인식하고 구체적인 개입계획을 수립하고 개입계획을 실행에 옮기려는 의지를 증진시키고 이를 실행할 수 있도록 돕는 일에 주력한다.

집단성원에 대한 개입은 개인내적 수준, 대인관계적 수준, 환경적 수준 세 영역으로 나눌 수 있다. 각 수준별 개입방법은 다음과 같다(남세진 · 조흥식, 1998).

개인내적 수준에 대한 개입은 ⓐ 사고, 행동, 감정의 파악과 분별, ⓑ 사고, 행동, 감정 간의 연관성 인식, ⓒ 사고와 신념의 합리성 분석, ⓓ 사고, 행동 및 감정상태의 변화를 위한 활동이다. 사고, 행동 및 감정상태의 변화를 위한 활동을 위한 기법으로 인지재구조화, 인지적 자기지시, 사고중단, 재정의, 점진적 이완기법, 체계적 둔감화 등을 활용할 수 있다. 성원들의 대인관계문제를 해결하고 새로운 대인관계기술을 학습할 수 있도록 돕는 대인관계수준의 개입기법으로는 모델 관찰을 통한 학습과 역할극을 통한 학습이 있다. 역할극 중 대표적인 것으로 심리극(psycho drama)이 있는데, 빈의자(empty chair)기법, 역할 바꾸기(role reversal) 등의 활용도가 높다(강기호 · 차호원, 1987). 환경적 수준의 개입으로 기관의 지원 확대, 성원과 자원의 연결, 성원의 관계망 확대 등이 있다.

(4) 모니터링과 평가

모니터링과 평가는 집단성원과 사회복지사에게 환류를 제공해 준다. 이 환류를 통하여 개입계획을 개발하고 수정할 수 있으며 필요한 경우 집단 유지를 위한 조치를 변경할 수도 있다. 환류를 얻기 위해 모임 종료 시 평가양식을 배부하고 기록하도록 요청한다. 평가는 몇 분 안에 할 수 있는 간단한 것이어야 하며 구두평가와 서면평가 모두 가능하다.

5) 집단 종결단계

이 단계에서는 변화 유지 및 일반화, 종결에 대한 감정 처리, 의뢰 등 종결과 관련된 활동과 평가가 이루어져야 한다.

(1) 종결 관련 활동

종결단계는 집단사회복지실천에서 매우 중요한 부분이다. 이제까지 집단활동의 결과에 대한 평가가 이루어질 뿐 아니라 집단성원들이 활동과정 상의 경험들을 유지시켜 생활 속에서 변화를 가져오는 효과가 종결단계의 결과에 따라 달라지기 때문이다.

종결의 유형에는 성공적인 종결, 성공스럽지 못한 종결, 회원의 탈퇴, 회원의 이동, 전문가 전출 등이 있다. 성공적인 종결은 구성원들의 자신감과 자존감을 높여준다. 그래서 종결로 인한 상실감을 경험하기도 한다. 반면 구성원들이 대부분 목적을 거의 이루지 못하고 종결하는 집단의 경우 구성원들은 분노, 좌절, 실망, 책임전가, 비난, 냉담 등의 부정적 반응이 나타난다. 이런 경우에 마지막 모임의 날짜를 집단구성원들과 토의하여 결정하고 마지막 모임에서 실패의 이유를 평가하고 구성원들이 목적을 달성하기 위한 대안에 대해 토론할 수 있도록 유도하며 사회복지사는 비판적 피드백에 대한 긍정적이고 현실적인 대답을 준비할 필요가 있다.

종결단계에서 사회복지사는 구성원들의 변화 노력을 유지하게 하고 변화된 행동이 일상생활에서도 일반화될 수 있도록 도와주며, 집단에 대한 의존성을 감소시키도록 하여야 한다. 또한 유능감, 통제력, 성취감 등의 성장의 감정을 격려하고 지지하여 자신의 능력에 대한 확신을 표현하고 자신감을 가지도록 돕는다. 집단 종료로 인해 거부당했다고 느끼거나 퇴행행동을 보이는 집단성원의 감정을 이해해 주고 이 상황을 납득시키도록 해야 한다. 새로운 부가적 서비스를 받으려는 성원들의 욕구를 파악하여 앞으로의 서비스 계획에 참고해야 하며, 필요한 경우 다른 기관에 의뢰한다.

(2) 평가

사회복지사는 종결단계에서 평가를 통하여 집단구성원들은 집단과정에 대해 어떻게 느끼고 생각하는지, 개입이 효과가 있었는지를 확인하여 집단목표를 달성하였는지, 이후 비슷한 집단에도 동일한 개입방법을 활용할 것인지를 확인해야 한다. 평가에는 집단성원이 집단과정으로부터 도움을 받았는지를 평가하는 과정평가와 집단활동 이전에 세웠던 집단 목적의 도달 여부를 확인하는 결과평가가 있다. 과정평가는 구두와 설문에 의해 이루어질 수 있는데 집단의 장점과 단점에 대한 구성원들의 피드백을 활용할 수 있다. 결과평가는 단일사례설계, 과업성취 척도 등을 통해 얻을 수 있다.

연습문제

※ 자신을 한 중학교의 학교사회복지사라고 가정하자. 다양한 학교부적응문제로 교육복지실로 의뢰되어 온 학생들을 대상으로 실시할 집단사회복지실천을 계획하고, 이 집단을 준비하고 지도해야 할 학교사회복지사인 당신은 각 집단 발달단계에서 어떻게 활동하며, 어떤 지도자의 역할을 할 것인지 생각해 보자.[1] 팀을 나누어 팀별 토론을 해도 좋다.

1. 집단 준비단계

1) 당신이 설계하고자 하는 가장 관심 있는 집단의 종류는 무엇인가?
2) 집단을 구성하는 데 당신이 고려하고 싶은 몇 가지 주요한 요인들은 무엇인가?
3) 만일 당신이 사전집단모임을 한다면 어떤 목적을 가지고 어떤 활동들을 하겠는가?

2. 집단 초기단계

1) 집단의 초기단계에서 집단구성원들의 신뢰 발달을 촉진하기 위해 무엇을 하겠는가?
2) 집단에 갈등의 기운이 흐르고 있다는 것을 감지한다면 당신은 지도자로서 어떻게 하겠는가?
3) 초기단계에서 가장 중요하다고 여겨지는 집단지도력 기술은 무엇이라고 생각하는가?

3. 집단 사정단계

1) 집단성원의 기능에 대한 사정은 어떤 방식을 사용할 것인가?
2) 전체 집단의 기능 정도 사정은 어떤 방식을 사용할 것인가?
3) 당신은 집단 환경에 대한 사정의 범위와 활용방식을 어떻게 계획할 것인가?
4) 이 시기에 집단의 주요 특성은 무엇이라고 생각하는가?

---

1) Corey, Gerald, Marianne Schneider Corey & R. Haynes (2000). 김명권 · 김동원 역 (2005)에서 재구성.

4. 시험 및 문제해결단계

1) 이 단계의 주요한 특징은 무엇인가?
2) 역할극 기법은 어떤 집단구성원들에게 효과가 있다고 생각하는가?
3) 문제해결단계에서 가장 중요하다고 생각되는 집단원의 기능은 무엇인가?
4) 이 단계에서 당신이 가장 중요하게 생각하는 집단지도자의 기능은 무엇인가?

5. 집단 종결단계

1) 종결을 다루기 위해 집단구성원들을 준비시킬 수 있는 당신만의 아이디어는 무엇인가?
2) 이 단계의 집단에서 특히 중요하게 생각되는 세 가지 집단지도력 기술은 무엇인가?
3) 이 단계에서 집단지도자가 직면하게 될 도전은 무엇인가?

Essential Skills of Social Work Practice

CHAPTER 13

집단 사회복지실천 연습

chapter 13

집단사회복지실천 연습

1. 집단 프로그램의 이해

1) 집단 프로그램의 개념

개별면담과 비교하여 보았을 때, 집단사회복지실천은 동질감, 정보의 공유, 관찰, 타인을 통한 자신에 대한 이해 증진, 보편화, 동일시, 모델링 등을 통해 집단구성원들에게 효율적인 문제해결방법을 모색하게 도와준다(김종옥 · 권중돈, 1997; Berman-Rossi & Cohen, 1988). 이러한 집단의 장점을 활용하여 증거기반(evidence-based)연구를 통해 집단개입을 실시함으로써 집단구성원들의 욕구를 충족시키고 지지할 수 있도록 돕는 것이 집단개입 프로그램에서의 사회복지사의 역할이다. 집단사회복지실천을 하는 사회복지사는 집단구성원들이 문제와 그 해결방안에 대해서 토론하도록 하고 구성원들 간 상호소통과 공조를 통해 스스로 문제를 해결할 수 있도록 돕는다.

2) 집단 프로그램의 내용

집단구성원들의 문제와 욕구가 천차만별인만큼 집단 프로그램도 다양화되어 있으나, 여기에서는 시간관리교육, 자기주장훈련 프로그램을 간단히 소개한다. 이를 통하여 집단 프로그램의 일반적 구성 양상이 어떤지 알 수 있을 것이다.

(1) 시간 관리 교육

시간 관리를 잘하는 사람은 주요한 과업을 정해진 기한 내에 완수하고, 일과 여가를 위한 시간을 균형 있게 적절히 배분하며, 자신의 삶을 스스로 통제하는 데 자신감이 있다. 집단 개입 시 일반적으로 사용되는 방법은 ① 시간활용상태 평가방법, ② 우선순위 정하기, ③ 지연성향을 극복하는 방법 등이 있다. 먼저 시간활용상태를 평가하기 위해서는 다음과 같은 단계를 따를 수 있다(김혜란 외, 2011).

- 단계1: 일주일 동안 각 활동을 위해 소비된 시간을 측정하도록 한다. 측정에 포함될 항목은 일괄적으로 이미 지정하여 제시하거나 개인의 상황에 따라 개별적으로 정하도록 할 수 있다.
- 단계2: 일주일간의 각 활동에 소비된 시간을 합산하여 표나 다이어그램으로 간단하게 볼 수 있도록 한다.
- 단계3: 집단성원과 표나 다이어그램 등을 같이 보면서 다음과 같은 질문에 대해 논의하도록 한다.
  - 현재의 시간활용상태는 당신의 시간과 에너지를 그런 방식으로 소비하

기 원했던 상태인가?
- 어떠한 활동에 대한 시간활용이 가장 의외로 나타났는가?
- 앞으로 어떠한 활동에 더 많은 시간을 줄이거나 할애해야 한다고 생각하는가?

두 번째로, 우선순위를 정하는 연습은 다음과 같이 진행한다(김혜란 외, 2011).

- 단계1: 충분한 시간이 있다고 가정하고 내일 하고 싶은 일 8가지를 순서 없이 적게 한다.
- 단계2: 내일 실제로 해야 할 일 4가지, 연기가 가능한 일 2가지, 전혀 긴박하지 않은 일 2가지를 골라 적게 한다.
- 단계3: 각자가 적은 것을 토대로 다음과 같은 질문에 답하도록 한다.
  - 일의 가치등급과 실제로 일하고 있는 순서는 같은가?
  - 본인이 판단하는 일의 가치등급이 자신의 책임성을 잘 반영하는가?
  - 신속하게 처리해야 하지만 가장 긴급한 일이 아닌 경우 곧바로 시행하겠는가? 만약 아니라면 그 이유는 무엇인가?
- 단계4: 전체 성원이 이러한 과정을 통해 배운 점에 대해서 서로 토론하도록 한다.

그리고 지연성향 극복방법은 다음과 같은 단계를 통해 집단에서 활용한다(Zastrow, 1987; 김혜란 외, 2011에서 재인용).

- 단계1: 사회복지사는 지연의 일반적인 원인에 대하여 설명하고 지연을 극

복할 수 있는 전략을 소개한다.

- 단계2: 각 성원으로 하여금 현재 자신이 지연하고 있는 일은 무엇이며, 왜 지연하는지 그리고 지연을 방지하고 일에 착수할 수 있는 구체적인 방법은 무엇인지 생각하여 기입하도록 한다.
- 단계3: 각자 기입한 내용을 집단에서 발표하고 지연을 극복할 수 있는 가장 효과적인 방법에 대해서 서로 제안하도록 한다.

(2) 자기주장훈련

자기주장이 부족한 경우 대인관계에서 많은 어려움을 야기하기 때문에 자기주장훈련(assertiveness training: AT)은 임상적으로 거의 모든 진단과 행동장애 분야에 적용되어왔다. 자기주장이란 개인이 자신의 의견, 감정, 바람 등을 표현할 때 심지어 비난, 거절, 그리고 징벌 등의 결과를 낳을 위험이 있더라도 타인의 권리와 감정을 존중하면서 구체적인 행동요소를 표현하는 것이다(Hepworth & Larsen, 2004).

자기주장훈련은 다음과 같은 반응과 행동을 포함하고 있다.: ① 요청 거절하기, ② 다른 사람의 호응이 적은, 즉 인기 없는 의견이라도 표현하기, ③ 개인의 결점 시인하기, ④ 칭찬 받아들이기, ⑤ 긍정적인 감정표현하기, ⑥ 행동변화 요구하기, ⑦ 대화를 시작하고 유지하기(Hepworth & Larsen, 2004).

자기주장의 첫 단계는 특정반응 훈련을 요하는 부분을 분류하는 일이며, 그 다음에 기술훈련방법에서 설명했던 단계와 지침을 클라이언트가 그대로 따를 수 있도록 준비시키는 것이다. 시범(modeling), 행동시연(behavioral rehearsal), 그리고 지도된 연습(guided practice)은 자기주장훈련의 중요한 과정이다(Hepworth & Larsen, 2004).

2. 집단 프로그램의 실천: 분노조절훈련

1) 프로그램의 목적

분노조절 프로그램(anger management work)은 개인으로 하여금 분노 환경에서 분노의 원인을 인식하고, 효과적인 의사소통과 문제해결 행동 수행으로 스스로의 분노를 조절하고 공격적인 과잉반응을 예방하여 일상에서의 갈등을 줄이면서 심리적으로 안정을 얻고 생활을 개선하는 것을 목적으로 한다.

2) 프로그램의 개입기술

분노조절 프로그램에서 쓰이는 개입기술로는 다음과 같은 것들이 있다.

(1) 사회적 기술 훈련

특정 상황에 필요한 구체적인 사회적 기술, 즉 관계기술을 훈련함으로써 일상에서의 분노를 감소시키는 방법이다. 즉 사회적 불일치나 갈등을 조정하는 것과 같은 적극적인 대인관계기술에 초점을 두고 있다. 분노의 중요한 원인 중의 하나는 타인과의 갈등이고, 갈등의 한 원인은 서투른 의사소통이기 때문이다. 자신의 요구를 보다 분명하게 의사를 표현하여 원하는 것을 얻게 되면 분노가 감소된다는 것으로, 실생활과 비슷한 상황에서 훈련한다(Conduct Problems Prevention Research Group, 2002; Farmer, Compton, Burns, & Robertson, 2002; 민경환 외, 2007에서 재인용).

(2) 자기교시훈련

자기교시(verbal self-instruction)훈련은 분노에 대한 고정화된 표현방식이 존재한다고 보고, 모델링을 통해 새로운 자기진술을 학습시키는 것이다. 이 훈련은 세 단계로 구성된다. 1단계는 인지적 준비단계로 분노의 긍정적 · 부정적인 기능과 그 선행조건에 관해 인식하며, 2단계는 기술 습득 기간으로 분노상황 시 활용할 대처기술을 습득한다. 그리고 3단계에서는 습득한 대처기술을 다양한 분노유발상황에 적용하여 문제상황을 극복할 수 있도록 훈련하게 된다(Novaco, 1975).

(3) 자기주장훈련

앞서 서술했듯이 상대의 권리를 존중하면서 자신의 생각, 욕구, 감정 등을 솔직하게 표현하도록 도와주는 훈련이다. 앞의 자기주장훈련 부분을 참고하기 바란다.

(4) 문제해결기술훈련

어려운 상황에 직면했을 때 문제의 원인과 예견되는 결과를 파악함으로써 적절한 대안을 도출하는 것을 훈련하는 것이다. 이 문제해결 전략에 대해 D'Zurilla와 Goldfried(1971)는 총 5가지 기본 요소를 제시하고 있다. 첫째, 문제가 발생한 상황에서 대안을 찾아가도록 클라이언트를 돕고, 둘째, 문제를 객관적으로 다룰 수 있게 문제 자체를 객관화하여 목표를 설정하며, 셋째, 문제상황에 대해 다양한 대안을 마련하도록 클라이언트를 유도한다. 네 번째는 의사결정의 과정으로, 가능한 대안 중에서 가장 효과적인 대안을 찾아내는 것을 연습하는 단계이며, 다섯 번째는 실제로 그 대안을 실행해 보고 그 결과를 평가해 보는 과정으로 결과가 효과적인 것으로 증명될 때까지 계속해서 반복한다(D'Zurilla & Goldfried, 1971).

(5) 긴장이완훈련

분노상황에서는 신체적으로 긴장되므로 근육의 긴장을 이완시키면서 각성수준을 낮추어 공격성을 떨어뜨리도록 유도하는 것이다(Wolpe, 1958). 먼저 머리에서부터 아래로 내려가면서 천천히 근육을 이완시키며 심호흡을 하여 긴장을 해소한다.

위의 접근방법들은 단독으로 활용될 수도 있으나 통합적으로 적용되는 경우가 많다.

3) 프로그램의 실제: 미국 ECH의 분노조절 프로그램

Every Child's Hope(ECH)은 미국 중부 세인트루이스 소재의 청소년복지센터로, 이곳에서는 성범죄의 가해자였던 남자 청소년들을 대상으로 하는 분노조절 집단 프로그램을 실시하고 있다.

이 프로그램은 가해 청소년들의 분노를 다른 방향으로 해소하고, 집단개입을 통해 타인과의 갈등을 해결하는 방법을 훈련하는 것을 목적으로 하고 있다. 또한 성병/후천성면역결핍증(STD/HIV)에 대한 교육도 추가적으로 실시하고 있다.

프로그램에는 8주간의 한정된 기간 동안 개입이 진행되는 집단 프로그램과 정해진 기간 없이 지속되는 집단 프로그램 두 가지가 있다. 구성원들 간의 상호소통이 훈련에서 가장 중요한 부분이므로, 구성원들 간의 허물없는 소통을 위해서는 충분히 서로 친밀감을 쌓을 수 있는 기간 한정이 없는 지속적인 프로그램이 우선적으로 권장된다.

프로그램의 참가자는 14세에서 17세 사이의 가해 청소년들로, 집단구성원 간 대화가 원활히 진행되고 또 사회복지사의 개입이 수월하도록 하기 위해 인원은 각 프로그램당 8명에서 10명 사이로 제한된다. 이들은 참가하기 전 사전조사(pre-test)를 통해 분노의 정도를 측정하며, 프로그램을 시작하기 전에 매 세션을 의무적으로 참석한다는 내용의 계약서를 작성하게 된다.

각 프로그램에 사회복지사 한 명이 조정자로서 동석하나, 사회복지사의 역할은 토론에 적극적으로 참여하는 것이 아니라 대화를 듣고 의견에 대한 적절한 피드백을 주는 것이다. 예컨대 가장 첫 세션에서 참가자들은 자체 발표와 토론을 통해 집단 내 규칙을 정하게 되는데, 만약 부적절한 규칙이 제안되더라도 사회복지사는 직접 개입하지 않고 참가자들 간의 토론을 통해 결정되도록 격려해야 한다.

또한 사회복지사는 매주 참가자 개인과의 대화를 통해 스스로 훈련과제를 선정하도록 돕는다.

4) 역할극을 통한 집단개입기술 및 기법: 모의집단 프로그램 사례

다음은 사회복지실천 연습 수업에서 분노조절집단 프로그램을 모의로 실시한 사례이다.

수옥, 윤아, 유진, 정현, 대철, 재범, 기영, 정남의 8명은 역할극을 통해 분노조절 프로그램을 모의진행해 보기로 결정하였다. 모의집단 프로그램은 총 4회 모임으로 구성되며, ① 오리엔테이션, ② 개입, ③ 치료, ④ 종결의 네 단계를 거친다. 각 단계마다 두 명이 지도자와 공동진행자를, 나머지 여섯 명이 일반 참가자 역할을 하기로 하였다.

조원들은 오리엔테이션에 들어가기 전 지침서(〈표 13-1〉 참조)를 미리 숙지함으로써 사회복지사의 역할을 맡을 때 어떻게 프로그램을 진행해야 할지 알아두었다. 또한, 첫 모임을 진행하기 전 각자 분노조절 프로그램에 대한 사전조사를 통해 주제에 대한 개괄적 개념을 갖고 간단한 치료기술들을 기억해 두었다.

(1) 1회: 오리엔테이션

이 회기에서는 유진이가 지도자를, 재범이 공동 진행자를 맡고 다른 여섯 명은 일반 참가자를 연기했다. 처음 모여 낯설고 어색해 하는 참가자들에게 유진이와 재범이는 먼저 자신들에 대해 소개하였다. 이름, 직위, 분노조절 프로그램과 관련한 경력을 소개하고 앞으로 4주 동안 프로그램이 진행될 것임을 알렸다.

그 다음 유진은 참가자들에게 시계방향으로 돌아가며 자기소개를 하도록 했다. 참가자들은 각자 자신의 이름을 밝히고 이 프로그램에 참가하게 된 이유와 이 프로그램에서 얻고자 하는 바를 간략하게 이야기했다.

유진과 재범은 프로그램 내에서 이루어지는 모든 대화는 비밀이 보장된다고 말했다. 그리고 출석과 지각, 주마다 부과될 행동과제에 대한 사항 등을 참가자들과 함께 의논하면서 규칙을 만들었다. 그리고 집단의 공동목표인 분노조절훈련에 대하여 합의하였다.

참가자들은 자신들이 어떤 상황에서 분노를 느끼는지, 그리고 그 분노가 자신의 생활에 어떤 영향을 미치는지, 자신들이 분노조절을 위해 어떤 노력을 했었는지에 대해서 이야기했다.

회기를 종결하면서 유진과 재범은 참가자들이 프로그램 참여 계약서(〈표 13-2〉 참조)를 작성하도록 도왔다.

집단성원을 소개하는 또 다른 방법

집단성원들 간의 상호작용을 촉진시키기 위하여 집단성원들은 두 명씩 짝을 짓도록 한 후 각자는 5분씩 상대방을 면접하도록 한다. 상대방을 면접할 때 질문할 내용을 사회복지사가 미리 집단성원들에게 제공해 주면 면접을 더욱 신속하게 진행할 수 있다. 면접이 끝난 후 집단성원들은 자신의 파트너를 집단에 소개시키도록 한다(엄명용 외, 2008). 이 방법은 성원들 간의 친밀함을 높일 수 있을 뿐 아니라 참가자들이 모두의 앞에서 스스로를 소개하는 부담을 덜어주기 때문에 본문에서 유진이 쓴 방법보다 때로 더 선호되기도 한다.

표 13-1 지침서

지 침 서
① 프로그램의 목적을 소개
② 설명서와 합의서를 배부하고 설명받을 것
③ 구성원 간의 소개를 지도자로부터 돌아가며 할 것
: 눈을 마주보고 음성, 태도, 미소 등에 피드백을 하도록 주의를 환기시킬 것
④ 프로그램 모임의 규칙
ㄱ. 역할극 등의 과제를 기권할 권리
ㄴ. 비밀유지
ㄷ. 집단 내에서 개인적인 훈련을 위한 시간을 가질 권리
ㄹ. 비평보다는 적극적 피드백을 사용하기
ㅁ. 조로 나누어 행동재연, 역할연기 등을 하기
⑤ 해당 프로그램의 주제에 대한 강의
: 구성원들이 주제의 개념을 확실히 인지하도록 함
⑥ 개별 개념들의 변별연습 및 팀 훈련
: 예시된 사례를 보고 판단하는 연습 및 연습지 문제를 푸는 과정을 통해 훈련하고 논의함
⑦ 과제물 주기
: 1주가 끝날 때마다 개인 사례에 맞는 과제를 할당함
⑧ 지도자와 조정자는 역할 분배를 먼저 협의하고 본보기(modeling) 등을 활용할 것

출처: 홍경자 (1990).

표 13-2 계약서

계 약 서

집단성원으로서 나는 다음 사항에 동의한다.

① 모든 회합에 참여한다.
② 지각하지 않을 것이다.
③ 집단에서 일어난 일을 집단이 끝난 후에 다시 언급하지 않겠다.
④ 다음 회합이 시작되기 전에 하기로 집단에서 동의한 숙제, 연습, 치료계획, 의무사항을 이행하겠다.
⑤ 회합 중에 실시되는 역할극, 시연, 모의실험에 참여하겠다.

집단지도자로서 나는 다음 사항에 동의한다.

① 각 회합을 준비할 것이다.
② 정시에 회합을 시작하고 종료할 것이다.
③ 적절한 프로그램 재료를 준비할 것이다.
④ 집단동료들과만 집단의 운영과 관련된 논의를 하며, 집단 외부에서는 하지 않겠다.
⑤ 집단이 문제해결에 도움이 되는 정도와 성원의 만족도를 파악하기 위하여 각 회합을 평가할 것이다.
⑥ 성원에게 문제해결에 필요한 기관과 지역사회의 자원을 제공할 것이다.

집단성원: 서 명:

지 도 자: 서 명:

(2) 2회: 개입단계

이 회기에서는 대철이가 지도자를, 수옥이 공동 진행자를 맡았다. 두 사람은 지난 1회에 결석했던(것으로 설정한) 참가자인 유진이와 재범을 위한 소개 시간을 먼저 가진 다음 모임을 시작하였다.

참가자들은 지난 1주일간 자신의 분노 성향으로 인해 있었던 경험을 서로 나누고 피드백을 하는 시간을 가졌다. 이 와중에 참가자들 사이에 작은 충돌이 일어난다. 정남에게 기영이가 비꼬는 듯한 피드백을 했기 때문이다. 대철이는 두 사람을 중재하여 다툼을 말리고 참가자들에게 긴장이완훈련에 대해 알려주었다. 심호흡을 하고 속으로 10까지 세면서 침착함을 되찾는 훈련을 참가자들 모두에게 해보도록 유도했다. 수옥이는 자기교시훈련법에 대해 참가자들에게 설명했고, 참가자들은 수옥의 설명에 기초해 스스로의 대화법이 평소 어떠했던가를 생각해 보고 서로 피드백해 보았다.

대철이와 수옥이는 참가자들 각각과 다음 주까지 해 올 행동과제를 합의해 정하고, 다음 회기에 그 결과를 토론해 보는 시간을 갖기로 했다.

(3) 3회: 치료단계

이 회기에서는 윤아가 지도자를, 정남이가 공동 진행자를 맡았다. 참가자들은 지난 1주일 동안 각자 실천했던 사회적 기술훈련, 문제해결 기술훈련, 자기교시훈련 등에 대한 결과를 함께 나누었고 서로 피드백해 주었다. 대화하던 중간에 재범이가 자신이 갖고 있는 문제, 즉 대화 중간에 참지 못하고 화를 내곤 하는 문제에 대해서 윤아가 참가자 중 다른 한 사람과 함께 역할극을 해 보도록 제안했다. 대철이가 윤아 대신 자원하여 대철이와 재범이가 역할극을 하며 재범이가 처했던 상황을 재현했다. 다른 참가자들은 재범의 대화에 대해 피드백을 해 주고 재범이는 스스로의 화법을 재평가해 보는 시간을 가졌다. 화법에 대한 이야기를 계속하던 도중, 기영이는 지난주 자신이 정남이에게 부적절하게 비꼬는 말을 했다는 것을 인정하면서 사과하고 싶다고 말했다. 하지만 (참가자로서의) 정남이가 이 회기에 불참하였기 때문에 다음 주에 만나서 다시 말하기로 하였다.

참가자들은 세 번째 단계에서 성원들 간의 신뢰관계가 증진되었음을 확인했다. 참가자들은 다음 한 주를 위한 행동과제에 대해 다시 토론하고 헤어졌다.

(4) 4회: 종결단계

이 회기에서는 기영이가 지도자, 정현이가 보조 진행자를 맡았다. 참가자들은 지난 1주 동안 있었던 일을 나누고 피드백을 해주었다. 종결단계이기 때문에, 기영이와 정현이는 참가자들에게 이 집단 모임이 그들에게 가져다준 변화에 대해 돌아가면서 이야기하도록 유도했다. 참가자들은 일상생활의 변화, 그리고 집단 안에서 성원들 간 관계 변화에 대해 이야기했다. 기영이는 정남에게 2회기 때의 충돌에 대해 사과했고 정남이는 그 사과를 받아들였다.

참가자들은 수행했던 훈련 중에서 가장 효과가 좋았던 것은 자기교시훈련과 긴장이완훈련이었다고 했다. 참가자들은 프로그램이 종결한 이후에도 훈련과 피드백을 함께하기 위해 그들끼리 자조집단을 구성하기로 결정하였다.

마지막으로 참가자들은 이 프로그램에 대한 평가를 했고, 기영이와 정현이는 프로그램을 종료하였다.

(5) 보고서 작성

참가자들은 자신이 사회복지사로 연기한 모임에 대해 프로그램 진행과정 보고서(〈표 13-3〉 참조) 1부, 참가자 행동평가표(〈표 13-4〉 참조) 1부, 참가자 역할 사정표(〈표 13-5〉 참조) 1부를 작성하였다. 또한 일반 참가자로 연기한 모임에 대해 집단개입단계 요약 보고서(〈표 13-6〉 참조) 1부를 작성하였다.

표 13-3 프로그램 진행과정 기록표

프로그램 진행과정 기록

(사회복지사로서 작성할 것)

그룹명: 회수:

사회복지사명: 역할:

일시:

참여자:

다음 질문에 따라 답변을 작성하되, 그 답변은 그룹 세션에 대한 사회복지사의 전문적인 요약문이어야 함. 서술은 철저하고 간략하며 사회복지사로서의 지식과 집단활동의 주제에 대한 개념에 바탕되어 있어야 함. 이 답변은 집단모임 진행 시 필기한 것을 바탕으로 작성하기 바람.

1. 일반적 목표: 집단의 일반적 목표를 정의하라.

____

____

____

2. 이 주의 목표: 이번 회차에서 특기했던 목표에 대해 서술하라.

____

____

____

3. 모임 요약: 이번 회차 모임에 대한 대략적 요약. 무엇이 논의되었는지, 어떤 개입이 있었는지, 어떤 문제가 발생했고 다음 회차의 계획은 무엇인지 서술하라.

____

____

____

표 13-4 참가자 행동평가표

참가자들의 행동평가		
이 름	순기능적 행동	역기능적 행동
이름 (혼인 여부, 싱글/커플 여부, 자녀 유무 등 개인적 특성)		
이름 –		
이름 –		
이름 –		
이름 –		
이름 –		

표 13-5 참가자 역할사정표

참가자 역할사정		
이름	사정	앞으로의 계획
이름 (혼인 여부, 싱글/커플 여부, 자녀 유무 등 개인적 특성)		
이름 –		
이름 –		
이름 –		
이름 –		
이름 –		

표 13-6 집단개입단계 요약표

집단개입단계 요약

(참가자로서 작성할 것)

그룹명: 참가자명:

지도자명: 보조진행자명:

일시:

다음 질문에 따라 답변을 작성하되, 그 답변은 참가자로서 연기한 캐릭터의 시점에 의거한 것이어야 함. 다음 여섯 개의 질문에 모두 답하되 당일 집단모임에서의 필기 자료를 함께 붙여 제출할 것.

1. 이 날 모임의 간단한 요약 (무엇에 대해 이야기했는가):

___

___

___

2. 이 날 내 캐릭터의 역할수행 (참가도, 주의도, 기타)

___

___

___

3. 내 캐릭터는 이 날 모임에 대해서:
   - 도움이 되었다고 느낀다. 이유: ___

     ___
   - 도움이 되지 않았다고 느낀다. 이유: ___

     ___

4. 이 날 집단개입은 어느 단계에 있었는가? (예: 오리엔테이션, 개입, 치료, 종결) 이 단계에서의 집단활동에 대해 간략히 서술하라.

5. 모임에서 리더와 보조진행자가 수행한 역할에 대해 적어도 하나 이상 서술하라. 어떤 개입기술이 사용되었는가?
   - 리더:
   - 보조 진행자:

6. 만약 당신(캐릭터가 아닌 당신 본인)이 이 날 모임에서 사회복지사의 역할이었다고 한다면, 오늘 사회복지사 역할을 한 동료와 다르게 진행했을 것 같은 점을 적어도 한 가지 이상 서술하라. 그리고 왜 그렇게 하겠는가?

연습문제

1. 앞서 나온 집단개입실천 연습 예시를 참고하여, 역할극을 통한 모의집단 프로그램을 실시해 보시오.

1) 집단 프로그램의 주제 선정과 인원 배분

7명 정도를 한 집단(조)으로 구성하고 각 조마다 모의실행할 집단 프로그램의 주제를 선정한다.

2) 사전준비과정

모의 프로그램은 총 4회의 모임으로 종료된다. 각 단계에서 어떤 것을 논의하여 프로그램을 구성할 것인가에 대해 조원들끼리 합의하고 조원들은 지침서(〈표 13-1〉 참조)를 미리 숙지한다. 조원들은 1회기에 들어가기 앞서 주제에 맞는 사전연구를 진행한다.

3) 역할극

각 단계 별로 두 명이 사회복지사(지도자 및 보조 진행자)가 되며, 나머지 구성원은 일반 참가자를 연기한다. 이 역할은 돌아가며 맡음으로써 조원당 기본 1회씩 사회복지사와 일반참가자를 경험해 보도록 한다. (*첫 번째 모임에서는 계약서(〈표 13-2〉 참조)를 작성하는 절차를 갖도록 한다.)

4) 보고서 작성

자신이 사회복지사로 연기한 모임에 대해 프로그램 진행과정 보고서(〈표 13-3〉 참조) 1부, 참가자 행동평가표(〈표 13-4〉 참조) 1부, 참가자 역할사정표(〈표 13-5〉 참조) 1부를 작성한다. 또한 일반 참가자로 연기한 모임에 대해 집단개입단계 요약 보고서(〈표 13-6〉 참조) 1부를 작성한다.

2. 집단사회복지실천의 한 회기로서 다음의 '가치경매' 프로그램을 활용해 보시오.

◆ 가치경매 프로그램

1) 목적: 서로의 가치에 대해 알고 이해하여 바람직한 관계형성을 한다.

2) 목표:

① 각자의 가치관에 대해 생각해 보며 정리하는 기회를 갖는다.

② 공통관심사를 중심으로 성원들 간에 언어적 의사소통을 활성화시킴으로써 정서적 교환과 친밀감을 형성시킨다.

③ 성원들 사이에 경쟁, 양보, 관심, 수용, 인정 등의 상호작용을 유도하여 집단역동성을 활성화시킨다.

3) 시간: 1시간 20분 이내(조 구성 및 토론 포함, 구성원 수에 따라 시간 조정 가능)

4) 진행방법:

① 가치가 나열된 용지를 받은 성원은 자신이 소중하게 여기는 가치관을 검토해 본 뒤 자신에게 주어진 1억 원으로 가치구매 계획을 세운다. (10분)

② 집단 지도자가 경매인이 되어 가치를 경매하는 데 단위는 백만 원이다. (20~25분)

③ 경매가 모두 끝나면 각자가 구입한 가치를 중심으로 집단별로 다음의 내용을 중심으로 토론을 한다. (20분)

- 원하는 것을 샀는가? 왜 샀는가? 못 샀다면 왜?
- 원하는 것을 사기 위한 경쟁에 대해 어떻게 생각하는가?
- 가진 돈을 모두 썼는가, 또는 남았는가? 얼마나, 왜?
- 자신의 가치체계에 대해 무엇을 배우고 깨달았는가?
- 이러한 자신의 가치를 발달시킨, 혹은 영향을 준 삶의 경험은 무엇인가?
- 다른 성원들의 가치관에 대해 어떻게 생각하는가?

④ 전체 집단으로 모여 다음의 주제를 중심으로 토론한다. (20분)

- 프로그램하면서 느낀 점은? 더 추가하고 싶은 가치항목은?
- 각 집단에서 나온 이야기 중 다른 학생들과 나누고 싶은 것은?
- 집단의 목표달성은?
- 참여도, 집단에의 영향력, 집단분위기, 하위집단, 고립자

※집단활동보고서는 위의 내용 중 ④ 전체집단 토론주제를 중심으로 기록하여 제출한다.

〈참고〉 가치경매표의 예 (이 표는 사회복지사가 재구성 가능함)

가치항목	구매계획 가격	경매에 임한 본인의 최고가	낙찰가격	낙찰자
친구와의 우정과 인정				
이성과의 사랑				
재력				
권력				
사회적 명예와 존경				
행복한 결혼(가정)생활				
아름다운(멋있는) 외모				
건강				
오래 사는 것				
세계일주				
고통 없는 죽음				
세계의 평화				
이웃에 대한 봉사				
경건한 신앙생활				
아름다운 별장				
내 분야에서 받는 인정				
마음의 평화				
자신감				
인격의 성숙함				
성실함				
우리나라의 무궁한 발전				
자녀로부터 존경받는 부모				
가족의 명예와 영광				
우아한 문화생활				
훌륭한 사회복지사(직업인)				
멋있는 자동차				

PART 05

ESSENTIAL SKILLS OF SOCIAL WORK PRACTICE

가족사회복지실천

Essential Skills of Social Work Practice

CHAPTER 14

가족에 대한 이해와 실천

chapter 14

가족에 대한 이해와 실천

1. 가족에 대한 이해

최근 우리 사회 가족의 모습이 변화하고 있다. 과거의 전형적이고 고정적이었던 가족의 모습과 개념, 가족에 대한 가치관 등이 다양하게 바뀌고 있는 것이다. 따라서 변화하는 가족의 모습과 개념, 다양한 가족의 형태들을 살펴보고자 한다.

1) 가족의 개념

가족에 대한 개념을 한마디로 정의하는 것은 쉽지 않다. 가족과 비슷한 개념으로 가구를 사용하기도 하는데, 가구가 한 지붕 아래 경제공동체를 이루고 살아가는 집단을 의미한다면, 가족은 형태만이 아니라 의식과 가치를 고려해야 하는 분석단위로서의 의미가 크다(한국여성복지연구회, 2008).

기능주의 가족이론에서는 현대 산업사회에서 가족은 핵가족과 같은 의미로 사용되어 왔다. 따라서 핵가족이 정상가족이며 여기에서 벗어난 가족은 비정상가족 또는 결손가족으로 불리기도 했었다. Murdock은 가족을 '사회적으로 인정받는 성적 관계를 유지하는 최소한 두 명의 성인 남녀와 한 명 이상의 자녀를 포함'하는 것이라고(한국여성복지연구회, 2008) 규정한 바 있으나 이러한 정의는 다양한 가족의 출현으로 더 이상 현대사회의 가족을 설명하기에 부적절하며, 정상가족 또는 비정상가족 등의 용어 사용은 적절하지 않다.

우리나라 「건강가정기본법」에는 가족을 '혼인, 혈연, 입양으로 이루어진 사회의 기본단위'로 법적 정의를 하고 있다(건강가정기본법, 2020). 또한 가족이란 그들 간에 생활공동체로서의 연대의식이 형성되어 있어야 하며 관계가 지속적이어야 한다. Giddens는 가족을 '정서적이고 물질적인 지지에 기반을 둔 둘 또는 그 이상의 사람들이 상호 간에 기재를 갖고 그들의 삶의 유형에 관계없이 상호책임감과 친밀감, 계속적인 보호를 주고받는 구성체'라고 정의하였다(권진숙 외, 2006). 학자들의 가족에 대한 정의를 종합해 보면 둘 이상의 사람들이 친숙함을 느끼고 밀접한 감정적 유대를 공유하며 가정이라는 생활공간 안에서, 생물학적 · 사회적 · 심리적 요구의 충족에 필요한 역할과 과제를 공유할 때 가족이라고 정의한다고 볼 수 있다.

가족의 전통적인 정의는 현대사회에 존재하는 다양한 가족의 형태를 포괄하지 못하는 한계가 있다. 혼인이나 혈연관계에 있다면 따로 떨어져 살아도 한 가족인가? 혼인이나 혈연관계에 있지는 않지만 지속적으로 공동생활을 하면서 정서적인 유대를 유지하는 사람들을 가족으로 볼 수는 없는가? 혼자 살아가는 1인 가구에게 가족의 범주는 어디까지로 한정할 수 있는가? 이런 의문들이 제기되고 실제적으로 그런 가족이 존재하게 되면서 전통적인 가족의 정의 속에 가족의 범주를 한정하여 정의하기는 어렵다.

2) 가족의 변화

최근 급변하는 사회현상으로 인해 전통적 가족의 개념을 수정해야 하는 상황이 되었다. 실제적으로 부부가족과 독신가구가 증가하고 있으며 미혼부모를 포함한 한부모가족, 동거가족, 공동체가족 등의 다양한 형태의 가족들이 출현하고 있다. 현대사회의 가족의 변화를 가족관련 사회변화, 가족구조의 다양화, 가족의 기능 및 관계변화를 중심으로 살펴보고자 한다.

(1) 가족 관련 사회변화

① 혼인률 감소

가족과 관련된 가장 중요한 변화는 혼인이 약화되고 있다는 것이다. 가족의 개념을 통해서도 살펴보았듯이 전통적으로 가족의 성립 전제는 혼인이었다. 오랫동안 대부분의 사회에서 성행동과 자녀출산의 합법성은 결혼을 통해서만 허용되었기 때문이다. 최근 우리나라 인구 천 명당 혼인율, 즉 조혼인율[1)]은 1992년 9.6건이던 것이 2000년 7.0건, 2009년에는 6.2건, 2020년에는 4.2건으로 지속적으로 감소 추세이다(www.index.go.kr). 초혼연령도 1992년 남자 28.1세, 여자 25.0세에서 2010년 남자 31.8세, 여자 28.9세, 2020년에는 남자 33.2세, 여자 30.8세로 늦어지고 있어 만혼의 추세로 가고 있다(국가통계포탈, kosis.kr). 학업연장, 경제활동, 결혼에 대한 가치관 변화 등으로 조혼인율은 지속적으로 감소하고 초혼연령은 계속 높아질 것으로 전망된다.

---

1) 1년간에 발생한 총 혼인건수를 당해 연도의 주민등록 연앙(7월1일) 인구로 나눈 수치를 1,000분비로 나타낸 것으로 인구 천 명당 혼인건수를 의미함.

② 출산율 감소

1950년대 우리나라 여성들은 평균 5~6명의 자녀를 낳았다. 그랬던 우리나라 합계출산율[2)]은 1982년 2.42명, 1984년에는 1.67명이 되었다. 1980년대 초반 출산율이 현격히 감소한 이유는 여성의 경제활동 증가, 여성의 교육수준 향상으로 인한 자기실현 욕구 증가 등의 이유도 있었지만 무엇보다 국가의 가족계획 정책이 영향을 미쳤다. 그 후 1985년부터 1995년까지 10년간은 1.55~1.78명 정도의 출산율을 보였다. 그러다가 2000년대 초에는 1.08~1.2명 수준으로 떨어졌고, 2018년에는 1.0명 이하로 떨어져 2020년 기준 합계출산율은 0.84명이 되었다(국가통계포탈, http://kosis.kr). 이 수치는 한 국가의 인구가 감소하지 않고 유지되는 데 필요한 인구대체출산율 2.1에 훨씬 못 미치는 것으로 OECD 국가 가운데 출산율 최하위를 차지한다.

③ 이혼 양상 변화

혼인율과 출산율 감소와 더불어 우리나라 가족 구조에 영향을 미치는 변화는 가족 해체의 주요 요인이 되는 이혼의 양상이다. 우리나라는 1990년대만 해도 조이혼율이 1.2~1.4였다. 그러다가 IMF 외환위기를 겪었던 1998년을 기점으로 조이혼율(연간 이혼건수/총 인구(연앙인구)×1,000)이 2.5를 넘어서면서 2003년에는 조이혼율이 3.4에 달하였다. 다행히도 2003년 이후 조이혼율은 감소 추세에 있으며 2010년의 조이혼율은 2.3건, 2020년 2.1건을 보이고 있다. 최근 우리나라 이혼의 주목할 만한 현상은 황혼이혼의 증가이다. 이혼 연령은 남자 49.4세, 여자 46.0세로 점차 높아지고, 결혼 기간 20년 이상의 이혼이 증가 추세에 있다(통계청, 2020년 혼인 이혼 통계 보도자료). 결혼기간 20년 이상과 4년 이하의 이혼이 전체 이혼의 55.7%를 차지한다(조선일보, 2020.3.19). 앞으로

2) 여성 1명이 가임기간(15~49세) 동안 낳을 것으로 기대되는 평균 출생아수

도 혼인건수 감소 등으로 이혼건수는 다소 감소할 것으로 예상되지만 황혼이혼의 증가로 인한 노년기 가족의 문제와 이혼으로 인한 한부모가족의 발생으로 인한 자녀양육, 경제적 문제, 정서적 문제 등은 사회복지실천에서 주목해야 할 영역이다.

(2) 가족구조의 다양화

가족구조는 가족의 특성이나 구성원의 발달과 가족관계 및 가족문제를 보는 중요한 틀이며 가족의 변화에 있어서 가장 가시적인 특성이기도 하다(한국여성복지연구회, 2008). 가족의 형태를 보면 대가족이 우세했던 과거에 비해 현대사회로 오면서 부모와 미혼자녀로 구성된 핵가족이 중심이 되고 있다. 하지만 우리나라는 1980년대 이후 맞벌이가족, 한부모가족, 재혼가족이 늘어나고, 무자녀가족, 독신가족의 형태가 증가하고 있고, 가족의 규모는 축소되는 변화를 보인다.

① 맞벌이가족

맞벌이가족은 시장경제원리가 적용되는 자본주의 사회에서 생계를 위해 저소득층에서 먼저 나타나기 시작했으나 점차 계층과 상관없이 나타나고 있다. 맞벌이가족은 그 목적에 따라 생계유지형 맞벌이가족, 경제적 여유를 위한 내 · 외조형 맞벌이가족, 자아실현형 맞벌이가족으로 분류할 수 있다. 유형이 어떠하든 간에 맞벌이가족은 출산 및 자녀양육과 관련된 어려움을 겪고 있다. 적절한 보육 서비스의 부재, 교육과 양육에 대한 배려가 부족한 근로환경 등이 맞벌이가족의 스트레스를 부추긴다. 또한 가족 내 환자나 장애인, 노인이 있을 경우 돌봄을 제공받을 수 있는 사회적 지원체계가 부족한 상태에서 맞벌이가족이 겪는 어려움은 크다. 맞벌이가족이라는 가족구조에서 파생한 이런 어려움들은 가족 간의 관계에도 부정적인 영향을 미쳐 가족의 정서적 지지 기능 자체를 파괴하기도 한다.

② 한부모가족

한부모가족이란 만 18세 미만의 미성년자녀를 둔 가정에서 사망, 이혼, 별거, 유기, 미혼모 등의 이유로 부모 중 한쪽이 혼자서 부모역할을 담당하는 가족형태를 말하며 부자가족 또는 모자가족의 형태로 나타난다. 우리나라의 경우 모자가족이 부자가족에 비해 3.5배 정도 많지만 증가율은 부자가족이 더 높은 편이다. 한부모가족의 유형에 상관없이 이혼은 한부모 발생의 가장 큰 요인이 되고 있다. 한부모가족의 문제는 모자가족의 경우 경제적 곤란, 역할재조정에 따른 역할과중의 어려움이 심하고, 부자가족의 경우에는 모자가족에 비해 가정관리의 문제, 아동 양육 측면에서 더 어려움을 겪는다(한국여성복지연구회, 2008).

(3) 가족 기능의 변화

가족 유형이 다양화되고 가족구성원의 수가 감소함에 따라 가족의 기능 면에서 변화하고 있다. 사회가 변한다 해도 유지되는 가족의 고유한 기능으로는 부부의 성적 기능, 자녀출산 기능, 아동양육 기능, 정서적 기능, 경제적 기능, 사회화 기능, 부양 기능 등이 있다. 여러 기능 중에서 현대사회에서 중시되고 있는 기능은 정서적 기능이다. 정서적 기능은 가족 간에 서로 애정과 지지를 통해 구성원에게 안정과 소속감을 제공하는 기능이다. 최근 교육, 직업 등의 이유로 주거공간을 공유하지 않는 가족이 늘어나면서 정서적 기능을 더욱 중요하게 생각하게 되었다.

(4) 가족관계의 변화

가족관계 측면에서 보면 성역할 변화와 더불어 가족구성원 간의 관계가 이전보다는 평등한 관계로 변화하는 경향을 보인다. 여성의 교육 수준이 높아지고 직업 진출 비율이 높아지며 자아실현 욕구가 강해지면서 가정 내 여성의 지위가 높아지고 남성과 여성의 성차별 현상이 줄어들고 있다. 하지만 아직 전통적인 남성중심의 가부장적 사고에 익숙한 구성원과 성평등을 당연한 권리로 주장하는 구성원 간의 갈등이 가족관계의 문제를 야기하기도 한다.

(5) 가족 발달주기의 변화

개인과 마찬가지로 가족도 시간이 지나면서 생활이 변화해 나가는 일련의 발달주기를 겪는다. 결혼과 동시에 가족이 형성되고 자녀출산과 더불어 가족이 확대되며 자녀가 성장하여 결혼하여 원가족을 떠나면서 가족이 축소되고 부부만이 남았다가 1세대의 사망으로 가족이 축소되는 과정을 보인다.

우리나라의 가족주기는 초혼연령과 첫 자녀 출산 연령의 상승, 자녀 수 감소, 평균수명의 증가 등으로 변화하고 있다. 또한 여성의 사회진출, 직장에서의 조기퇴직, 청년실업 증가 등의 사회적 변화도 가족주기 변화에 영향을 미친다. 평균수명의 증가로 과거에 비해 노인 부부만 남게 되는 시간이 길어지는 경향이 있으며, 성인자녀가 독립하지 못하고 부모에게 의존해 사는 '비좁은 둥지(crowded nest) 현상' 등으로 어떤 가족발달주기가 보편적인 것이라고 말하기 어렵다. 가족발달주기도 가족의 구조 및 기능의 변화와 함께 가족에 따라 획일적으로 분류하기 어렵고 융통적으로 변화하고 있다(한국여성복지연구회, 2008).

2. 가족 체계에 대한 이해

가족은 일반적으로 다음과 같은 기본 속성을 가지고 있다(엄명용 외, 2008).

첫째, 가족은 특정한 목적 달성을 위해 인위적으로 형성된 집단이 아니라 자연스럽게 형성된 사회집단이다.

둘째, 가족은 생활하는 가운데 일련의 생활 유형 또는 규칙을 발전시키게 되며, 이것은 가족의 생활방식, 가족관습 등으로 발전된다.

셋째, 가족의 각 구성원들에게는 나름대로 할당되고 부여된 역할들이 있다.

넷째, 가족은 나름대로의 권력구조를 가지고 있다.

다섯째, 가족은 공공연하거나 은밀하면서 복잡한 의사소통 형태를 가지고 있다.

여섯째, 가족은 나름대로 문제를 해결하고 타협하는 방법들을 가지고 있다.

일곱째, 가족은 역사, 세상에 대한 관점, 목적의식 등을 공유하고 있다.

여덟째, 이혼, 사망, 별거 등에 관계없이 한번 구성원은 영원한 구성원으로 남아 있다. 의도적으로 일시적 단절을 겪는다 해도 가족 간의 영향력은 여전히 존재한다.

위와 같은 속성을 가지고 있는 가족을 대상으로 하는 사회복지사는 가족을 공간과 시간 개념의 양축으로 파악할 필요가 있다. 이를 위하여 우선 가족을 공간의 관점에서 살펴보자. 가족을 공간의 관점에서 이해하는 것은 우선 가족을 하나의 사회적 단위(family as a unit), 또는 하나의 체계(family as a system)로 이해하는 것이다. 또한 가족을 전체 사회환경 속의 하나의 체계로 보면서 가족을 둘러싼 사회환경과의 상호 관계 속에서 파악하는 것이 가족의 기능과 구조를 이해하는 데 도움이 될 것이다. 가족을 시간의 관점에서 보면 가족발달주기를 중심으로 가족의 문제를 살펴볼 수 있다.

1) 가족에 대한 생태체계적 관점

가족을 공간의 개념으로 이해하기 위해서는 생태체계적인 시각에서 바라보아야 한다. 생태체계적 관점에서 우선 가족은 하나의 체계로 간주된다. 체계란 상호긴밀한 영향을 주고받는 구성분자들의 집합체를 의미한다(엄명용 외, 2008). 일반체계이론에서 대표적인 명제는 '전체는 부분의 합보다 크다'는 것인데 이것은 체계 내 구성분자들 간의 상호작용의 힘이 매우 중요함을 시사한다. 또한 가족은 주변 사회환경과의 상호작용을 통해 유지되고, 성장하며, 발달해 간다. 가족의 기본 욕구를 충족시키기 위해 확대가족, 이웃, 지역사회 등 사회환경으로부터 자원과 지지를 확보하며 도움을 주고받는다. 직업을 가지고 일을 하면서 수입을 확보하여 가족구성원들의 생계를 유지하고 이웃들과 공동체를 통해 상호부조하는 가운데 정서적 · 물리적 지원, 애정과 소속감을 주고받는다. 가족은 사회로부터 교육, 보건의료, 보육서비스들을 제공받기도 하는 한편 지역사회에 봉사를 통해 서비스를 제공하는 입장에 서기도 한다. 그러나 사회와의 상호적 관계를 통해 적절한 적응을 하지 못한 가족체계는 고립되거나 문제를 발생하게 된다.

2) 가족의 구조와 기능

다음과 같은 생태체계적 개념들은 가족을 하나의 체계로 보면서 가족의 구조와 기능을 이해하는 데 도움이 된다.

(1) 순환적 인과성

생태체계적 관점에서는 어떤 사건은 다양한 요인들의 상호적 작용에 의해 발생하는 것이라는 시각을 가지는데, 이것이 순환적 인과성(circular causality)이다. 이 관점을 가족에 적용시켜 보면, 가족 내 한 성원의 행동은 어느 한 요인에 의해 발생한 단선적 또는 직선적 인과관계에 의한 것이 아니다. 가족구성원 사이에 발생하는 문제는 순환 중인 가족관계의 상호작용 맥락 속에서 파악되고 이해되어야 한다. 순환적 인과관계로 인하여 체계의 한 구성원에게 영향을 주면 그 효과는 다른 구성원에게 영향을 주어 결국 가족 전체에 영향을 미친다는 파문효과(ripple effect)를 이용하면 가족의 문제해결에 효과적으로 접근할 수 있다.

(2) 경계와 하위체계

가족이 하나의 체계로서 존재한다는 것은, 가족 내부에 하위체계들이 존재하고 그들은 상호작용을 하고 있으며 동시에 가족은 더 큰 환경체계의 하위체계로서 다른 체계들과 상호작용한다는 것을 의미한다. 따라서 가족은 가족 내 구성원들 간의 상호작용 속에서 응집력을 가지고 하나로 묶이면서 주변의 환경과는 구분되는 경계(boundary)를 가지게 된다. 경계는 체계 간의 차이를 보호하는 기능을 한다(김정진 외, 2007). 기능적인 가족은 환경체계들과 분명히 구분되는 동시에 개방적이고 융통적이며 적응적인 경계를 가진다. 하지만 가족이 환경체계(원가족 또는 지역사회 등)들과 지나치게 밀착되거나(too enmeshed) 혹은 지나치게 유리된(too disengaged) 경계를 가지는 경우 가족기능에 문제가 생길 수 있다.

가족은 하나의 체계로서 그 내부에 하위체계를 가진다. 가족 내 하위체계는 부부하위체계, 부모하위체계, 부모자녀하위체계, 형제자매하위체계 등이 있다. 가족의 내부에도 하위체계끼리의 상호교류 정도에 따라 경계가 형성된다. 가족 내 하위체계들 간의 경계는 명료성과 유연성 그리고 투과성의 특성을 가질 때 긍정적인 기능을 하게 된다. 경계의 명료성이란 각 하위체계들이 나름대로의 기능과 속성을 유지하면서도 다른 하위체계와 상호작용한다는 것을 의미하며, 유연성은 명료성을 가진 경계가 융통성 있게 조정될 수 있다는 의미이다. 가족 내 하위체계도 지나치게 밀착되거나 유리될 경우 문제가 된다. 유리된 가족성원들은 자기중심적이며 자율성은 많으나 응집과 유대가 부족하며 가족 외 다른 사람들과는 깊이 연관되어 있다. 밀착된 가족성원은 지나치게 관여함으로써 차별성에 대한 이해와 자율성이 부족하다(김혜란 외, 2003). 투과성이란 경계를 사이에 두고 경계 안과 밖 사이에 에너지 및 정보교환이 자유롭게 이루어지고 있는 것을 말한다(엄명용 외, 2008). 투과성이 높은 체계는 개방체계이며 그렇지 못한 체계는 폐쇄체계이다. 외부 정보와 에너지, 자원 등이 자유롭게 이루어지는 개방가족체계가 건강하고 기능적인 가족체계이다.

(3) 항상성과 환류고리

모든 체계는 현재의 평형상태를 유지하려는 성향이 있다. 마찬가지로 가족은 환류고리(feedback loop)를 통해 가족 내 규범을 규정하고 강화함으로써 항상성(homeostasis)을 유지한다. 환류고리는 정적 환류고리와 부적 환류고리가 있다. 정적 환류고리는 현재의 상황이 지속되도록 하는 것이며 부적 환류고리는 지금까지의 행동을 중단하도록 하는 환류과정이다. 정적 환류고리를 통해 가족규범을 강화하고, 부적 환류고리를 통해 현재의 행동을 저지함으로써 항상적 균형에 기여한다.

(4) 가족규칙과 가족신화

가족규칙(family rules)은 가족구성원들이 서로의 행동규칙을 규정하고 행동을 제한하는 관계상의 합의를 말한다. 가족규칙은 가족이 사용하는 언어, 시간과 공간의 활용 패턴, 가족 내 의사소통의 흐름, 가족구성원의 지위와 권력, 가족의례 등을 결정짓는다. 한편 가족신화(family myth)는 가족원들이 모두 공유하고 있는 가족성원에 대한 잘못된 신념과 기대를 의미한다. 가족신화는 일반적으로 현실에 대한 왜곡이나 부정은 물론 현실을 위장하는 요소를 가지고 있다(김정진 외, 2007).

3) 가족의 의사소통

가족 간 의사소통은 언어적 또는 비언어적 메시지를 통해 가족구성원 간에 정보를 교류하는 것으로 가족의 기능을 이해하는 핵심적 개념 중의 하나이다. 충분히 본연의 기능을 하는 가족의 경우, 가족구성원 각자 및 하위체계 간에 적절한 상호작용과 결속력이 있으며, 변화에 대해 민감하고 적응적이며 분명한 의사소통 체계가 존재하여 자기표현 및 감정의 교류가 원활히 이루어진다. 의사소통은 결속력 및 적응력과 더불어 가족의 기능수준을 결정하는 중요한 요소로 작용한다(한국여성복지연구회, 2008). 또한 의사소통은 사실적인 정보, 의견, 감정을 전달하는 내용 기능과 정보가 전달되는 과정에서의 관계의 성격을 규정하는 관계 기능을 가지고 있다(김혜란 외, 2008).

의사소통은 개방적이고 직접적으로 분명하며 정확하게 이루어지는 것이 바람직하다. 가족 내 바람직하지 못한 의사소통으로 대표적인 것이 '이중구속(double bind)'이다. 이중구속이란 어떤 메시지가 내용(실제 전달되는 표면적인 정보나 내용)과 감정(억양, 제스추어 등 비언어적 신호로 표현되는 부분)이 일치하지 않는 것을 말한다. 예를 들면 자녀가 다른 아이를 때렸을 경우 "그러면 안 돼."라고 엄격하게 말하면서 동시에 다른 언어적, 비언어적 메시지로 "그놈 참!" 하면서 머리를 쓰다듬는 등 대견하다는 메시지를 전달하는 경우이다. 부모가 이중구속 메시지로 의사를 전달할 경우 자녀는 혼란을 경험하며 이와 같은 같은 의사소통 관계에 지속적으로 노출된 자녀의 경우 정신적인 문제를 보일 가능성도 있다(김정진 외, 2007).

3. 가족문제 사정

1) 가족사정의 정의와 목적

가족사정(family assessment)이란 사회복지사 앞에 클라이언트로 앉아 있는 가족의 상황을 있는 그대로 이해하는 것으로서, 사회복지사가 가족의 상황을 잘 이해하도록 하고 가족이 문제나 위기로부터 잘 벗어날 수 있도록 도울 수 있게 하는 과정이다(엄명용 외, 2008). 가족사정은 개입과정 전체에서 핵심적 부분으로, 이 사정 내용을 바탕으로 사회복지사는 가족에 대한 개입전략을 수립하게 된다.

가족사정의 목적은 가족이 현재 겪고 있는 어려움은 어떤 것이며, 그 어려움을 지속시키고 있는 가족의 상호작용 양상은 무엇인가, 그리고 가족은 자신들의 상호작용 유형 중에서 어떤 점을 변화시키기를 원하는가를 알아내는 것이라 할 수 있다. 그리고 가족개입의 궁극적 목적은 가족을 어려움에 처하게 만든 가족의 상호작용 양상을 가족 스스로 이해하게 한 후 가족이 원하는 변화를 위해 필요한 새로운 행동양식을 가족과 함께 찾아내는 것이다. 정리하면, 가족사정의 기능 중 하나는 가족체계가 어떻게 기능하고 있는가를 발견하는 것이고, 다른 하나는 가족체계의 상호작용 유형에 개입하기 위한 방법을 찾아내는 것이다. 따라서 사정과 개입과정은 별개의 분리된 것이 아니라 상호작용적이며 순환적이다. 사정방법들은 정보수집 전략이 될 뿐만 아니라 개입방법도 되는 것이다(Tomm, 1987; 엄명용 외, 2008에서 재인용).

2) 가족사정의 내용

가족의 구조를 사정하기 위해서는 가족의 하위체계(subsystem), 경계(boundaries), 가족규칙(family rules), 가족신화(family myth), 가족의 권력구조(power structure) 등을 살펴보는 것이 필요하다.

(1) 가족의 하위체계

2세대의 양부모와 자녀들로 구성된 핵가족의 경우 다음과 같은 4개의 하위체계가 존재한다. 각각의 하위체계가 건강하게 기능하는 정도는 다음과 같은 특성을 가지고 있는지의 여부를 파악하면 알 수 있다(김정진 외, 2007).

- 부부하위체계: 부부 간 상호협동 및 존중, 독립적이면서 의존적인 상호의존성, 부부 사이의 경계의 특성

- 부모하위체계: 자녀의 양육에 있어 자녀의 성장발달에 따른 역할전이의 유연성
- 부모자녀하위체계: 자녀에 대한 엄격함과 허용성의 정도, 부모자녀 간의 관계양식
- 형제자매하위체계: 어른들로부터 자신을 보호할 필요가 있을 때 쉽게 연합을 형성

(2) 가족경계

일반적으로 가족경계(family boundaries)는 가족구성원 간의 경계, 가족 내 하위체계 간의 경계 그리고 가족 외부와의 경계로 나누어 볼 수 있다.

- 가족구성원과의 경계: 가족체계 내에서 적절한 애정을 느낄 수 없을 정도로 거리를 두고 있는 경우를 소원한 가족(disengaged family)이라고 한다. 이 경우 가족원은 가족체계 외부와의 접촉을 통해 애정을 충족하고자 하는 노력을 하게 된다. 반면 가족체계 내에서 가족원들 간 애정의 교류가 지나친 경우 밀착된 가족(enmeshed family)으로 분류할 수 있다.
- 하위체계 간 경계: 일반적으로 부모와 자식 간에 분명한 경계가 존재하는 것을 명확한 경계(clear boundary)라 부르며, 부부체계와 세대 간 경계를 넘어서 세대 간 연합이 일어날 경우 혼돈된 경계(diffused boundary) 혹은 밀착된(희미한) 경계(enmeshed boundary)라 하고, 자녀를 통해 부부문제가 드러나며 하위체계 간에 유리되고 소원해지는 경우를 경직된 경계(rigid boundary)라고 한다.
- 가족 외부와의 경계: 한 가족이 갖는 외부와의 경계관계에 따라 개방형

가족과 폐쇄형 가족으로 나누어 볼 수 있다.

(3) 가족규칙

가족규칙(family rules)은 가족구성원의 경험이나 그 가족의 전통, 문화, 적응 노력 등 여러 가지 많은 형성요인에 의해 형성되기 때문에 가족마다 다르다. 가족의 경계개념은 상황에 따라 어떤 구성원이 어떻게 그 상황에 참여하는지를 규정하는 규칙에 의해 만들어진다. 가족규칙은 가족의 상호피드백을 통해 재조정될 수 있다(김정진 외, 2007).

(4) 가족신화

앞에서도 기술했듯이 가족신화(family myth)란 가족원들이 공유하고 있는 가족에 대한 잘못된 신념과 기대이다. 가족신화의 예로는 정신질환을 앓고 있는 가까운 친척 혹은 이혼한 형제가 있을 때 이를 거짓으로 미화하여 전달하거나 아예 가족 간 대화에서 삭제해 버리는 경우이다. 이러한 가족신화는 가족의 의식과 가족구성원 간의 관계에 부정적인 영향을 미친다. 가족구성원 중 누가 신화의 희생양인지 발견해야 하며, 가족의 문제가 가족신화 때문에 발생하는 것이라면 자기 가족의 신화가 무엇인지, 그로 인해 자기 가족이 어떤 영향을 받고 있는지 인식하게 하여 그 신화를 변화시키도록 해야 한다.

(5) 가족의 권력구조

가족의 권력구조(power structure)에서 권력은 가족 내 한 구성원이 다른 구성원의 행동변화를 지시할 수 있는 힘을 말한다(Hepworth et al., 2004). 그러므로 가족원 중 누구에게 권력이 집중되어 있는지, 누가 가정 내에서 가장 영향력을 행사하는 사람인지, 가족원 사이에 권력이 어떤 양상으로 분포되어 있는지를 사정하는 것이 중요하다(김정진 외, 2007).

3) 가족의 의사소통

의사소통의 능력을 향상시키기 위해서 의사소통의 원칙을 살펴보면 다음과 같다(Neidig, 1984).

① 보낸 메시지와 받은 메시지가 항상 일치하는 것은 아니다. 말한 사람과 듣는 사람의 개인적 생각과 감정의 기능 때문에 자신의 의도와는 달리 표현되거나 전달될 수 있다.

② 의사소통을 하지 않는 것은 불가능하다. 부정적인 관계에서 오해를 불러일으키지 않기 위해서는 회피하거나 비언어적으로 표현하는 것을 지양하고 가능한 그 내용을 표현하는 것이 최선의 방법이다.

③ 모든 메시지는 내용과 감정이 담겨 있다. 어떤 메시지가 내용(실제 전달되는 표면적인 정보나 내용)과 감정(억양, 제스추어 등 비언어적 신호로 표현되는 부분)이 일치하지 않은 경우 상대방은 혼란을 경험한다.

④ 비언어적인 신호가 언어적인 것보다 훨씬 더 신뢰성이 높다. 메시지의 내용과 감정이 일치하지 않을 경우 듣는 사람은 감정 부분에 더 큰 비중을 둔다(Stuat, 1980).

4. 그림을 통한 가족사정

1) 생태도

Ann Hartman(1978)에 의해 개발된 생태도(ecomap)는 가족과 환경체계의 관계를 이해하기 위한 도구로서 가족과 체계들 간의 자원교환, 에너지의 흐름, 스트레스와 관련된 자료, 중재되어야 할 갈등, 메워야 할 간극, 활성화되어야 할 자원 등을 시각적으로 나타낸다. 이는 가족 전체와 환경체계의 관계뿐 아니라 개별성원들과 환경체계의 관계도 나타낸다(김혜란 외, 2011). 사회복지사는 생태도를 가족사정의 도구로 사용하며, 가족수준의 실천과정이나 종결과정에서도 변화를 점검하기 위해 사용하기도 한다. 가족수준의 실천에서 생태도는 생태체계 속에서 가족을 전체적으로 이해하고, 가족과 환경과의 경계, 그리고 가족 내부에 대한 이해에 도움이 된다.

생태도는 백지의 중앙에 가족체계를 상징하는 큰 원을 그리고, 그 안에 현 가족의 구성원들이 표시된 간략한 가계도를 그린다. 그리고 큰 원 주변에 가족구성원 또는 가족체계에 영향을 미치는 주변 환경체계들을 그린다.

가족체계와 주변 환경체계들과의 교류상황 그리고 외부 환경체계들 간의 교류 상황을 파악하여 그 성격을 선으로 표시한다. 예를 들어 지속적이고 건강한 관계는 일반 실선, 약한 관계는 점선으로, 강한 관계는 굵은 선이나 여러 줄의 선으로, 갈등관계는 빗금이나 용수철 모양의 선으로 표시하는 식이다.

가족체계와 주변 환경체계들의 관계를 나타내기 위해서는 체계와 체계를 선으로 연결하되 에너지의 흐름을 나타내는 화살표는 공급하는 쪽에서 받는 쪽으로 표시한다. 화살표 대신 주변체계가 가족의 에너지를 빼앗아 가는지 보충

해주는지를 더하기(+)나 빼기(-)의 기호로 선 옆에 표시할 수도 있다. 외부체계가 가족 전체와 연결되어 있으면 외부체계와 큰 원을 선으로 연결하고, 외부체계가 가족 내의 특정 개인과만 연결되어 있으면 그 개인과 외부체계를 선으로 연결하여 간략한 설명을 선 옆에 적는다(엄명용 외, 2008).

생태도의 예를 제시하면 〈그림 14-1〉과 같다.

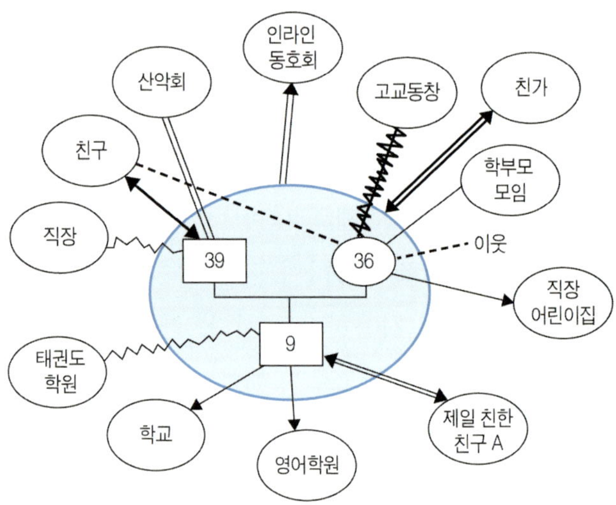

그림 14-1 생태도의 예

2) 가계도

가계도(genogram)는 Bowen의 가족체계이론에 입각하여 주로 사용된 사정도구로, 가족 내 역동을 이해하거나 가족이 여러 세대에 걸쳐 발전시켜 온 가족역할, 유형, 관계 등을 가족과 함께 우호적이고 상호적인 방법으로 살펴보기 위한 것이다. 이 가계도는 기본 가족구성과 구조를 나타내는 상징들, 상호작용 유형, 가족병력, 기타 가족에 관한 정보(종교, 교육, 직업, 병무, 법적문제, 신체적 혹은 성적 학대, 약물 남용 등)를 포함한다.

가계도는 최소한 3세대에 걸쳐 설명하며, 여성은 원으로, 남성은 사각형으로 나타내고 결혼관계는 수평선으로 나타낸다. 자녀는 결혼을 나타내는 선 아래 수직선을 내려긋고 사각형이나 원을 그려 표시한다. 여기에서 사망, 이혼, 재혼과 같은 중요한 사건을 설명하고, 반복되는 행동양식을 나타내기 위하여 다른 어떤 상징이나 설명을 덧붙일 수 있다(Barker, 1995).

가계도의 예를 제시하면 〈그림 14-2〉와 같다.

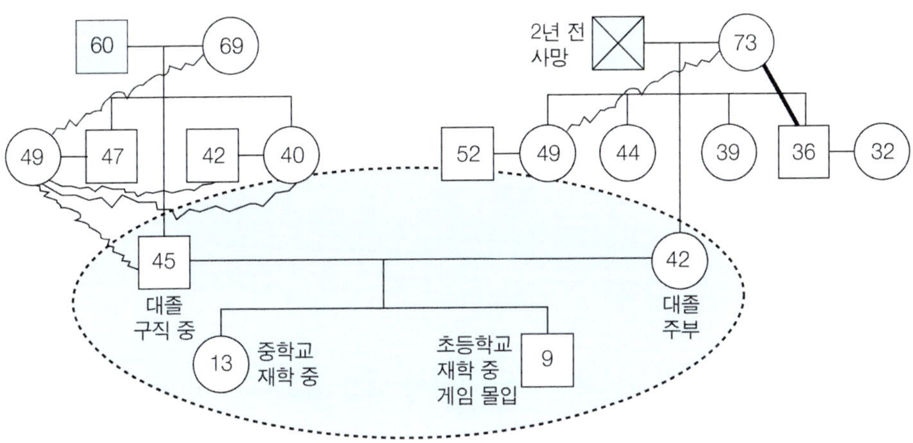

그림 14-2 가계도의 예

사회복지사와 가족은 가계도를 다음의 네 가지 차원에서 검토하도록 한다.

첫째, 가족의 구성과 구조를 분석한다. 이혼, 재혼 등의 결혼상태와 형제순위, 자녀에 대한 부모의 기대와 태도 등을 분석한다.

둘째, 가족의 발달주기를 분석한다. 가족이 발달주기에 따른 변화에 성공적으로 적응해 왔는지 검토한다.

셋째, 세대 간 유형의 반복이 있는지 분석한다. 적응유연성, 강점, 창조성 등의 적응적 유형과 가정폭력, 알코올 남용, 자살 등의 부적응적 유형이 세대 간 반복되는지, 또한 상호작용에서 친밀감, 소원함, 단절, 갈등, 삼각관계 등이 세대 간 반복되는지 검토한다.

넷째, 가족성원들의 역할과 기능에서 균형이 이루어지는지 분석한다. 부부간, 형제자매 간 힘의 균형이 어떻게 이루어지고 있는지, 불균형이 있는 경우 가족이 이를 해결하는 방식과 균형을 이루기 위해 성원들이 어떻게 변화하여야 할지를 검토하도록 한다(김혜란 외, 2011).

5. 가족개입기술 및 기법 연습

1) 개입 절차

가족사정이 끝난 후 사회복지사는 가족에 대한 정보를 조직화하여 본격적인 가족변화과정으로 들어간다. 이 과정에서 사회복지사는 가족상담에 임하는 클라이언트의 요구는 무엇이며 그 중 무엇이 가장 시급한지, 어떤 종류와 방법의 개입이 가족의 변화를 위해 적절할 것인지, 문제해결을 위해 외부전문가들의 개입이 필요한지 등과 관련 치료의 방향을 정해야 한다.

이 과정에서 점검해 보아야 할 내용은 다음과 같다(엄명용 외, 2008).

① 문제목록의 작성 및 문제해결의 우선순위 선정
② 초점문제의 간단한 내력과 과거 및 현재의 노력, 개입내용의 검토
③ 이론적 틀에 입각한 초점문제의 개념화

④ 개입목적과 목표의 설정
⑤ 개입방법의 선택
⑥ 개입기간과 횟수의 결정
⑦ 외부자원의 활용 및 의뢰

2) 개입에 필요한 기술

(1) 환경적 개입: 가족옹호

가족이 주변 환경체계들과의 상호작용을 통해 필요한 자원과 지지를 확보하지 못하는 경우, 사회복지사는 가족의 사회환경을 변화하기 위한 환경적 개입을 계획한다(김혜란 외, 2011). 그 중 대표적인 기술이 가족옹호(family advocacy)이다. 가족옹호란 사회복지사가 가족의 욕구충족과 문제해결을 위하여 가족 입장에 서서 공공 혹은 민간기관들이 가족을 위한 기존의 서비스 전달을 향상시키거나 새로운 혹은 변화된 형태의 서비스를 개발하도록 하는 것이다. 옹호과정에서 사회복지사는 가족과 지역사회 자원들을 중재하거나 지역사회 자원들과 협의 혹은 대결해야 하는 수도 있다.

(2) 세대 간/가족 내부의 변화를 위한 개입

가족 내부의 변화를 위한 개입기술로는 주로 가족치료기법이 사용된다.

① 탈삼각화
Bowen의 다세대가족치료에서 사용하는 탈삼각화(de-triangulation)란 두 성

원들의 감정 영역에서 제3의 성원을 분리하는 과정으로, 가족 내에 형성되어 있는 삼각관계를 벗어나게 하여 가족원들의 자아분화를 돕는 기법이다.

② 가족조각과 가족그림

Satir의 경험적 가족치료모델에서 사용하는 가족조각(family sculpture)은 성원들이 가족에 대해 어떻게 인식하고 있는지를 시각적으로 표현함으로써 가족에 대한 이해를 돕기 위한 기법이다. 같은 맥락에서 가족그림(family drawing)은 가족성원들에게 자신이 느끼는 대로 자유롭게 가족에 대해 그림을 그리도록 하는 기법으로, 성원들 자신이 가족에 대해 어떻게 느끼는지 이해할 수 있을 뿐 아니라 다른 성원들이 서로에 대해 어떻게 느끼는지도 이해할 수 있다.

③ 경계 만들기와 균형 깨뜨리기

Minuchin의 구조적 가족치료 기법으로서 경계 만들기(boundary making)는 가족 내 하위체계들 간의 경계가 지나치게 유리되거나 밀착된 경우에 유리된 경계는 보다 가깝게 하며, 밀착된 경계는 어느 정도 거리를 두도록 만드는 것이다. 또한 균형 깨뜨리기(unbalancing)는 가족 내 하위체계들 간의 역기능적 균형을 의도적으로 깨뜨리는 기법이다.

④ 역설적 지시

Haley의 전략적 가족치료기법으로서 역설적 지시(paradoxical directives)는 문제를 유지하는 연쇄를 변화하기 위하여 가족이 역설적이라고 생각하는 행동, 즉 문제행동을 유지하거나 혹은 강화하는 행동을 오히려 수행하도록 지시하는 기법이다.

⑤ 순환적 질문하기

전략적 접근의 한 기법인 순환적 질문하기(circular questioning)는 가족성원들이 문제에 대해 제한적이고 단선적인 시각에서 벗어나 문제의 순환성을 깨닫도록 돕기 위한 질문을 연속적으로 하는 기법이다.

⑥ 재구성

전략적 기법으로서 재구성(reframing)은 가족성원들이 문제 혹은 이슈를 다른 시각에서 보도록 혹은 다른 방법으로 이해하도록 돕는 것을 의미한다. 재구성은 재명명(relabeling) 혹은 재규정(redefining)이라고도 한다. 긍정적 의미부여(positive connotation)를 통하여 가족의 응집을 향상하고 치료에 대한 저항을 줄이기 위한 목적으로 가족의 문제행동을 긍정적으로 재해석하는 기법이다.

⑦ 문제의 외현화

해결중심모델과 이야기치료에서 주로 사용하는 문제의 외현화(externalization)는 가족문제를 개별성원 혹은 가족이 아니라 가족과 분리된 문제 자체로 보고, 가족을 괴롭히는 하나의 별개 존재로서 문제를 다루는 것을 의미한다.

⑧ 기적질문과 예외질문하기

Berg & de Shazer의 해결중심모델에서 주로 사용하는 기적질문(miracle question)은 말 그대로 기적이 일어나서 문제가 해결된 상황을 가정함으로써 그로 인해 달라질 수 있는 일들을 가상수행하게 한다. 해결중심모델의 핵심인 예외질문(exception question)은 가족이 현재 가지고 있는 문제를 가지지 않았던 때에는 지금과 어떻게 달랐는지를 탐색하도록 함으로써 이러한 '예외(exception)'를 확장하기 위해 가족이 무엇을 해야 할지에 대한 단서를 찾도록 하는 질문이다.

⑨ 가족중재

가족중재(family mediation)는 중재자가 중립적인 입장에서 모든 가족성원들에게 자신의 생각과 느낌을 표현하도록 하고 가족에게 감정적으로 깊이 관여하는 대신 그저 안내적 역할을 수행하게 하는 것을 말한다.

⑩ 역할연기

가족개입에서 역할연기(role playing)는 다음의 두 가지 방법을 활용한다.

첫째, 사회복지사가 한 가족성원에게 다른 가족성원의 역할을 수행해 보도록 요청함으로써 다른 성원의 느낌과 행동을 다른 성원의 시각에서 경험하도록 돕는다. 두 성원들이 서로의 역할을 바꾸는 경우에는 역할전환(role reversal)이라 한다.

둘째, 사회복지사가 성원에게 자신의 역할을 수행하지만 이전과는 다르게 행동해 보도록 요청함으로써 실제 생활에서 겪을 수 있는 위험에 대한 부담이 없는 상황에서 새로운 행동을 학습하도록 돕는다.

3) 역할극을 통한 가족개입 연습

역할극을 통해 가족개입단계를 진행함으로써 개입기술을 직접 연습하고 그 과정을 기록한다.

(1) 사례 선정 및 준비

먼저 가족갈등의 사례를 교재 혹은 본인과 주변의 경험, 또는 영화나 드라마에서 선정한다. 5명을 한 조로 만들어 총 5회의 프로그램 모형을 진행한다.

참여자들은 상담기술, 특히 대화기술에 대하여 미리 알아두어 사회복지사의 역할을 맡을 때 어떻게 프로그램을 진행해야 할지 생각해 둔다. 또한, 초기개입 모임을 진행하기 전 집단 주제에 맞는 증거기반연구를 각자 과제로 수행함으로써 주제에 대한 개괄적 개념을 갖는다.

(2) 역할극

먼저 인원수에 맞춰서 가족 역할을 만들어 이름과 그 배경을 숙지한다. 그리고 각 세션마다 돌아가면서 한 명이 사회복지사 역할을 맡고 나머지 사람들은 자신이 맡은 캐릭터를 연기하도록 한다.

① 1회: 초기면접

문제를 파악하는 단계이다. 사회복지사는 가족들 전체와 만나 문제가 무엇인지 그리고 가족들이 원하는 해결이 각자 무엇인지 듣도록 하며, 앞으로의 상담을 위한 계약서를 작성한다.

② 2회: 가족사정

가족들과 만나 대화를 통해 가족관계와 주변상황을 파악하고 가계도와 생태도를 작성한다.

③ 3~4회: 개입

상담기술 및 사전조사를 통한 문제해결 기술을 기반으로 개입을 진행한다.

④ 5회: 종결

가족구성원들과 함께 그동안의 훈련과 개입 성과를 검토하고 앞으로 남은 과제에 대해 이야기한다. 사회복지사는 최종기록을 작성한다.

(3) 보고서 작성

자신이 사회복지사로 역할연기한 모임에 대해 사례기록(〈표 14-1〉 참조)을, 가족구성원으로 연기한 모임에 대해 모임요약(〈표 14-2〉 참조)을 작성한다.

표 14-1 가족개입 사례기록 (사회복지사)

사회복지사: 가족개입 사례기록 (○회 모임)

가족 대표자명:

사회복지사: 일시:

참가 가족성원:

---

1. 오늘 모임에서 당신이 한 일

---

2. 이 세션에서 완결한 개입과정 (개입단계를 정확하게 명시하고 누가 무엇을 했고

무엇을 하지 않았는지, 누가 무엇을 말했는지 등에 대해 상세히 서술할 것)

3. 관찰된 가족관계와 역할 (누가 모임 중에 가장 많이 말했는지, 누가 누구에게 말했는지, 누가 어디에 앉았는지, 누구의 말이 가장 권위 있었는지 기술할 것)

4. 사회복지사로서, 관찰결과 이 가족의 상황에 대해 어떻게 생각하는지를 정확한 예를 들어 서술하라(실제로 관찰한 행동 및 말을 주로 다루되 당신의 해석을 덧붙일 것).

5. 체계이론에서 한 개 이상의 개념을 가져와 오늘 모임에 적용해 보라.

6. 동기강화이론에서 한 개 이상의 개념을 가져와 오늘 모임에 적용해 보라.

7. 강점관점에서 오늘 면접에서 어떻게 진행하였는가?

8. 오늘 가족에게 제안한 훈련 및 과제

표 14-2 가족개입 모임요약 (참가자)

가족구성원: 가족개입 모임요약 (○회 모임)

가족 대표자명:

클라이언트 이름:

사회복지사: 일시:

다음 질문에 본인이 맡은 가족 내 역할의 관점에서 답하도록 한다.

1. 오늘 모임의 내용 (우리가 무엇을 이야기했는가)

____

____

2. 오늘 모임에서 내 캐릭터의 역할 (참가도 및 주의도 포함)

____

____

3. 내 캐릭터는 이 날 모임에 대해서

(__________) 도움이 되었다고 느낀다.

(__________) 도움이 되지 않았다고 느낀다.

그 이유는:

____

____

4. 당신의 캐릭터의 관점에서, 오늘 모임에 대해 체계이론에서 한 개 이상의 개념을 적용해 설명해 보시오.

____

____

5. 당신의 캐릭터의 관점에서, 오늘 모임에 대해 강점관점에서 한 개 이상의 개념을 적용해 설명해 보시오.

6. 만약 (당신의 캐릭터가 아닌) 당신 본인이 오늘 모임에서 사회복지사의 역할을 했다면, 오늘 사회복지사 역할을 한 동료와 어떻게 다르게 했을지 적어도 한 가지 이상 상세히 적으시오. 그리고 그 이유는?

연습문제

1. 현재 본인의 가족이 항상성을 유지하기 위해 사용하고 있는 정적 환류고리와 부적 환류고리의 예를 들어 보시오.

2. 본인의 가족이 자주 사용하는 이중구속 메시지에는 어떤 것이 있으며, 이것이 본인과 가족에게 미친 영향은 무엇인가?

3. 아래 사례들을 비롯한 여러 가지 상상할 수 있는 가족갈등 상황을 가정하고, 앞서 설명된 역할극을 통한 가족개입기술 연습을 조원들과 함께 진행해 보시오.

〈사례 1〉

김씨는 83세 노령의 남성이다. 다세대 빌라에 혼자 거주하면서 개를 한 마리 키우고 있는 김씨는 최근 초기치매 진단을 받았다. 그러나 그는 자신이 치매라는 것을 인정하지 않는다. 그에게는 세 딸이 있다. 그들은 부친을 누군가가 보호해야 한다는 것에 동의하나, 각자 자신의 집에서는 모시기 힘들며 다른 딸이 모셔주기를 바란다. 그 중 한 명은 아버지를 보호시설에 맡기자고 하지만 나머지 둘은 그에 반대하고 있다. 김씨는 자신의 집을 떠나고 싶어하지 않는다.

〈사례 2〉

강씨 가족은 강씨 부모와 아들 정남(17세), 딸 정희(16세)로 이루어진 핵가족이다. 정희 양이 상습적으로 가출하는 일로 가족은 사회복지사의 도움을 바란다. 정희 양은 집에 있는 것이 괴롭고 불안하다고 말하며, 부모의 무관심과 오빠인 정남 군의 폭력이 그 이유라고 말한다. 그러나 부모와 정남 군은 거기에 동의하지 않는다. 정희 양의 생활습관이 잘못되었다는 것이다. 정희 양은 가급적이면 집에서 살고 싶지 않다고 하고 나머지 가족들은 이에 반대하고 있다.

CHAPTER 15

다양한 가족과 일하기

chapter 15

다양한 가족과 일하기

1. 다문화가족

1) 개념과 특성

(1) 다문화가족과 다문화가족지원법

우리나라에서 '다문화가족'이란 용어는 2008년 여성가족부에 다문화가족과가 신설되면서 동시에 그 해 「다문화가족지원법」이 제정, 시행된 후 등장하였다. 이것은 1990년대부터 한국에 결혼이민자가 다수 유입된 것과 관련된다. 국제결혼이 증가하면서 언어나 문화 차이로 인한 오해와 갈등, 자녀양육이나 교육에서 정체성 혼란이나 언어발달 지연, 교우관계에서의 따돌림 등과 같은 문제들이 점차 사회문제로 부각되었다. 이에 정책적 측면에서의 관심이 커져서, 2006년 4월에는 '여성결혼이민자 가족의 사회통합 지원대책'이 발표되었으며,

법률적 대응의 필요성이 모색되어 2008년「다문화가족지원법」이 시행된 후 십여 차례의 개정을 거쳐 현재에 이르고 있다.

다문화가족지원법은 다문화가족 구성원이 한국사회의 구성원으로 순조롭게 통합되어 안정적인 가족생활을 영위할 수 있도록 지원 가능한 정책적 · 제도적 틀을 마련했다는 점에서 그 의의를 찾을 수 있다. 이를 통해 다문화가족 구성원에 대한 가족상담 · 부부교육 · 부모교육 및 가족생활교육 등의 추진과 문화의 차이 등을 고려한 언어통역, 법률상담 및 행정지원 등의 전문적인 서비스의 제공이 가능하게 되었다(김현미, 2018).

2011년 개정된「다문화가족지원법」에 따르면, 다문화가족은 흔히 한국인과 외국인으로 이루어지는 국제결혼 가족에 대한, 그 중에서도 특히 결혼이주여성을 포함하는 가족을 주요 대상으로 지칭하는 개념으로서, 합법적으로 체류하는 한국 국민의 가족으로 좁게 확정된다. 즉 다문화가족 지원정책의 핵심은 다문화가족 구성원을 대상으로 하며 구체적으로 결혼이민자와 그 자녀, 한국인 배우자와 그 외의 가족원이 대상이 된다(김근홍 외, 2013: 162).

그런데 다문화가족이라는 말에서 중심적인 개념은 사회 내에 여러 문화가 존재함을 뜻하는 '다문화'이고, 이것은 큰 틀에서 볼 때 사회 내 문화 다양성과 그 다양한 문화의 공존을 인정하려는 입장일 것이다(김유경 외, 2008). 그러나 우리나라에서 다문화가족의 개념과 지원이 결혼이주여성의 한국사회 적응을 위한 정책적 틀 마련에 초점을 두게 되면서 다문화가족의 범위가 좁게 형성된 것에 대한 비판적 시각도 존재한다. 여전히 이주민 등 외국 국적자만으로 구성된 가족, 북한이탈주민 가족, 외국인 노동자나 유학생 등의 가족, 외국국적동포 가족 등을 포괄하지 못하고, 안정과 사회통합에 초점을 두면서 다문화라는 현상을 충분히 반영하지 못하고 있다는 것이다. 우리 사회에서 다문화주의와 다문화사회에 대한 충분한 인식 향상과 함께 향후 좀 더 포용적인 개념 확장과 정책에 대한 고민이 필요하다.

(2) 다문화가족의 현황과 특성

우리나라에서는 국제결혼이 꾸준히 증가하여 2004년에는 총 혼인건수의 11.2%를 넘어섰고, 이후에도 계속적인 증가 추세를 보이고 있었다. 그러나 2020년 다문화 혼인은 1만6천177건으로 전년보다 8천544건(34.6%) 감소하였다. 이것은 2020년 코로나19 영향으로 국제 이동이 줄어들면서 다문화 혼인 건수가 30% 이상 감소했기 때문이다. 그럼에도 2021년 출생아 100명 중 6명은 다문화가족 자녀로서, 전체 출생에서 다문화 출생이 차지하는 비중은 역대 최대치를 기록하고 있다. 다문화 출생아는 8년 연속 감소세를 보였으나 전체 출생아 수가 더 큰 폭으로 줄어든 데 따른 것이다. 여성가족부와 교육부에 따르면 2021년 초 · 중 · 고교에 다니는 다문화가족 자녀는 16만 58명으로 2012년 4만6천 954명보다 240.8% 증가하였고, 전체 학생 중 다문화가족이 차지하는 비율은 0.7%에서 3.0%로 높아졌다(연합뉴스, 2022).

2020년 다문화 혼인을 유형별로 보면 외국인 아내 · 한국인 남편(66.4%), 외국인 남편 · 한국인 아내(18.7%), 남녀 모두 또는 어느 한쪽이 귀화자(14.9%) 등이다. 다문화 혼인을 한 외국인이나 귀화자 아내의 출신 국적은 베트남(23.5%), 중국(21.7%), 태국(10.7%) 순이고, 다문화 혼인을 한 외국 출신의 남편 국적은 중국(8.4%)이 가장 많았고 이어 미국(7.0%), 베트남(3.1%) 순이었다. 한편, 다문화 혼인 후 이혼에 대해 살펴보면, 다문화 이혼 중 결혼생활 지속기간이 5년 미만인 비중은 2010년 60.7%에서 2020년 33.9%까지 감소하였지만, 출생기준 한국인 간의 이혼(18.5%)보다는 여전히 높게 나타나고 있다. 이것은 다문화가정의 이혼율이 한국인 간의 이혼에 비해 상당히 높고, 그만큼 많은 갈등과 어려움에 직면해 있다는 것을 시사한다.

다문화가족들은 새로운 사회에서 경험하는 문화적 차이와 언어장벽 때문에 많은 어려움을 겪는다. 또한 가족의 폐쇄적인 태도, 정보의 부족 때문에 사회로부터 단절되고 소외된 채 살아가기 쉽다. 이들이 경험하는 주변인의 느낌, 자신에 대한 부족한 느낌, 무엇인가 부적절하다는 느낌은 한국사회가 갖고 있는 다문화가족에 대한 편견과 고정관념의 결과라고 할 수 있다(김범수 외, 2010: 232). 이와 같은 다문화가족의 어려움을 국적 취득 및 인권문제, 사회문화적 적응문제, 사회통합문제의 세 영역에서 살펴보면 다음과 같다(김현미, 2018).

첫째, 국적 취득 및 인권문제와 관련된 것이다. 국적 취득 문제는 결혼이민자에 관련된 상황으로, 결혼이민여성의 경우 최근까지 결혼 후 한국 국적을 취득하는 데 오랜 시간이 걸리거나 국적 취득과정에서 비합리적인 요소들, 즉 남편의 동의를 반드시 필요로 하는 조건 등으로 인하여 많은 어려움을 경험하였다. 최근 들어 이러한 불합리한 요소들이 시정되고 법적으로 향상된 조건이 부여되고 있으나 한국 남성과 결혼하는 외국 여성의 경우, 국적 취득과정은 기본적 인권문제로서 정책적 배려가 지속적으로 요구되는 사안이다. 또한 결혼이민여성의 경우, 인신매매성 국제결혼 중매, 결혼 후 가정폭력 및 학대의 문제들이 빈번하게 제기되고 있는데, 이는 중대한 기본적인 인권침해로 지적될 수 있다(최명민 외, 2009). 특히 순혈주의, 다른 인종과 민족에 대한 배타의식이 강한 한국사회에서는 외국인 노동자 또는 결혼이민자 가족 등 한국사회의 소수자와 관련된 인권문제가 발생할 가능성이 농후하다(김범수, 2010).

둘째, 사회문화적 적응 영역에 대한 것이다. 구체적으로는 사회적 관계형성의 어려움, 문화적 관습의 차이에 대한 수용의 문제, 지역사회의 문화적 대응력 미비의 문제를 들 수 있다. 지역이나 가족 안에서 가부장적 문화, 지역주의,

연고주의 등의 폐쇄적인 구조가 뚜렷할 때 이러한 특성은 더욱 두드러질 수 있다.

셋째, 사회통합의 영역에 대한 것이다. 구체적으로는 문화적 몰이해와 언어소통의 문제로서 대부분의 결혼이민여성들이 한국어를 습득할 기회를 갖기도 전에 출산하거나 가정의 대소사를 책임져야 하는 등 일상생활 적응에서 언어로 인한 어려움을 겪고 있고, 이는 다문화가족의 자녀에 대한 언어장애로 이어져 아동학습상 문제가 발생할 여지가 크다(최선화 외, 2014). 또한 다수의 다문화가족의 경제적 여건이 상대적으로 열악한 경우가 많아서 어려움이 많은 상황이다.

이러한 어려움에도 불구하고, 다문화가족들이 사회복지서비스를 이용하는 데 여러 가지 제약이 있다. 다문화가족의 경우 경제적인 문제, 자녀들의 학업문제의 시급함으로 부모 자신의 심리적인 불편감을 돌볼 여력이 없는 경우가 많고, 대부분의 부모들이 경제활동을 하고 있으므로 자녀를 데리고 사회복지기관에 내원하기 어려운 상황이다. 또한 부모가 자녀의 상담을 원하지 않는 경우도 있는데 이 배경에는 자신이 외국인임을 드러내고 싶어하지 않는 심리와 함께 자녀문제를 인정하지 않으려는 심리가 숨어 있어, 다문화가정 지원을 위해서는 우리 사회의 인식 변화가 함께 필요함을 확인할 수 있다.

2) 개입방안

(1) 주요 역량과 기술

다문화가족의 특성과 어려움을 고려하여 다문화가족과 함께 일하는 사회복지사는 지식, 태도, 기술적 측면에서 다음의 역량을 갖추는 것이 필요하다.

첫째, 지식적 측면에서는 다문화의 개념, 다문화가정 이주에 대한 지식, 다문화가정의 문화적 환경에 대한 지식, 한국 문화에 대한 지식, 아동 인권에 대한 지식 등이 필요하다.

둘째, 태도적 측면에서는 문화적 포용력과 수용적 태도, 인권에 대한 감수성, 자기반성과 자기성찰, 새로운 문화에 대해 배울 용기 등이 필요하다. 사회복지사에게 요구되는 문화적 역량은 처음부터 클라이언트의 문화에 대한 지식을 완벽히 갖춰야 함을 의미하는 것이 아니라, 열린 마음으로 상대를 알아가려고 하는 '배움'의 자세와 자신이 상대를 통제할 수 없음을 인정하는 '겸손'의 덕목을 갖춰야 함을 뜻한다(최명민 외, 2015). 한편, 다문화가정의 경우에도 연령대가 높을수록 언어학습이나 새로운 문화 적응이 더 어려운 양상이 나타나는 등 다문화적 배경 외에도 다양한 변수에 따라 다른 양상을 보일 수 있으므로, 다문화적 특성과 이에 따른 가족과 환경의 역동을 잘 고려해야 한다.

셋째, 기술적 측면에서는 부모와 자녀에 대한 정서적 지지, 가족과의 의사소통기술, 부모 역량강화기술, 지역사회와 부모를 연결하는 허브 역할, 가족 네트워크 강화를 위한 지역사회 연계기술 등이 필요하다. 특히 클라이언트에게 필요한 자원을 지원할 수 있는 지역사회의 다양한 연계기관들에 대한 정보를 갖고 적절한 서비스를 연계하는 기술이 필요하다.

(2) 개입과정

다문화가족과 함께 일하는 주요 기관으로는 시군단위의 '가족센터'를 들 수 있다. 가족센터에서는 가족 형태나 가족관계 특성을 고려한 가족교육과 상담, 다문화가족을 위한 한국어교육, 자녀 방문교육 등 종합 서비스를 제공하고 있다. 또한 돌봄 사각지대의 해소를 위해 아이돌봄서비스, 공동육아나눔터 등을 운영하고 있다. 이전에는 「건강가정기본법」에 따른 '건강가정지원센터'와 「다문화가족지원법」에 따른 '다문화가족지원센터' 기능을 통합 · 운영하는 기관으로서 '건강가정 · 다문화가족지원센터'라는 이름으로 운영되었다. 그러나 '건강가정 · 다문화가족지원센터'라는 명칭 때문에 다문화가정만 이용할 수 있다거나, 부부와 자녀로 이뤄진 이른바 '정상 가족'만 이용할 수 있다는 오해가 많았고, 다문화가정을 별도로 명명하는 것이 오히려 차별이 될 수 있다는 지적들이 제기되었다. 이에 따라 2021년 10월부터 '건강가정', '다문화'라는 용어를 빼고 쉽고 명확하게 '가족센터'로 이름을 바꾸어 운영하게 되었다. 여성가족부 홈페이지(www.mogef.go.kr) 내용을 토대로, 가족센터에서 제공하고 있는 다문화가족 지원 서비스를 〈표 15-1〉에 제시하였다.

표 15-1 가족센터의 다문화가족 지원 서비스

사업명	주요 내용	이용 대상
기본 프로그램	가족, 성평등 · 인권, 사회통합, 상담 등의 분야 교육을 통해 다문화가족의 국내정착 지원	다문화가족 등
결혼이민자 역량강화	다문화가족의 한국어 의사소통능력 함양 및 사회생활 적응을 지원	결혼이민자, 중도입국자녀
방문교육 서비스	지리적 여건 등으로 센터 이용이 어려운 다문화가족을 대상으로 자녀양육 및 자녀생활 지원 · 한국어교육 등 맞춤형 서비스를 제공	다문화가족 자녀 (만 3~만 12세)
이중언어 환경 조성	부모코칭 · 부모-자녀 상호작용프로그램 등 이중언어를 가정 내에서 활용할 수 있는 다양한 프로그램을 지원	영유아 자녀를 둔 다문화가족
자녀 언어발달지원	언어발달 지연을 보이는 다문화가족 자녀 대상으로 언어평가 및 1:1 언어 촉진교육을 제공	만 12세 이하 다문화가족자녀
통 · 번역 서비스	한국말이 서툰 결혼이민자 및 외국인을 위해 일상생활 및 공공 영역에서 필요한 통 · 번역(센터별 1~4개 언어) 서비스를 제공	다문화가족 및 다문화가족을 직간접적으로 지원하는 개인 또는 기관
사례관리	다문화가족의 복잡하고 다양한 문제해결을 위해 대상자를 발굴하여, 심리검사 · 법률상담 · 위기가족 긴급지원 · 외부 자원 연계 등 종합적인 서비스를 제공	센터 클라이언트

이와 같이 가족센터에서는 다문화가족을 대상으로 심리 · 정서지원, 센터 내부자원과 외부자원을 통합적으로 지원하고 있다. 이때, 자원연계에 있어서 내부자원은 교육 · 심리 · 문화지원, 가족통합, 자조모임 등을 활용하고 외부자원은 교육 · 심리정서지원을 포함하여 의료 · 법률 · 취업지원, 공공서비스 · 지역의 네트워크와 보호기관, 주거환경, 생활용품, 자원연계 등의 서비스를 제공한다(이은정 · 오윤자, 2014).

다문화가족에 대한 개입은 앞서 공부했던 복합적 욕구를 가진 클라이언트에 대한 개입과 크게 다르지 않을 수 있다. 그럼에도 사회복지사가 다문화가족에 대한 이해와 문화적 민감성을 갖는 것이 특히 중요하며, 결혼이민자의 한국어 능력, 가족관계, 자녀 유무, 경제적 여건 등에 대한 고려가 필요하다. 대개 다문화가족 사례관리의 경우 비다문화가족에 비해 이중언어, 한국어 교육, 통번역 서비스를 포함한 센터 내 다양한 사업과의 연계를 통한 맞춤형 서비스의 제공이 특징적이라고 볼 수 있다.

마지막으로 박정윤 외(2019)의 연구에서 제시된, 그동안 건강가정 · 다문화가족지원센터에서 일하면서 가족사례관리사업에 참여한 실무자들의 생생한 의견들을 바탕으로, 다문화가족 사례관리의 특성과 추후 과제에 대해 생각해 보도록 하겠다.

- "발굴은 그렇게 어렵지 않았어요. 처음에 가족생활지도사로 들어왔을 때는 결혼이민자 멘토링 프로그램을 했었는데, 굉장히 힘이 들긴 했지만 … 예전에는 대상자를 모집할 때 800개 정도의 문자를 발송을 해요. 그 비용이 만만치 않았는데 요즘은 카카오톡을 통해서 해요. … 카톡으로는 그림, 사진, 번역문까지 한꺼번에 올려드리니까 전화가 굉장히 많이 와요. (H 실무자)

- “저희 센터는 다문화 사례관리 사업이야말로 내부연계가 정말 잘 되고 있거든요. 통역 연계부터 시작해서 신혼기 부부의 교육연계, 다문화 상담 등이 있을 수 있고, 자녀양육 부분이 있을 때는 자녀 관련된 방문교육, 생활서비스 연계, 방문 한국어 교육 연계 등 정말 취약한 다문화가족의 경우에는 그런 서비스 연계만으로도 굉장히 성장하는 경우들을 많이 봤거든요. … 저희는 그렇게 연계를 내부적으로 많이 하는 편입니다.” (B 실무자)

- “자조모임도 많이 하고 … 멘토링이나 자조모임, 한국어 교육 등 센터로 오시게 해서 친구들이나 같은 모국 분들을 접할 수 있게 해드려요.” (P 실무자)

- “가족사례관리는 다문화가족 전체가 복합적인 문제를 해결하고, 가족 이외에도 주변의 생태도를 탐색해서 지속적으로 변화하고 발전할 수 있도록 도와드릴 수 있어야 한다고 생각합니다. 종합복지관의 사례관리와 차이점을 생각해 보면 외국인이다 보니까 지원을 받을 수 있는 데에 한계가 있고 자원도 많이 부족하고 더 필요하다고 생각합니다.” (J 실무자)

- “저희가 어려운 점은 자원은 하나도 갖고 있지 않은데, 전화해서 ‘다문화에서 뭐 해줘요?’라는 질문이 가장 많이 와요. 정말 어려움이 닥쳐서 오는 사람들은 다 경제적인 문제랑 직결돼요. 출입국관리사무소를 가는 것들은 부차적인 문제고, 일차적으로는 경제적으로 어렵고 교육비가 없다는 문제죠. 교육지원은 교육비나 장학금, 학원이나 학습지 연계로, 청소년 공부방이나 지역아동 공부방으로 연계를 해요.” (O 실무자)

이러한 내용을 종합하면, 다문화가족과 일하려는 사회복지사는 지식, 태도, 기술 측면에서 다문화적 유능성을 갖추고, 사례발굴을 위한 다양한 노력을 기울이는 것을 시작으로, 다문화가족의 복합적인 어려움을 이해하고 사정하며 개입과정에서 다양한 지역자원을 발굴하고 연계하는 노력을 기울여야 한다. 다문화가족 지원을 위한 자원 확보와 연계를 위해서는 지역사회보장협의체와 같이 자치구별로 구성된 협의체를 적극 활용하는 것도 하나의 방안이 될 수 있을 것이다. 또한 지역 네트워크 활성화를 위하여, 지역별로 통합사례회의를 구성, 정기적으로 운영하는 방법을 고려해볼 수 있다.

2. 조손가족

1) 개념과 특성

(1) 조손가족 개념과 현황

조손가족은 다양한 가족의 한 형태로 '조부모와 손자녀로 구성된 가족'으로 보는 것이 일반적이다. 구체적으로는 조부모가족, 조부모와 손자녀가족, 할머니-할아버지 가장세대, 조부모와 손자녀세대, 조부모와 동거하는 소년소녀가장세대 등으로 명명되고 있다(강기정, 2008). 즉, 아동의 부모가 아동과 실제 동거하지 않으며 조부모가 일차적인 손자녀 양육 책임자로서 부모 역할을 대신 수행하면서 기본적인 의 · 식 · 주 및 생활 전반을 책임지고 있는 가족을 말한다(김미혜 · 김혜선, 2004).

지금까지의 선행연구들에서는 대개 조손가족을 조부모가 그들의 성인자녀를 대신하여 손자녀를 양육하는 경우를 일컫는 포괄적인 의미로 사용하고 있다. 또한 법률적으로는 일반 조손가족, 위탁가정으로서의 대리양육 조손가족으로 크게 나누어 볼 수 있다. 두 유형의 차이점은 부모의 존재 유무로서, 일반 조손가족이 부모의 이혼이나 별거 등으로 인한 가족해체가 주원인이라면, 대리양육 조손가족은 과거 소년소녀가장세대가 전환된 것으로서, 부모의 사망, 가출, 행방불명 등이 이유이다. 따라서 대리양육 조손가족과 달리 통념상 조손가족은 부모나 조부모의 조건에 따라 정부지원에 차이가 발생하게 된다(윤혜미 · 장혜진, 2012).

2020년에 통계청에서 국회입법조사처에서 제출한 자료에 따르면, 2018년 기준 우리나라의 조손가구(조부모와 18세 미만 손자녀로만 구성된 가구) 수는 52,951가구이며 총 가구원 수는 151,588명이다. 조손가족 실태조사(여성가족부, 2010)에 따르면 조부모가 손자녀의 양육을 맡게 된 이유는 '부모의 이혼 및 재혼(53.2%)', '부모의 가출 및 실종(14.7%)', '부모의 질병 및 사망(11.4%)', '부모의 실직 및 파산(7.6%)' 때문이며, 최근의 가정위탁 보호 사유를 살펴보면 '부모의 이혼'이 30.6%로 가장 높고, '부모의 별거 또는 가출(25.6%)', '부 또는 모의 사망(24.3%)', '부모 모두 사망(5.4%)' 순으로 조사되었다.

(2) 조손가족의 특성

조손가족은 다양한 유형의 가족 중 가장 높은 취약성을 가진 가족 유형으로 진단되고 있다(허민숙, 2020). 조손가족은 주양육자인 고연령 조부모의 경제활동 위축 및 근로능력 상실, 건강 악화, 양육 · 교육 관련 정보 습득의 어려움, 세대차에 따른 손자녀와의 갈등 발생 등의 특징이 나타나기 때문이다. 그러나 2010년 이후 아직까지 조손가족에 대한 실태조사가 이루어지지 않았고, 조손가족 및 양육 손자녀 지원을 위한 정책 등이 미미한 실정으로 향후 더 구체적인 현황 파악이 필요한 상황이다.

조손가족의 문제는 성인자녀로부터 부양을 받을 노년기의 조부모가 손자녀를 양육하는 데서 나타나는 노인 시기에 당면한 문제들, 손자녀인 아동의 성장과 발달에 필요한 환경 조성의 한계로 인한 아동 양육상의 문제, 조부모와 손자녀 간의 문화적 차이와 의사소통의 어려움, 경제적 어려움, 조손가족을 바라보는 사회의 부정적인 낙인으로 인한 사회적 배제 경험 등을 들 수 있다 등을 들 수 있다(박수선 · 강기정, 2012).

조손가족에서 조부모의 경우 경제적 문제뿐 아니라 손자녀들의 돌봄문제로 여러 가지 어려움을 경험한다(경향신문, 2019). 구체적인 내용을 보면, 손자녀 양육에 따른 심리적 스트레스와 양육자로서의 역할을 두고 압박감이 심하고, 심할 경우 비관이나 자살충동으로 이어질 정도였다. 반면 조부모들의 건강이 악화될 경우 돌봄 부담은 역전되어 손자녀들의 조부모에 대한 돌봄 부담이 가중된다. 조손가족 자녀들은 자신이 버려졌고 또 연로한 조부모의 상황 때문에 앞으로도 버려질 수 있다는 생각에 자신감을 잃고 위축되기 쉽다. 조손가족 생활만족도에 대해 영향을 미치는 요인분석 결과에서는 사회적 지지, 신체적 건강, 양육스트레스, 주택형태 등이 생활만족에 영향을 미치는 주요 변수로 제시되었다(김미혜 · 김혜선, 2004).

이상에서 살펴본 바와 같이 조손가족의 다양한 욕구나 문제를 해결하고 삶의 질을 향상하기 위해서는 복합적인 접근이 필요하다. 즉, 지역사회 내에서 다각도로 자원을 발굴 · 동원하여 다양한 전문가와의 협력체계를 통해 통합적 · 포괄적인 서비스를 제공하는 가족 중심의 사례관리 접근이 요구된다.

그러나 현재 조손가족 지원제도들이 여기저기 흩어져 있고 정작 필요한 지원은 부족하다는 지적도 있다. 현재 저소득 조손가정의 양육비나 교육비가 지원되고, 각 지역의 '가족센터'를 통해 서비스를 제공하지만 현장에선 이런 제도조차 모를 때가 많다. 조손가족이 이용할 수 있는 돌봄이나 교육지원, 가족지원제도가 부족해 당사자들은 "어떻게 도움을 받아야 될지 모르겠다"고 토로하는(경향신문, 2019) 현실이다. 그러므로 조손가정에 대한 현황 파악과 함께 서비스 구체화, 서비스 접근성 향상을 위한 정보 제공과 홍보 확대 등의 노력이 요구된다.

2) 개입방안

(1) 주요 역량과 기술

① 개인 및 가족상담 기술

조손가족에서 조부모들은 노령으로 인한 질병과 신체기능 퇴행 때문에 손자녀양육에 대한 부담이 크고, 경제적 어려움과 개선 가능성이 희박한 현재에 대해 비관적이 생각을 갖는 경우가 많다고 보고된다. 따라서 이러한 부분에 대한 지지적 상담과 교육이 필요하다. 손자녀의 경우, 부모세대로부터 버려졌다는 생각과 조부모에 대한 양가감정, 조부모를 잃을 것에 대한 두려움과 걱정, 미래에 대한 불안으로 인한 무기력이 나타나기 쉬우므로 역시 이에 대한 지지적 접근과 서비스 제공이 필요하다. 또한 조부모와 손자 간 연령 차이가 크므로 문화, 교육, 의사소통 등에서 차이를 느끼고 의사소통과정에서 갈등을 겪는 경우가 많다. 이에 따라 개인이 겪는 상실감, 외로움, 우울, 부담감 등을 개별 교육과 상담을 통해 다루는 것이 필요하며, 가족 갈등이 큰 경우 가족을 단위로 한 접근이 필수적이다.

② 가족을 둘러싼 환경체계와 일하기

조손가족 구성원은 연령의 특성상 경제활동능력이 제한적이므로 생계 안정을 위하여 공적 및 외부자원 연계, 안정적 양육과 정보제공을 위한 지역사회 지원체계 조성 및 강화 등이 필요하다. 특히 손자녀가 커갈수록 조부모와 자연스럽게 분리되어 자립할 수 있도록 친인척이나 이웃의 지원체계를 강화하고, 멘토 연결 등을 통해 미래의 모습을 그려나갈 수 있도록 지원하는 것이 필요하다. 이를 위해서는 클라이언트를 둘러싼 환경체계에 대한 이해와 지역자원에 대한 이해가 필수적이며, 자원과 자원을 연결하고 지속할 수 있는 네트워크 기술 역량을 갖추어야 한다.

(2) 개입과정

조손가족에 대한 개입과정을 체계적으로 이해하기 위하여 사례관리자의 조손가족 여섯 사례에 대한 개입 경험(강기정, 2008)을 토대로 제시된 사례관리실천과정별 진행 내용에 대해 간략하게 소개하고자 한다.

① 사정

조속가족에 대한 사례발굴은 동사무소, 유관기관, 초등학교 등 다양한 기관과의 연계 · 의뢰를 통해 진행된다. 사례관리를 받은 조손가족은 기본 생계유지, 조부모의 신체건강 및 손자녀의 심리정서상 문제, 손자녀 교육 및 보호에 대한 주요 욕구를 가진 것으로 나타났다. 조손가족의 특성상 조부모와 손자녀의 입장 모두를 고려하여 사정과정이 진행되어야 하기 때문에 초반 사정단계에서 많은 시간이 소요되었다. 조부모 클라이언트는 무조건적인 서비스 제공을 받기 위해 호의적인 태도로 사례관리 참여의지를 보였으나 어떠한 욕구가 어떻게 해소가 되길 바라는지 구체적으로 표현하기보다는 수동적이고 비관적인 태도를 주로 보였다. 또한 서비스지원을 받고 싶은 욕구는 많지만 구체적인 욕구를 표현하거나 해결방법에 대해 생각하고 있지 못한 경우가 많았다.

따라서 이러한 특성을 고려한 관계형성과 구체적인 사정이 요구된다.

② 계획수립 및 서비스제공

사례관리 진행 동안 조손가족의 자립의지 표현과 참여에 의한 능동적인 변화보다는 외부지원을 통한 변화에 대한 요구가 높았고, 이들의 동기와 변화는 사례관리자의 관심과 독려에 큰 영향을 받는 것으로 나타났다. 특히 조부모들은 개인의 일정 또는 집안일이 겹치게 될 경우에, 개인일정을 우선하기 때문에 사회복지사와의 만남이나 서비스 연결에서 시간 조율이 많이 필요하였다. 이것은 세심한 사례관리자의 관심과 서비스 접근이 요구되며, 단순한 서비스 제공을 넘어서 조손가족의 강점 발견과 역량 강화를 위한 지원이 필요함을 시사한다.

③ 서비스 평가 및 종결, 사후관리

조손가족은 사례관리 지원 후 큰 변화를 보이기보다는 직접적인 서비스에 대한 만족도를 보이는 정도 수준에 머무르고 있었다. 이것은 조손가족의 특성상 개입을 통한 가족관계, 사회경제적 상황에 대한 변화에 어느 정도 한계가 있기 때문일 것으로 생각된다. 배움 및 키움서비스, 문화프로그램, 주거환경개선 등 직접 제공되는 서비스를 통해 작은 변화가 관찰되었으나 서비스 개입 전후를 비교했을 때 큰 변화가 나타나지는 않았고, 가족구성원이 사례관리자와 긴밀한 관계형성으로 종결에 대한 거부 또는 불안을 표현하는 경우도 있었다. 또한 조손가족사례는 사례관리 종결 후에도 다른 변수들로 인하여 재개입이 필요한 경우가 많이 나타나고 있다.

이를 종합하여 볼 때 조손가족들은 대개 복합적인 문제나 욕구를 호소하므로, 이를 지원하는 기관과 사회복지사의 역할 또한 포괄적, 복합적일 수밖에 없다. 또한 효과적인 사례관리를 위해서는 다양한 전문가들이 조손가족의 문제를 해결하기 위하여 협력하는 팀 접근이 필수적이다. 사회복지사가 조손가족과 함께 효과적으로 일하기 위해서는 지역사회 네트워크를 통하여 조손가족을 위한 경제적 지원, 교육학습지원, 양육기술 정보제공, 자아효능감 증진을 위한 가족역량 강화 프로그램 지원, 의료비 지원 등 다양한 자원연결이 필수적이므로 이를 위한 조손가족 대상 맞춤형 통합사례관리 시스템 운영이 필요할 것이다.

연습문제

1. 다문화가족이 점점 증가하는 추세에서 다문화가족에 대한 생각과 경험을 함께 나눠 보시오.

   1) 나의 경험 안에서의 다문화가족은 어떤 것이었는가? 가족, 친구, 혹은 기관의 봉사활동 등을 통해 만났던 다문화가족에 대한 기억을 떠올려 보고, 친구들과 말해 보시오.
   2) 다문화가족에 대한 편견을 낮추고 사회적 수용력을 높이기 위해서는 어떤 노력이 필요할까? 함께 이야기해 보시오.

2. 다음의 사례를 읽고 생각해 보시오.

   김영숙(80) 할머니는 남편과 아들이 하던 사업이 망하면서 친손자인 영호(16)·영수(14) 형제를 키우게 됐다. 채무자들에게 쫓기던 아들은 두 아이를 김씨에게 맡긴 뒤 연락이 끊겼고, 며느리는 우울증과 조현병 등으로 정신병원에 입원한 상태이다. 거주지에도 '빨간 딱지'가 덕지덕지 붙으면서 갈 곳 잃은 김씨가 찾은 곳은 어느 교회 건물 구석이었다. 이들 가족을 안쓰럽게 여긴 목사님이 행정복지센터를 통해 직접 도움을 요청하기 전까지 할머니는 정부로부터 지원을 받을 수 있는 방법이 있다는 것도 몰랐다.

   1) 이 조손가족에게는 어떤 욕구가 있을까?
   2) 이 조손가족에게 어떤 접근 또는 서비스 연결이 필요하다고 생각하는가?

3. 다음에 내용에 대해 생각해 보고 함께 이야기해 보시오.

   "전국 조손가구 중 기초생활수급 비율은 5% 정도로서, 경제적 어려움을 겪더라도 도움을 받을 수 있는 자원에 대한 정보가 부족한 경우가 대부분입니다."

   1) 조손가족에게 다양한 자원에 대한 정보를 제공할 수 있는 좋은 방법은 무엇인가?
   2) 조손가족에게 연결할 수 있는 사회적 자원에는 어떤 것들이 있는가?

참고문헌

김혜래 (2013). **사회복지실천기술론**. 서울: 청목출판사.

강기정 (2008). 조손가족의 가족기능강화를 위한 사례관리 시범사업 평가 및 정책방향. **한국가족복지학**, 13(3), 111-128.

강기호, 차호원 (1987). **집단상담의 이론과 기술**. 서울: 교보문고.

권진숙, 김정진, 전석균, 성준모 (2017). **정신건강사회복지론**. 경기: 공동체.

권진숙, 신혜령, 김정진, 김성경, 박지영 (2006). **가족복지론**. 경기: 공동체.

김경호 (2005). **사회복지실천기술론**. 서울: 청목출판사.

김경희, 강미경, 노혜련 (2011). 강점관점 사례관리의 적용과 성과에 대한 탐색적 연구: 우리아이 희망네트워크 사업 수행 기관을 중심으로. **한국사회복지질적연구**, 7(2), 175-203.

김경희, 권자영 (2013). 사회복지사의 클라이언트 폭력 피해 대처 경험에 대한 연구. **보건사회연구**, 33(4), 275-311.

김경희, 김연수, 이태인, 김유나 (2021). 아동보호전문기관 심층사례관리 모델 개발 연구. 아동권리보장원 · 가톨릭꽃동네산학협력단.

김광일, 서혜희, 박용천, 이승탁, 김이영 (1989). 정신질환에 대한 일반인의 견해 조사. **정신건강연구**, 8, 118-132.

김근홍, 이정규, 박영란 (2013). **사회문제론**. 서울: 신정.

김명권, 김동원 역 (2005). **집단의 전개과정: 학생용 비디오와 워크북**. Corey, G., Corey, M. S., & R. Haynes (2000). Evolution of a group: Student Video and Workbook (1st Edition). 서울: 시그마프레스.

김미혜, 김혜선 (2004). 저소득층 조손가족 조부모의 생활만족도에 영향을 미치는 요인 연구, **한국노년학**, 24(3), 153-170.

김범수, 서은주, 손병돈, 정재훈, 조석연 (2010). **다문화사회복지론**. 파주: 양서원.

김영숙, 이재연 편역 (1998). 아동을 위한 상담이론과 방법. Thompson, C. L., & Rudolph, L. B., Counseling Children. 서울: 교육과학사.

김영애 (1996). 성격심리학: 자기이해를 위한 연습. 서울: 하나의학사.

김유경, 조애저, 최현미, 이주연 (2008). 다문화시대를 대비한 복지정책방안 연구: 다문화가족을 중심으로. 한국보건사회연구원.

김은영 (2007). 해결중심단기치료의 국내 연구동향 분석: 1988-2006. 한국가족치료학회지, 15(1), 1-18.

김인숙, 김용석 공역 (2002). 사회복지실천 기술연습. Cournoyer, Barry. (2008). The Social Work Skills Workbook (3rd Edition). 서울: 나남출판.

김정진, 임은희, 권진숙 (2007). 사회복지실천기술론. 서울: 서현사.

김종옥, 권중돈 (1997). 집단사회사업방법론. 서울: 홍익제.

김춘경 역 (2004). 상담과 심리치료: Adler 개인심리학의 통합적 접근. Dinkmeyer, Don Jr., & Sperry, Len. (1999). Counseling and Psychotherapy: An Integrated, Individual Psychology Approach, (3rd Edition). 서울: 시그마프레스.

김현미 (2018). 사회문제의 측면에서 본 다문화가족문제의 실태분석 및 해결방안 연구. 산업진흥연구, 3(1), 61-72.

김혜란, 홍선미, 공계순 (2008). 사회복지실천기술론. 서울: 나남출판.

남세진, 조흥식 (1999). 집단지도방법론. 서울: 서울대학교출판부.

노혜련, 김윤주 (2020). 강점관점 해결중심 사례관리. 서울: 학지사.

노혜련, 허남순 공역 (2015). 해결을 위한 면접. De Jong, P., & Berg, I. K. (2012). Interviewing for Solutions. (4th revised ed). 서울: 박학사.

다문화가족지원사업 전문위원회 (2009). 다문화가족과 함께 하는 해결중심모델 실천: 실천가를 위한 핸드북. 사회복지공동모금회.

민경환, 이옥경, 김지현, 김민희, 김수안 공역 (2011). 정서심리학. Kalat, J. W., & Shiota, M. N. (2007). Emotion. 서울: 시그마프레스.

민소영 (2015). 한국의 사례관리 전개와 쟁점 고찰. 한국사회복지행정학, 17(1), 213-239.

박미은, 김도윤, 신희정, 오상진 공역 (2007). 사회복지실천과 클라이언트 폭력. Newhill, C. E. (2003). Client Violence in Social Work Practice. 서울: 학지사.

박수선, 강기정 (2012). 조손가족 기능강화를 위한 사례관리 실천 분석 및 발전과제. 한국가정관리학회 학술대회 논문집, 169-186.

박용천, 박선철 (2012). 자살과 우울증은 왜 일어날까?. 대한의사협회지, 55(4), 329-334.

박정윤, 박연숙, 전미경 (2019). 가족사례관리사업 운영 현황 및 효율성 제고 방안에 관한 연구: 서울지역 건강가정 · 다문화가족지원센터를 중심으로. 한국가족자원경영학회지, 23(1), 35-60.

박주언, 김원형, 노대영, 원성두, 김하경, 강석훈, 홍나래, 박성용, 김대호, 채정호 (2016). 재난정신건강평가 워크북. 대한불안의학회 · 정신건강기술개발사업단.

보건복지부 (2021). 희망복지지원단 업무안내.

보건복지부, 아동권리보장원 (2020). 아동학대 대응 업무 매뉴얼2: 아동학대 사례관리.

서울복지재단 (2005). 복지시설 종사자 위험관리 실태조사. 서울: 서울복지재단.

서울시사회복지사협회 (2019). 사회복지종사자의 안전과 인권보장을 위한 위기대응 매뉴얼.

성민선, 조흥식, 오창순, 홍금자, 김혜래 외 (2009). 학교사회복지의 이론과 실제. 서울: 학지사.

성상경, 이학구, 김한오, 이규항 (2003). 입원 및 외래 알코올중독 환자의 병식 차이에 대한 연구. 중독정신의학, 7(1), 60-68.

성정현, 김예성, 김희주, 장연진, 좌현숙, 최승희 (2022). 사회복지실천기술론. 서울: 신정.

성정현, 여지영, 우국희, 최승희 (2004). 가족복지론. 파주: 양서원.

신성만, 권정옥 (2008). 알코올 중독자를 위한 동기강화 상담. 알코올과 건강행동연구, 9(1), 69-94.

신성만, 권정옥, 손명자 공역 (2006). 동기강화상담: 변화준비시키기. Miller, W. R., & Rollnick, S. (2002). Motivational Interviewing: Preparing people for change. (2nd ed). 서울: 시그마프레스.

신성만, 권정옥, 이상훈 공역 (2015). 동기강화상담: 변화 함께하기. Miller, W. R., & Rollnick, S. (2012). Motivational Interviewing: Helping People Change. (3rd ed). 서울: 시그마프레스.

신성만, 류수정, 김병진, 이도형, 정여주 (2015). 인터넷 중독 청소년을 위한 동기강화 상담 집단프로그램 개발 및 효과. **상담학연구, 16**(4), 89-109.

신성만, 장승옥, 유채영, 김준영 공역 (2017). **사회복지현장에서의 동기강화 상담.** Corcoran, J. (2016). Motivational Interviewing. 서울: 박영스토리.

신원우 (2001). 노숙자 음주문제 해결을 위한 과제중심모델(task-centered model)의 적용 가능성에 관한 연구. **한국사회과학, 23**(1), 1-13.

신재은, 강미경, 김수영, 박미경 (2018). 공공통합사례관리 초기과정 면접가이드 개발 연구. 경기복지재단.

안창일, 박경 공역 (1995). **상담과 심리치료의 제기법.** Gerald Corey (1986). Case Approach to Counseling and Psychotherapy. 서울: 중앙적성출판사.

양옥경 외 (2004). **사회복지윤리와 철학.** 서울: 나눔의집.

양옥경, 김정진, 서미경, 김미옥, 김소희 (2010). **사회복지실천론.** 서울: 나남출판.

엄명용, 노충래, 김용석 (2008). **사회복지실천기술의 이해.** 서울: 학지사.

여성가족부 (2010). 2010년 조손가족 실태조사. 여성가족부.

우리아이 희망네트워크사업단 (2011). **우리아이 희망네트워크 사업보고회 자료집.** (사)함께 만드는 세상.

육성필, 이윤호, 남옥남 (2019). **위기의 이해와 개입: 현장에서의 위기개입워크북.** 서울: 박영스토리.

윤혜미, 김혜래, 신영화 (2010). **아동복지론.** 서울: 청목출판사.

윤혜미, 장혜진 (2012). 조손가족의 삶 : 쟁점과 지원방안. **아동과 권리, 16**(2), 259-88.

이상규 (2019). 알코올 사용장애의 동기강화치료와 인지행동치료. **신경정신의학, 58**(3), 173-181.

이윤로, 조미숙, 박정숙, 문영미, 나용선, 조현순, 봉수연, 최선경 공역 (2003). **사회사업실천기술론.** Poindexter, C., Valentine, D., & Conway, P. (1999). Essential Skills for human services. 서울: 현학사.

이은정, 오윤자 (2014). 다문화가족의 사례관리사업 실태: 다문화가족지원센터를 중심으로. **한국가족관계학회 학술대회 자료집,** 219-220.

이인정, 최해경 (2007). **인간행동과 사회환경**(개정판). 서울: 나남출판.

이장호, 김정희 (1996). 집단상담의 원리와 실제. 서울: 법문사.

이채원, 김윤화, 김은령, 임성철 공역 (2014). 동기면담과 사회복지실천. Hohman, M. (2012). Motivational Interviewing in Social Work Practice. 서울: 학지사.

이팔환, 권현정, 김경, 박영희, 박옥희, 박정문, 서홍란, 원기연, 이경희, 이기량, 이문국, 이용표, 이해영, 전형미, 정원철, 정유진 공역 (1999). 사회복지실천이론의 토대. Mattaini, M. A., Lowery, C. T., & Meyer, C. H. (1995). The Foundations of Social Work Practice. NASW. 서울: 나눔의 집.

이현림, 김영숙 (1996). 현실치료적 집단상담의 이론적 고찰. 한국심리학회지: 상담과 심리치료, 8(1), 135-152.

이혜경 (2021). 공공영역 사례관리자의 실천경험에 관한 질적 사례연구. 한국케어매니지먼트 연구, 39, 55-90.

이화여자대학교 사회복지연구회 역 (2001). 가족복지실천론. Collins, D., Jordan, C., & Coleman, H. (1999). An introduction to family social work. 서울: 나눔의집.

장인협, 이혜경, 오정수 (2007). 사회복지학. 서울대학교출판부.

전재일, 이성희, 김연희 (2010). 사회복지실천기술론. 서울: 형설출판사.

정구철 (2013). 보호관찰 대상자의 중독적 행동교정을 위한 동기강화상담 (Motivational Interviewing). 2013 한국보호관찰학회 추계 학술대회, 119-149.

정명숙 역 (2007). 사회복지와 심리학. Carole Sutton (2003). Social work, community work, and psychology. 시그마프레스.

정문자, 김윤경 (2010). 해결중심단기치료사례의 특성과 효과성 연구. 한국가족치료학회지, 18(1), 1-25.

정문자, 김은영 (2005). 이혼부모와 자녀의 건강한 사회적응을 위한 통합적 집단치료 모형 개발. 대한가정학회지, 43(3), 161-183.

정문자, 이영분, 김유순, 김은영 (2017). 해결중심 가족상담. 서울: 학지사.

정옥분 (2004). 발달심리학: 전 생애 인간발달. 서울: 학지사.

정은희, 박수지, 김보영, 안혜영, 이기연, 정익중, 김효진 (2013). 취약 · 위기가족 및 다문화가족의 예방맞춤형 복지체계 구축 및 통합사례관리 연구(4차년도). 한국보건사회연구원.

조현춘, 조현재 공역 (2003). **심리상담과 치료의 이론과 실제.** Corey, G. (2001). Theory and Practice of Counselling and Psychotherapy (6th Edition). 서울: 시스마프레스.

조현춘, 조현재, 이희백 공역 (2005). **집단심리상담의 이론과 실제.** Corey, G. (1999). Theory and Practice of Group Counselling. 서울: 시그마프레스.

조흥식, 김혜래, 신은주, 우국희, 오승환, 성정현, 이지수 (2010). **인간행동과 사회환경.** 서울: 학지사.

청주복지재단 (2020). 사회복지종사자 안전을 위한 위기관리실무매뉴얼. 청주복지재단.

최명민, 이기영, 최현미, 김정진 (2009). **문화적 다양성과 사회복지.** 서울: 학지사.

최선화, 박광준, 황성철, 안홍순, 홍봉선 (2014). **사회문제와 사회복지.** 파주: 양서원.

최수미 (2015). 외상 사건 후 PTSD 예방을 위한 치료적 개입 및 모델의 동향분석. **상담학 연구, 16**(3), 537-556.

최옥채, 박미은, 서미경, 전석균 (2008). **인간행동과 사회환경**(제3판). 파주: 양서원.

최중진 (2019). 해결중심상담의 변화기제(change mechanism)로서 해결대화(solution talk)의 역할에 대한 미시분석. **가족과 가족치료, 27**(1), 103-123.

최지선 (2022). Best Practice에서 나타는 사례관리자의 핵심과업과 성찰: 질적 내용분석. **사례관리연구, 13**(1), 1-34.

최지선, 김연수 (2019). 사례관리 Best Practice의 개념과 구성요소: 사례관리자 관점을 중심으로. **사례관리연구, 10**, 1-30.

최지선, 민소영, 유명이, 이기연, 최말옥 (2018). **참여형 교육을 위한 사례관리실천 사례집.** 한국보건복지인력개발원.

최해경 역 (2010). **사회복지실천사례집.** Haulotte, S. M., & Kretzschmar, J. A. (2001). Case Scenarios for Teaching and Learning Social Work Practice. 서울: 학지사.

통계청 (2020). 2020년 다문화 인구통계.

한국사례관리학회 편 (2016). **사례관리 전문가교육: 심화과정.** 서울: 학지사.

한국사례관리학회 편 (2016). **사회복지 사례관리 표준 실천 지침.**

한국사례관리학회 편 (2020). **사례관리론: 개념, 기술, 실천역량 이해.** 서울: 학지사.

한국사회복지교육협의회 (2020). **2020 사회복지학 교과목 지침서**(2020-2022).

한국사회복지교육협의회 편 (2018). 사회복지학 교과목지침서.

한국여성복지연구회 (2008). 가족복지론(개정판). 서울: 청목출판사.

한동세 (1971). 한국인의 음주. 대한의학협회지, 14(11), 833-838.

한인영, 장수미, 최정숙, 박형원, 이소래 공역 (2006). 위기개입워크북. Myer, R. A., & James, R. K. (2002). CD-ROM and workbook for crisis intervention. 서울: 센게이지러닝코리아.

한재은, 정순둘, 김고은 (2011) 재난 피해자들의 정신건강 증진을 위한 위기개입모델 비교 연구. 한국위기관리논집, 7(3), 49-70.

허남순, (1998). 과제중심모델의 적용에 관한 연구: 재가노인을 위한 사례관리. 한국사회복지학, 35, 399-426.

허남순, 한인영, 김기환, 김용석 공역 (2004). 사회복지실천 이론과 기술. Hepworth, Rooney & Larsen. (1997). Direct Social Work Practice, Theory and Skills. (5th ed). 서울: 나눔의집.

허민숙 (2020). 조손가정 지원을 위한 미국의 네비게이터 프로그램 운영사례 및 시사점. NARS 현안분석 제134호, 국회입법조사처.

홍경자 (1990). 자기표현 및 주장력 향상을 위한 집단상담 프로그램. 집단상담 프로그램. 한국 가이던스.

황세인, 박정란 (2019). 지역사회복지관 사례관리자의 사례관리 실천과정 수행에 관한 연구: 부산 · 경남지역을 중심으로. 지역정책연구, 30(2), 93-131.

Anderson, H., & Goolishian, H. (1992). The client is the expert: A not-knowing approach to therapy. In S. McNamee & K. J. Gergen (Eds.), *Therapy as social construction* (pp. 25-39). Sage Publications, Inc.

Barker, R. L. (1995). *The social work dictionary.* (3rd ed). Washington, DC: National Association of Social Workers.

Berg, I. K., & Dolan, Y. (2001). *Tales of solutions: A collection of hope-inspiring stories.* W. W. Norton & Co.

Berg, I. K., & Kelly, S. (2000). *Building solutions in child protective services.* New York: W. W. Norton.

Biestek, Felix P. (1957). *The Case Work Relationship*. Chicago, IL: Loyola University Press.

Caplan, G. (1961). *An approach to community mental health*. NY: Grune and Statton.

Caplan, G. (1961). *An approach to community mental health*. NY: Grune and Statton.

Caplan, G. (1964). *Principles of preventive psychiatry*. New Work: Basic Books.

Caplan, G. (1964). *Principles of preventive psychiatry*. New Work: Basic Books.

Carter, Betty & McGoldrick, monica(ed.). (1989). *The Changing Family Life cycle*. Boston: Allyn & Bacon.

Chovanec, M. (2020). Transforming offenders into men who matter: Increasing empathy in domestic abuse treatment. *Australian Social Work, 73*(3), 296-308.

Cormier, W. H. & Cormier, L. S. (1991). Interviewing strategies for helpers: Fundamental skills and cognitive behavioral interventions. Pacific Grove, CA: Brooks/Cole.

D'Zurilla, T. J., & Goldfried, M. R. (1971). Problem solving and behavior modification. *Journal of Abnormal Psychology, 78*, 107-126.

De Jong, P., & Miller, S. D. (1995). How to interview for client strengths. *Social Work, 40*(6), 729-736.

de Shazer, S. (1985). *Keys to Solution in Brief Therapy*. New York: W. W. Norton & Company.

de Shazer, S. (1994). *Words were originally magic*. New York: W. W. Norton.

DePanfilis, D. (2018). Child protective services: A guide for caseworkers. US Department of Health and Human Services, Administration for Children and Families, Administration on Children, Youth and Families, Children's Bureau, Office on Child Abuse and Neglect.

Dube, P., Kurt, K., Bair, M. J., Theobald, D., & Williams, L. S. (2010). The p4 screener: evaluation of a brief measure for assessing potential suicide risk in 2 randomized effectiveness trials of primary care and oncology patients.

Primary care companion to the Journal of clinical psychiatry, 12(6), e1-e8.

Epstein, L., & Brown, L. B. (2002). *Brief Treatment and a new look at the task-centered approach* (4th ed.), New York: Macmillan.

Everly, G. S., & Mitchell, J. M. (2008). *Integrative crisis intervention and disaster mental health, Ellicot city*, MD: Chevron Publishing.

Gabbard, G. O. (2005). *Psychodynamic psychiatry in clinical practice*. 4th ed. Washington, DC: American Psychiatric Publishing.

Glasser, W., & Wubbolding, R. (1995). *Reality Therapy*. In R. J. Corsini & D. Wedding(eds), Current Psychotherapies (5th ed., pp. 293-321). Itasca, IL: F. E. Peacock.

Golan, N. (1978). *Treatment in crisis situations*. NY: Free Press.

Hancock, M. R. (1997). *Principles of Social Work Practice: A Generic Practice Approach*. The Howard Press, Inc., N.Y.

Hartman, A., & Laird, J. (1983). *Family-centered Social Work Practice*. The Free Press. New York.

Hepworth, D. H., & Larson, J. A. (1990). *Direct Social Work Practice: Theory and Skills*. Wadsworth Publishing Company. CA.

Holosko, M. J. (Ed.). (2017). *Social work case management: Case studies from the frontlines*. SAGE Publications.

James, R. K., & Gilliland, B. E. (2002). *Crisis Intervention Strategies*. Cengage Learning, Inc.

Klein, Alan F. (1972). *Effective Group Work*. New York: Association Press.

Lantz, J. (1996). Cognitive theory and social work treatment. In F. J. Turner (Ed.), *Social work treatment* (4th ed., pp. 94-115). New York: Free Press.

Lee, M. Y. (2007). Discovering strengths and competencies in female domestic violence survivors: An application of Roberts' continuum of the duration and severity of woman battering. *Brief Treatment and Crisis Intervention, 7*, 102-114.

Lee, M. Y. (2013). Solution-Focused Brief Therapy. Published online: 03 September 2013 https://doi.org/10.1093/acrefore/9780199975839.013.1039

Lee, M. Y., Sebold, J., & Uken, A. (2003). *Solution-focused treatment with domestic violence offenders: Accountability for change*. New York: Oxford University Press.

Macdonald, G., & Sirotich, F. (2001). Reporting client violence. *Social Work, 46*(2), 107-114.

Miller, W. R., & Rollnick, S. (1991). Motivational Interviewing: Preparing people to change addictive behavior. New York: The Guilford Press.

Mitchell, T. J. (2007). Group crisis support: why It works, when and how to provide It. Ellicott city, MD: Chevron Publishing.

Myer, R. A. (2001). Assessment for crisis intervention: A triage assessment model. Belmont: Brooks/Cole.

National Association of Social Workers. Commission on Social Work Practice (1958). Working Definition of Social Work Practice. *Social Work, 3*(2), 5-8.

Newhill, C. E. (1996). Prevalence and risk factors for client violence toward social workers. *Families in Society, 77*, 488-495.

Novaco, R. W. (1975). *Anger control: The development and evaluation of an experimental treatment. Lexington*, MA: Heath.

Occupational Safety and Health Administration. (2004). Guidelines for preventing work-related violence for health care and social service workers (OSHA Publication No. 3148-1996). Washington D.C.: Author.

Osteen, P. J., Frey, J. J., & Ko, J. (2014). Advancing training to identify, intervene, and follow up with individuals at risk for suicide through research. *American Journal of Preventive Medicine, 47*(3), 216-221.

Parad, H. J. (1966). The use of time limited crisis intervention in community mental health programming. *Social service review, 40*(9), 275-282.

Payne, Malcolm (1991). *Modern Social Work theory*. (2nd Edition). Lyceum Books. Inc.

Payne, Malcolm (1997). *Modern Social Work Theory* (2nd ed.), Lyceum.

Reid, W. J. (1992). *Task strategies: An empirical approach to clinical social work.* New York, NY: Columbia University Press.

Roberts, A. R. & Dziegielewski, S. F. (2006). Changing Stalking Patterns and Prosecutorial Decisions: Bridging the Present to the Future, *Victims and Offenders, 1*(1), 47-60.

Roberts, A. R. (Ed.) (2005). *Crisis intervention handbook: Assessment, treatment, and research* (3rd). New York: Oxford University Press.

Rogers, Carl R. (1980). *A Way of Being.* Boston: Houghton Mifflin Company.

Ronquillo, L., Minassian, A., Vilke, G. M., & Wilson, M. P. (2012). Literature-based recommendations for suicide assessment in the emergency department: a review. *The Journal of Emergency Medicine, 43*(5), 836-842.

Rosengren, D. B. (2017). *Building motivational interviewing skills: A practitioner workbook.* Guilford Publications.

Saleebey, D. (2006). *The Strengths Perspective in Social Work Practice.* (4th ed). Pearson Education, Inc.

Smith, M. (2020). Recognising strategy and tactics in constructing and working with involuntary social work clients. *Australian Social Work, 73*(3), 321-333.

Thomlison, Barbara & Thomlison, Ray. (1996). Behavior Theory and Social Work Treatment. in Turner, F. J., *Social Work Treatment.* Free Press.

Tolsen, E. R., Reid, W. J., & Garvin, C. D. (2003). *Generlaist Practice: A task-centered approach.* NY: Columbia University Press.

Toseland, R. W. & Rivas, R. F. (1995). *An introduction to Gruop Work Practice* (2nd ed.). New York. Macmillan.

Trotter, C., Rooney, R., & Rooney G. D. (2020). Strategies for Work with Involuntary Clients. *Australian Social Work, 73*(3), 263-266.

Turner, Francis J. (1996). *Social Work Treatment: Interlocking Theoretical Approaches.* (4th Edition). The Free Press.

Weick, Ann (1987). Re-conceptualizing the Philosophical Perspective of Social Work. *Social Service Review, 61*(2): June, 218-221.

Whittaker, James (1970). Models of Group Development: Implications for Social Group Work Practice, *Social Service Review, 44*(3), 308-322.

Wolpe, J. (1958). Psychotherapy by Reciprocal Inhibition, (California: Stanford University Press, 1958), 53-62.

Woods, Mary E., & Florence Hollis (1990). *Case Work: a Psychological Process.* (2nd Edition). N.Y. Random House.

Woods, Mary E., & Robinson, Howard (1996). Psychosocial Theory and Social Work Treatment. in Turner, Francis J. *Social Work Treatment: Interlocking Theoretical Approaches.* (4th Edition). The Free Press.

Wubbolding, R. E., & Associates. (1998). Multicultural Awareness: Implications for reality therapy and choice theory, *International Journal of Reality Therapy, 17*(2).

Wubbolding, R. E., & Brickell, J. (1998). Qualities of the reality therapist. *International Journal of Reality Therapy, 17*(2), 47-49.

Yalom, I. D. (1975). *The Theory and Practice of Group Therapy.* New York: Basic Books.

건강가정기본법 (2020). https://www.law.go.kr.

경향신문 (2019). "조손가정 "어떻게 지원 받는지 몰라요"…찾아가는 돌봄 절실", 2019년 5월 4일.

연합뉴스 (2022). "다문화 학생 16만명 시대. 9년만에 3배로 늘어". 2022년 4월 13일.

조선일보 (2020). "지난해 혼인율 사상최저. 이혼율은 2년 연속 상승". 2020년 3월 19일.

국가통계포털. http://kosis.kr

e나라지표. http://www.index.go.kr

Genogram. Available at: http://www.selfdefinedleadership.com/genogram.ht

찾아보기

ㅈ

저자소개

김혜래

이화여자대학교 문학사(영어영문학 전공, 사회사업학 부전공)

서울대학교 문학석사 (사회복지학)

서울대학교 사회복지학박사 (사회복지학)

전 가톨릭꽃동네대학교 사회복지학과 교수

현 가톨릭꽃동네대학교 사회복지상담심리학부 명예교수

주요 저서: 『학교사회복지의 이론과 실제』(공저), 『아동복지론』(공저), 『가족복지론』(공저) 등

김경희

이화여자대학교 문학사 (사회사업학 전공)

이화여자대학교 문학석사 (임상사회복지)

이화여자대학교 문학박사 (임상사회복지)

현 가톨릭꽃동네대학교 사회복지상담심리학부 교수

주요 저서: 『의료사회복지론』(공저), 『가족복지론』(공저), 『사례관리 전문가: 심화과정교육』(공저) 등

사회복지실천기술론

초판발행 2023년 1월 30일 **1판 1쇄** | 2025년 3월 10일 **1판 2쇄**

지은이 김혜래 김경희

펴낸이 최용구 | **펴낸곳** 도서출판 **신정**

주소 (04316) 서울시 용산구 원효로 89길 19 (원효로1가)

전화 02)3211-4782, 0266(영업부), 3211-4783(편집부), 3211-4784(팩스)

이메일 sjbook2002@naver.com | **홈페이지** www.sjbook.co.kr

등록 2001년 5월 11일 제13-702호

기획마케팅 최용구 장만동 최충구 송대용 | **책임편집** 석기은 황가연

ISBN 978-89-5912-799-3 93330

정가 23,000원